REDLINE WIRTSCHAFT
bei ueberreuter

Andreas Rother

Unternehmens-philosophie in Textbausteinen

REDLINE WIRTSCHAFT
bei ueberreuter

Andreas Rother
Unternehmensphilosophie in Textbausteinen
Frankfurt/Wien: Redline Wirtschaft bei Ueberreuter, 2003
ISBN 3-8323-1040-1

Maria zur Freude, außerdem natürlich ...

den	Betriebswirten	der	freien Welt	zum(-r)	Andenken
	Dozenten	des	Globus		Gedenken
	Führungskräften	dieser(-s)	Planeten		Geleit
	Geschäftsführern	unserer(-s)	Republik		Hilfe
	leitenden Angestellten		Welt		Hoffnung
	Lektor(inn)en				Kenntnis
	Managementtheoretikern				Mahnung
	Marktforschern				Trost
	Markttheoretikern				Unterrichtung
	Mitarbeitern				Unterweisung
	Professoren				
	Unternehmensphilosophen				
	Verlagsleitern				
	Vorständen				

Unsere Web-Adressen:

http://www.redline-wirtschaft.de
http://www.redline-wirtschaft.at

1 2 3 / 2005 2004 2003

Umschlag: INIT, Büro für Gestaltung, Bielefeld
Satz: satzstudio@publisher.cc

Druck: Himmer, Augsburg
Printed in Germany

Inhaltsverzeichnis

Vorwort

Hallo Leser!

Um es gleich zu Beginn zu sagen: Eigentlich kann man ja sowieso gar nichts sagen. Die Fachwelt, welches Fachgebiets auch immer, ist sich grundsätzlich darüber einig, dass so ziemlich alles um uns herum hyperkomplex, wahnsinnig miteinander verzahnt und vernetzt und sowieso nicht mehr zu überblicken ist. Die Autoren schreiben „kaum noch" und meinen „außer von mir, aber nun wirklich von keinem anderen sonst." Ein Beispiel? Gerne: „Außer der formalen Organisation ist in vielen Sozialgebilden kaum noch etwas klar und überschaubar."[1] Schlimmer noch: Alles, was man trotzdem sagt, hört sich heutzutage so fürchterlich beliebig an, weil sowieso jeder bei allem mitquasselt, als bekäme er es fürstlich bezahlt. Machen wir uns nichts vor: Es ist eigentlich völlig wurscht, ob ich über eine „Theorie rationalen Handelns in offenen Systemen" oder eine „Theorie offenen Handelns in rationalen Systemen" rede oder schreibe. Auch wenn inhaltlich vielleicht sogar noch ein Unterschied bestehen mag, interessiert's doch eh schon keinen mehr, weil „in Zeiten des globalen Turbokapitalismus"[2], was auch immer das sein mag, sowieso alle nur noch damit beschäftigt sind, selbst zu Potte zu kommen, und nicht mehr gescheit zuhören. Man kann zu diesem oder jenem Thema vielleicht ja mal einen Kongress besuchen, dann war man wenigstens mal da, und ansonsten sehen wir zu, dass wir unsere Umsatzrendite in den Griff bekommen.

Wie gut, dass es jetzt das vorliegende Buch gibt! Hier sagen wir klipp und klar: So kann man es machen. Wir schreiben keinem was vor, aber so kann's gehen. Punktum!

Worum es geht? Um Unternehmensphilosophie. Als Mitarbeiter haben Sie höchstwahrscheinlich schon mal Ihren Chef reden hören, dass die Zeit reif sei, irgendwelche Flüsse zu überqueren, vermutlich den Rubikon oder, nein, nicht den Jordan – jedenfalls all diese Äußerungen, die Sie zu der Überlegung veranlasst haben, ob er sich neuerdings intensiver mit Lyrik oder Ähnlichem beschäftigt. Als Chef haben Sie sicherlich selbst schon derartige Sprüche vom Stapel gelassen. „Wir sind alle eine Familie" – Aufrufe ähnlichen, wenn nicht gar größeren Kalibers sind Ihnen vermutlich nicht fremd. Und als Lehrender im schönen Fach der Betriebswirtschaftslehre müssen Sie das, was in den Hochglanzbroschüren

---

[1] SIMON, 2002, S. 328.
[2] SIMON, 2002, S. 65.

der Firmen neben Aktiva und Passiva sonst noch so drin steht, ja sowieso von Berufs wegen lesen.

Im vorliegenden Werk steht, wie man Struktur in eine Unternehmensphilosophie bekommt und wie man eine solche formulieren kann. Nun stellt sich natürlich immer die Frage: Wozu brauche ich das? Die Antwort, Leser, ist klar: Damit Sie ein noch glücklicheres Leben führen können. Stellen Sie sich vor, Sie sind Mitarbeiter (die meisten von Ihnen sind Mitarbeiter, nicht wahr?), dann haben Sie nach der Lektüre dieses Buches den Kern der Äußerungen Ihres Chefs besser verstanden. Sie können Ihrer Unzufriedenheit differenzierter Ausdruck verschaffen: Sie beklagen sich dann nicht mehr im Kollegenkreis an der Kaffeemaschine über Ihren Vorgesetzten, indem Sie verzweifelt ausrufen: „Der ist heute ja mal wieder mies drauf!“, stattdessen können Sie gezielter analysieren, indem Sie die Augen verdrehen und seufzen: „Heute ist er wieder auf seinem *Abenteuer*-Trip.“ Als Chef können Sie nach der Lektüre dieses Buches übrigens überzeugt und stolz von sich sagen: „Jetzt bin ich ein richtiger *Abenteurer*.“ Und als Dozent können Sie mit dem vorliegenden Material locker drei Semester lang Hauptseminare zum Thema veranstalten, ohne sich lange vorbereiten zu müssen. Ist das nichts? Ich finde, drei Dinge in einem gibt es sonst eigentlich nur noch in Überraschungseiern, und wenn dieses Buch eine ähnlich hohe Verbreitung findet, ist doch schon viel erreicht. Zumindest für den Verlag und mich.

Wir gelangen damit an diejenige Stelle eines Vorworts, an der immer all denen gedankt wird, die zur Entstehung des Buches beigetragen haben. So natürlich auch hier: Danke.

Ansonsten wünsche ich Ihnen, Leser, viel Vergnügen bei der Lektüre!

Nürnberg, im Sommer 2003 Andreas Rother

Teil A

Die Philosophie, das Leben und der ganze Rest

1 Philosophie – Denken allein genügt nicht

„Man denkt nur in Bildern.
Wenn du Philosoph sein willst, schreib Romane."
ALBERT CAMUS[1]

Es schadet nur selten, wenn man sich Klarheit darüber verschafft, was man eigentlich tut. Bevor wir uns eine eigene Unternehmensphilosophie zusammenbasteln, sollten wir uns also zunächst fragen: Was ist eigentlich Philosophie?

Schon diese Frage hat einen dermaßen hohen philosophischen Gehalt, dass sie selbst einen sattelfesten Philosophen locker aus der Bahn werfen kann: Tja, was ist schon Philosophie? Ein ausgewiesener Experte[2] für mittelalterliche Philosophie erzählte in einer seiner Vorlesungen von einer Philosophen-Tagung, bei der die Idee aufkam, man müsse endlich mal ein echtes Standardwerk verfassen, das einen guten Überblick über die Materie verschaffe. Da sei er, der Experte, aufgestanden und habe gesagt: „Aber meine Damen, meine Herren, wer von uns hat denn den Überblick?"

Damit hier kein verzerrtes Bild entsteht: Wir sollten uns im Klaren darüber sein, dass die Experten aller[3] Geistes- und Sozialwissenschaften so oder ähnlich antworten werden, wenn man sie nach ihrem Fachgebiet befragt.[4] Wer sich kurz und bündig zum Thema äußert, hat entweder nicht alles gelesen oder ist ein Außen-

---

[1] CAMUS, 1983, S. 12.

[2] KURT FLASCH im Wintersemester 1979/80 an der Ruhr-Universität Bochum.

[3] Deswegen spricht FEYERABEND pauschal nur noch von „Fachleuten", und das auch noch reichlich abfällig: „Beginnen wir mit der Bemerkung, dass Fachleute oft verschiedene Meinungen haben und zu verschiedenen Ergebnissen kommen, und zwar sowohl in grundlegenden Dingen als auch in Fragen der Anwendung." (FEYERABEND, 1979, S. 145).

[4] Kostprobe gefällig? Wie sagt der Emotionspsychologe, wenn er sein Forschungsgebiet erklären will? Erstens „Emotion ist nicht gleich Gefühl." und zweitens „Bislang ist kein Konsens festzustellen, was man unter einer Emotion zu verstehen hat." (SCHMIDT-ATZERT, 1996, S. 18.) Wie steht es um unsere eigene Zunft? Auch nicht besser. SIMON eröffnet sein Werk mit der Feststellung „Es ist fast unmöglich, eine allgemeine Theorie der Leitung aufzustellen." Das ‚fast' gibt ihm die Hoffnung, es auf den folgenden 550 Seiten vielleicht trotzdem erfolgreich zu probieren, um dann doch zu guter Letzt zu resignieren: „Keine der heutigen Managementlehren wird die nächsten zehn Jahre überdauern." (SIMON, 2002, S. 20 und 561.) Noch einen? Na gut, weil Sie es sind: „Eine adäquate Managementphilosophie kann nicht aus einem einzigen Zielwert bestehen. Pluralismus, Differenzen und Widersprüche in den Werthaltungen bei den Führungskräften erschweren jedoch (sic!) die einheitliche Willensbildung und Führung." Tja, geht auch nach PEPELS nicht. (PEPELS, 1996, S. 1057.)

seiter, Exot und Häretiker auf seinem Gebiet. Ein echter Kenner beschreibt sein Metier in der Regel so, dass

a) es alles andere als einfach zu erklären sei,
b) die Fachwelt bislang sowieso noch keine eindeutige Antwort oder auch nur Definition gefunden habe und
c) die Materie mit Sicherheit aber nichts mit dem zu tun habe, was man als Laie einfach mal so vermutet hätte, weswegen man sich übrigens nicht selbst auf dem Gebiet versuchen solle, ohne vorher einen Experten konsultiert zu haben.

Handelt es sich um einen hilfreichen Menschen, bietet er Ihnen vielleicht auch noch an, Ihnen das Thema etwas genauer zu erklären, vorausgesetzt, Sie haben gerade die nächsten zwei Jahre nichts anderes vor. Man muss das verstehen. Diese Leute haben nicht jahrelang studiert, um Ihnen dann in lächerlichen zwei Sätzen zu erklären, was Sache ist.

Nun gut. Hätten wir doch gleich jemanden gefragt, der von Berufs wegen gezwungen ist, sich kurz zu fassen. Die DUDEN-Redaktion, Abteilung Universalwörterbuch, erklärt, dass der griechische *philosophos* ein „Freund der Weisheit" ist. Seine professionelle Beschäftigung, die Philosophie, ist das „Streben nach Erkenntnis über den Sinn des Lebens, das Wesen der Welt u. die Stellung des Menschen in der Welt; Lehre, Wissenschaft von der Erkenntnis des Sinns des Lebens, der Welt und der Stellung des Menschen in der Welt".[5]

Eine ausgesprochen fieselige Angelegenheit: ausgerechnet all das erkennen zu wollen, was den Sinnen verschlossen bleibt, sofern es überhaupt da ist. Sicherheitshalber definieren die DUDEN-Kollegen Philosophie dann auch als das Streben nach Erkenntnis, nicht aber die Erkenntnis selbst. Der Weg ist das Ziel. Im Gegensatz zu anderen Wissenschaften, wo man zwischendurch wenigstens schon mal feststellen kann, dass Arbeit als Kraft mal Weg oder so ähnlich definiert wird, ist der Prozess des philosophischen Suchens leider noch nicht abgeschlossen. Wir müssen weiterhin auf das Buch warten, das uns auf der Umschlagseite verrät: „Hier stehen endlich alle Antworten drin. Weitere Bücher zum Thema sind damit gegenstandslos geworden." Sollten Sie, Leser, eines Tages ein solches Werk entdecken, lassen Sie es mich bitte wissen.

Für uns Freunde der Unternehmenswissenschaften ist das alles natürlich noch nicht operational genug. Dankbar lesen wir eine weitere, etwas volkstümlichere Definition, die der DUDEN in Anlehnung an den allgemeinen Sprachgebrauch nachschiebt. Derzufolge ist Philosophie die „persönliche Art und Weise, das Leben und die Dinge zu betrachten".[6]

---

[5] DUDEN, 1996, S. 1147.
[6] DUDEN, 1996, S. 1147.

Sehr gut. So etwas brauchen wir. Man sitzt abends im Schaukelstuhl am Kamin, hat sich gerade noch ein Schlückchen Rotwein genehmigt, und auf einmal ereilt einen die Erkenntnis: „Otto … find' ich gut." Das ist Philosophie.

Könnte man das nicht auch einfach „Meinung" nennen?

Doch, Sie haben ganz Recht. Man könnte das. Philosophie ist zwar eine spezielle Meinung, nämlich eine über „das Leben" oder „die Dinge", aber sie ist nach wie vor eine Meinung. Werbung ist ja auch dann noch Werbung, wenn sie mit Versandhäusern zu tun hat.

Andererseits, wie hört sich das an, wenn Sie statt „es entspricht meiner Philosophie" einfach nur „meiner Meinung nach" sagen? Sehen Sie, denken kann schließlich jeder, und auch eine Meinung ist den meisten geläufig, selbst zu Dingen, die sie nichts angehen. Wenn wir uns davon ein bisschen abheben wollen, nennen wir das lieber mal Philosophie. Wir sagen nicht mehr „ich sehe das so und so", sondern wir erklären „es ist unsere Philosophie, dass dieses und jenes …" Darum geht es.

Wir dürfen schließlich nicht vergessen, dass „dem Leben" wie auch „den Dingen" unsere Betrachtungen vergleichsweise egal sind. Es kümmert die Wiese nicht, ob ich sie schön finde oder mir eher Gedanken über ihren Zeckenbefall pro Quadratzentimeter mache. Was stört es das Universum, dass ich über es nachdenke. Und wenn meine Gedanken schon auf so hoffnungslos verlorenem Posten stehen, sollen sie wenigstens schön heißen. *Meine Philosophie.* Betrachtungen über Dinge, die recht gut ohne meine Betrachtungen auskommen können.

So gesehen ist Philosophie wahrlich ein trübseliges Geschäft. Sagen Sie nicht, ich hätte Sie nicht gewarnt!

Wir basteln andererseits unsere Unternehmensphilosophie ja nicht für Wiesen und Zecken, sondern für Menschen. Für Menschen aus Fleisch und Blut mit der schönen Angewohnheit, allem möglichen Zeug zuzuhören, so wie sie am Bildschirm Casting-Shows mitverfolgen oder aufmerksam einem Versicherungsvertreter lauschen. Und weil sie dem schönen Schein aller möglichen Dinge und Mitmenschen schon längst erlegen sind, erwarten sie natürlich auch von uns, dass wir uns mit einem schönen Schein umgeben. Damit sie sich nicht sagen müssen: „Mit was für einem Langweiler habe ich mich denn da wieder abgegeben!" Wenn also das Publikum schon da ist, fehlt eigentlich nur noch unsere Inszenierung. Sie haben schon ganz richtig gelesen: eine Inszenierung. Wir erzählen Geschichten. Mit allem Drum und Dran – aufregenden Schauplätzen, exotischen Kulissen, Kunden, die erobert werden wollen, fiesen Antagonisten, die uns die Marktanteile streitig machen, und schließlich natürlich mit uns selbst, den Helden des Spektaktels, die sämtliche Hindernisse aus dem Weg räumen und einer besseren Zukunft Tür und Tor öffnen. Und selbst wenn das Publikum dann und wann sagt: „Pah! Alles nur Lug und Trug!“ – sie warten trotzdem darauf! Das Kind, das ein Märchen nach dem anderen hören will, lebt in uns weiter!

So gesehen ist Philosophie übrigens ein ziemlich erfreuliches Geschäft.

2 Unternehmensphilosophie – wir verlangen mehr als Geld und Zinsen

„Wir sind hier, um Gewinn zu machen.
Und zwar so viel wie irgend möglich."
BOB FIFER[7]

Unternehmensphilosophie lässt sich sauber definieren als irgendetwas, das ein Teilbereich von irgendetwas anderem ist. Zumindest streitet die Fachwelt noch darüber, ob die Aussagen der Unternehmensphilosophie quasi Untermenge der Corporate Identity sind, ob sie dasselbe wie Corporate Identity sind oder irgendwie nur so daneben stehen. Während unsere Philosophie der Firma bei HOLZBAUR neben Unternehmenszielen und Unternehmensleitbild unter die Corporate Identity subsumiert wird[8], geht sie bei BIRKIGT/STADLER/FUNCK in der Corporate Identity mehr oder weniger auf: „Die Unternehmensphilosophie – soweit vorhanden – wird als „Idee" und Selbstverständnis des Unternehmens für die Umwelt nur als Corporate Identity im Verhalten, Erscheinungsbild und in der Kommunikation des Unternehmens manifestiert."[9] Während die Fachwelt hier noch streitet, machen wir einfach mal weiter und bezeichnen mit HOLZBAUR Unternehmensphilosophie als „ein Modell dessen, was das Unternehmen in seinem Umfeld sein soll und wofür es da ist."[10]

Die Hiobsbotschaft gleich vorweg: Sinn und Zweck eines Unternehmens sind bereits sauber definiert. Sieht ganz so aus, als bräuchten wir nicht mal ein HOLZBAURsches „Modell". Haushalte sind zum Konsumieren da und Unternehmen zum Produzieren. Oder, auf der monetären Ebene: Haushalte geben Geld aus, die Unternehmen nehmen es ein. Dumm gelaufen. Wenn der Sinn schon enthüllt ist, wozu brauchen wir *dann* noch eine Unternehmensphilosophie?

Aber hier kommt sogleich die Entwarnung:

[7] FIFER, 1995, S. 26.
[8] HOLZBAUR, 2000, S. 63 ff.
[9] BIRKIGT/STADLER/FUNCK, 2002, S. 31.
[10] HOLZBAUR, 2000, S. 64.

Entwarnung

Leser, haben Sie denn alles schon wieder vergessen? Sprachen wir nicht von Inszenierung? Es geht hier nicht um ein Summary, es geht um die *Story*! Natürlich können Sie den Inhalt von *Thelma und Louise* treffend wiedergeben mit dem Satz „Zwei Frauen fahren Auto und stürzen schließlich einen Abhang hinunter." Aber wen interessiert das? Und verzerrt eine solch nüchterne Beschreibung nicht auch die Wahrheit, was auch immer das sei? Haben Sie nicht selbst beim Lesen gedacht: „Da haben wir's mal wieder, Frau am Steuer ...!"

Natürlich ist es materiell hinreichend, wenn Sie als Unternehmensphilosophie so etwas formulieren wie: „Ich will so viel Kohle scheffeln wie möglich." Das ist eine Unternehmensphilosophie und sie entspricht sogar den von MARX bis EUCKEN anerkannten Tatsachen.

Trotzdem, geben Sie zu, es hört sich doch ein bisschen, sagen wir, neureich an. Oder denken Sie an Ihr letztes Vorstellungsgespräch. Wenn es nicht gerade um irgendeinen Vorstandsposten ging, werden Sie vermutlich nicht freimütig erzählt haben, dass Sie so viel Geld wie möglich aus dem Unternehmen ziehen wollen. Sehr viel eher dürften Sie erklärt haben, dass Ihnen vorrangig daran gelegen ist, sich endlich mal in ein flexibles und innovatives Team einzubringen, Kreativität und Organisationstalent derart zu bündeln, dass ein höheres Leistungsniveau ... – na, wer sagt's denn!

Unternehmensphilosophie ist also das Kolorit des Geldverdienens auf die unternehmerische Art. Wenn wir *erzählen* wollen, dann müssen wir natürlich *erzählen*. All die Geschichten, die Sie dereinst Ihren Enkeln vortragen werden, die insgeheim davon träumen, endlich weiter fernsehen zu dürfen ...

Nachdem Sie also mit mir einverstanden sind, dass wir in diesem Sinne sicher eine Unternehmensphilosophie brauchen, können wir uns ja in Ruhe ihrer Struktur widmen – aber halt!, ich höre noch einen Zwischenruf. Ein Einwand gegen „Unternehmensphilosophie" kann lauten, dass schon der Begriff ein Widerspruch in sich ist. Philosophie ist eine *persönliche* Betrachtungsweise – kann dann ein Unternehmen eine Philosophie haben?

Gute Frage!

Die Antwort lautet übrigens: Wen schert's?

Oder waren das wirklich Ihre Ziele, die Ihr Chef auf der letzten Pressekonferenz verkündet hat? Na also.

Pressekonferenz ist natürlich noch ein gutes Stichwort. Wer soll eigentlich der Adressat unserer Unternehmensphilosophie sein?

Nun, planen wir mal alle ein. Vergessen Sie nicht: Erstens inszenieren Sie sich selbst, da sind Sie sowieso der einzige Fachmann.[11] Will sagen: Wenn Sie etwas über sich selbst erzählen, kann niemand einwenden, dieses oder jenes sei objektiv falsch. Ihre subjektive Wahrheit kann Ihnen keiner nehmen. Wenn es also keine Querulanten gibt – dann laden Sie doch gleich alle ein: Eine volle Bude ist immer gut. Und zweitens erwähnen Sie ja auch alle in Ihrer Unternehmensphilosophie, da müssen Sie sich beim Schreiben und Verschicken der Einladungen nicht selbst beschränken und sich lediglich an ausgewählte Gruppen *wenden*. Vergessen Sie also die üblichen Vierzehn- bis Neunundvierzigjährigen, Senioren, Kids, Hausfrauen und alle, an die Sie sich sonst speziell gerichtet haben: Ihre Unternehmensphilosophie gilt für alle: Verbraucher, Konsumverweigerer, Kirchen, Gewerkschaften, das Bundeskanzleramt, das Finanzamt – gerade auch das Finanzamt, das Ihre ideellen Leistungen überhaupt nicht zu würdigen weiß und daher per definitionem zu viel Steuern von Ihnen kassiert. Und denken Sie immer daran: Wenn Sie es bei so vielen Adressaten ohnehin nicht allen Recht machen können, versuchen Sie gar nicht erst, es irgendeinem Recht zu machen – außer natürlich Ihnen selbst.

Und eine letzte Bitte noch, bevor es endlich losgeht: Folgen Sie meinem Rat und erwähnen Sie in Ihrer Unternehmensphilosophie bloß keine Details. Niemanden interessiert wirklich, ob Sie demnächst einen Betriebskindergarten einrichten wollen. Aber allen klingt es wie Musik in den Ohren, wenn Sie betonen, dass die Humanisierung der Arbeitswelt für Sie irgendwie so etwas wie eine ständige Aufgabe und Herausforderung ist.

Okay?

Dann kann es ja losgehen. Unterhalten wir uns über die *Struktur* Ihrer Unternehmensphilosophie.

[11] Von mir selbst einmal abgesehen, aber Sie müssen ja nirgends erwähnen, woher Sie Ihre philosophischen Einsichten beziehen.

3 Die Struktur der Unternehmensphilosophie – mit diesen Steinen können Sie bauen

„Die Strukturen, die wir um uns herum beobachten,
beruhen auf sehr fundamentale Weise
auf unseren inneren Strukturen."
FRITJOF CAPRA[1]

Die einzelnen Steine unseres Baukastens enthalten alle Elemente, die wir für eine schicke Selbstinszenierung benötigen.[2] Was am Ende dabei herauskommt, ist ein veritables Drama in drei Akten.

Die *Präambel* ist der Vorspann, vielleicht auch so etwas wie ein *Appetizer* auf der Einladung oder im Programmheft zu unserem Schauspiel. Geht der Vorhang auf, erwartet uns im ersten Akt zunächst die einführende Beschreibung des *Schauplatzes* nebst *Helden*. Ein bestimmtes *„katalytisches Ereignis"* am Ende des ersten Aktes zwingt den Helden zu handeln. Er entwickelt eine *Mission*, die es zu erfüllen gilt, und hat oft genug auch eine *Vision* davon, wie es nach Erfüllung seiner Aufgabe aussehen wird. Mit diesen beiden bestens ausgerüstet, begibt sich unser Held – also Sie – in den zweiten Akt, wo es vielerlei Hindernisse aus dem Weg zu räumen gilt. Das erledigen Sie mithilfe vielerlei *Aktionen*, die zuletzt zum Erfolg führen werden. Der dritte Akt, das große Finale, ist dann schon vorweggenommen durch Ihre *Vision*, die sich aufgrund Ihres heldenhaften Treibens selbstverständlich erfüllen wird. Ergänzt werden diese einzelnen Punkte durch einige Überlegungen zur *Art und Weise* Ihres Vorgehens, zu einer möglichen charakterlichen *Entwicklung*, die Sie im Laufe Ihres Abenteuers erfahren sowie zur allgemeinen *Legitimation* Ihres Tuns. Man muss ja heutzutage immer alles rechtfertigen.

Schauen wir uns das doch mal gemeinsam an:

---

[1] CAPRA 1991, S. 327

[2] Das Schöne daran ist: Man braucht keinerlei Branchenkenntnisse. Ehrlich, Leser, ich glaube, es hätte mich aber auch eher belastet, wenn ich mich zwecks Abfassung dieses Werkes in die Funktionsweise des, sagen wir mal, deutschen Marmeladenmarktes hätte einarbeiten müssen.

3.1. Präambel – „Bevor ich anfange ..."

Wir erinnern uns. Damals, wir waren gerade mal zwölf, begingen unsere Eltern den Fehler, uns mit einer ausgesprochen toten Sprache zu konfrontieren. Wer hätte nicht gerne Französisch gewählt, aber was lässt man nicht zwangsläufig alles mit sich machen. Heute entschuldigen wir uns gerne und sind froh darüber, dass wir nicht erst im Wörterbuch nachschlagen müssen, um zu erfahren, dass eine Präambel das ist, was einem Text vorangeht. Heute würden wir allerdings eher *Warming-up* sagen, und alles Latein wäre für die Katz' – würde ich es hier nicht wieder hervorkramen.

Die Präambel ist eine feierliche Einleitung, in ihrer *Funktion* vergleichbar mit der Vorgruppe zur eigentlichen Band oder auch dem Werbeblock vor dem Hauptfilm. Sie gibt der Gemahlin die Möglichkeit, die zum sorgfältigen Auftragen diverser Schminkutensilien erforderliche Zeit voll und ganz in Anspruch zu nehmen, wenn nicht gar um die erforderliche Zeit zu verlängern, die es braucht, wenn man lieber doch noch mal einen anderen Farbton ausprobieren will. Man weiß ja, dass man im Grunde doch nichts verpasst. Einem Redner gibt sie die Zeit, den Kontakt zum Publikum vorsichtig aufzunehmen oder den Standort des Buffets im Saal während des Vorlesens heimlich auszukundschaften. Liest man den Text im stillen Kämmerlein, gibt einem die Präambel die Möglichkeit, sein gewohntes Lesetempo zu erreichen, bevor es mit dem eigentlichen Abenteuer richtig losgeht.

Inhaltlich ist die Präambel das, was der Volksmund bisweilen mit „bei Adam und Eva anfangen" bezeichnet, wobei hier meist weniger ein historischer Rückblick geleistet als vielmehr der metaphysische Rahmen gesetzt wird. Bezieht sich die Philosophie insgesamt immerhin noch auf „die Dinge" und „das Leben", widmet sich die Präambel allen außerirdischen und überirdischen Sachverhalten und beginnt meist mit Wendungen wie „In seiner Verantwortung vor Gott und den Menschen ... " oder auch „Der Weltraum – unendliche Weiten".

In unserem Baukasten im zweiten Teil gibt es natürlich auch Vorschläge für eine Präambel, aber ich bezeichne sie hier als rein optional. Wenn es ausschließlich nach mir ginge, Leser, vergessen Sie's. Sollen die Leute doch pünktlich kommen oder sich vorher ein wenig im Brockhaus oder sonstwo einlesen.

Schade übrigens um den Lateinunterricht, wirklich.

3.2. Der Schauplatz – „Es war einmal in einem geheimnisvollen Land ... "

Beim Schauplatz geht es um die Kulisse und alles, was sich darin tummelt – von uns selbst einmal abgesehen, denn wir sind uns natürlich ein eigenes Kapitel wert!

Die Beschreibung des Schauplatzes bezeichne ich als obligatorisch. Warum müssen wir den Schauplatz beschreiben? Weil ihn nicht jeder kennt. Und die, die ihn kennen? Nun ja, sie lernen ihn aus unserer Sicht kennen und sie können überprüfen, ob wir an Wahrnehmungsstörungen leiden.

Nein, ernsthaft, nichts spielt sich im luftleeren Raum ab, und die Schilderung des Schauplatzes dient vor allem der Kontrastierung zur Hauptperson, nämlich uns. Natürlich werden wir uns weiter unten als wackere Krieger im Kampf gegen die Ungerechtigkeit (= Wettbewerb, untreue Kunden) darstellen, aber diese Schilderung wird umso wirkungsvoller sein, je klarer wir die Szenerie entwerfen. Damit steht fest: Ein feindliches Gelände bietet einen deutlichen Kontrast zu einem guten Helden. Es ist nicht schwer, ein toller Hecht zu sein, wenn es einem die Umwelt leicht macht. Aber wenn sie es nicht tut ...

Der Schauplatz, auf dem wir als Unternehmen unsere Heldentaten vollbringen, ist üblicherweise ein Markt, definiert als derjenige Ort, an dem Angebot und Nachfrage aufeinander treffen.

Unser Baukastensystem enthält zunächst allgemeine Statements zum *Markt*, bevor Sie dann ganz nach Bedarf auf einzelne *Teilnehmer* sowie – als weiterem Unternehmensumfeld – auf *die Öffentlichkeit* im Allgemeinen eingehen können.

Wenn Sie den Markt beschreiben, müssen Sie vorsichtig sein: Es geht darum, den Markt als schwierig zu kennzeichnen, damit Sie umso strahlender herausstechen, dennoch sollten Sie nicht ins Jammern geraten oder die übrigen Teilnehmer schlecht machen. So etwas hat immer einen negativen Beigeschmack. Wenn Sie zum Beispiel aus der Marktforschungsbranche kommen – ich komme aus der Marktforschungsbranche –, werden Sie nicht etwa sagen: „Unsere Kunden haben keine Ahnung von ihren Märkten." Vielmehr werden Sie Formulierungen wählen wie etwa: „Moderne Märkte entwickeln sich dynamisch und zeichnen sich durch einen hohen Komplexitätsgrad aus." Das klingt gefällig, verdeutlicht die Dramatik der Situation und reizt zu beifälligem Nicken. Sie werden bei unserem Baukasten sehen, dass Sie über eine ganze Reihe von Wendungen und Begriffen verfügen, die das, was Sie eigentlich sagen wollen, sehr viel diplomatischer ausdrücken – und das auch noch ohne Bedeutungsverlust!

Auf ähnliche Weise werden wir uns den einzelnen *Marktteilnehmern* zuwenden. Es ist zunächst einmal klar, dass alle Marktteilnehmer potenzielle Feinde sind: Kunden können Leistungen des Wettbewerbs beziehen, Konkurrenten erhöhen ihren ohnehin schon völlig überhöhten Marktanteil. Wir werden dies jedoch vorsichtig als „Hybridität des Verbrauchers" oder „überkommene Marktstrukturen" beschreiben.

Es gibt allerdings auch Fälle, in denen der Markt einfach nicht so recht feindselig sein will. Doch, Leser, widersprechen Sie mir nicht. Es gibt Märkte, auf denen können Sie so richtig absahnen. Oder Sie sind vom Typ her eher harmonisch gestrickt und sagen sich: „Mein Schloss in der Schweiz ist nächsten Monat abbezahlt und meine Kunden sind auch sehr nett und weitgehend loyal – da reicht mir eine Kapitalrendite von eineinhalb Prozent voll und ganz. Ich betrachte mich als glücklichen Menschen!" Spätestens in diesen Fällen, in denen der Markt nicht so recht zur Dramatisierung des Geschehens oder Kontrastierung des Helden geeignet ist, greift unser oben erwähntes katalytisches Ereignis am Ende des ersten Aktes. Bislang lagen wir friedlich in einer Hängematte namens lukrativer Markt und plötzlich durchzuckt uns ein Gedanke: Was ist, wenn die Kunden morgen andere Produkte als *meine* kaufen? Vielleicht tun sie es schon *jetzt*? Und sofort haben Sie allen Grund, sich als eine Art *Luke Skywalker* auf dem bedrohten Markt für Tütensuppen zu betrachten.

Wie sehr Sie bei der Beschreibung des Marktes in die Tiefe gehen wollen, hängt dabei ganz von Ihnen selbst ab. Das Thema muss erwähnt werden. Ob nach Ihrem Geschmack ein einziger Satz ausreicht oder ob Sie weiter ausholen wollen, bleibt grundsätzlich Ihnen überlassen. Unser Baukasten stellt Ihnen Möglichkeiten zur Auswahl, die Sie nach Belieben kombinieren und in Ihre Unternehmensphilosophie integrieren können.

3.3. Der Held – „... da gab es einen schönen und kühnen Prinzen"

So. Und jetzt kommen *wir*. Nachdem wir in angemessenen Tönen die Gefahren geschildert haben, die in Mikro- und Makro-Umwelt auf uns lauern, beschreitet der Held die Bühne. Dieser Teil ist natürlich absolut obligatorisch.

In diesem Teil beschreiben wir zunächst einmal unsere *Identität*. Es wäre natürlich ideal, wenn unser Name bereits die richtigen Assoziationen weckt, ohne dass wir Schwarz auf Weiß (und damit nachweislich!) irgendetwas über uns behaupten müssen. Denken wir an *James Bond*. Bei dem reicht es, wenn er sich mit einem einfachen „Mein Name ist Bond. *James* Bond" vorstellt, und jeder weiß, was auf ihn zukommt. Nicht auszudenken, wenn das auch im Unternehmensbereich klappen würde. „Mein Name ist Tankstelle. *Shell* Tankstelle." Das funktioniert aber eher selten und wir müssen über uns erzählen. Wer sind wir und über welche beachtlichen Fähigkeiten und welches erstaunliche Wissen verfügen wir?

Zwei Regeln sollten wir dabei einhalten. Die erste lautet: nur nicht zu bescheiden! Wenn ich wieder mein obiges Marktforschungsbeispiel aufgreife, könnte man natürlich schlicht und ergreifend formulieren: „Wir sind Marktforscher." Damit ist eigentlich alles gesagt. Dahinter verbirgt sich ein anerkanntes Berufsbild, der Begriff weckt regelmäßig die richtigen Assoziationen bezüglich Ausbildung und Tätigkeitsgebiet – okay, er weckt vielleicht auch die eine oder andere negative Erinnerung an lästige Telefonumfragen, aber im Grunde ist mit dem Begriff schon alles gesagt. Wäre dieser einfache Satz nur nicht so schrecklich blass und langweilig! Wie schön klingt doch beispielsweise eine Umschreibung wie: „Aufgrund unserer langjährigen Erfahrung auf allen relevanten Märkten verfügen wir über die nötige Expertise ... “ Sie haben gar keine langjährige Erfahrung? Nur keine Panik! Dann erzählen Sie eben über Ihre unkonventionelle und kreative Vorgehensweise bei der pragmatischen Lösung von Problemen. Ich sehe schon, Sie wissen, was ich meine.

Die zweite Regel, von der ich eben sprach, heißt übrigens: nur nicht zu unbescheiden! Hauen Sie nicht zu sehr auf die Sahne, wir wollen nicht dastehen wie *Dieter Bohlen*. Okay, wir wären gerne so erfolgreich wie er, aber unsere Selbstdarstellung sollte sich auf dem von den Grundsätzen abendländischer Seriosität abgesteckten Gebiet bewegen. Immer daran denken: Sonst werden wir womöglich nicht mehr auf diesen oder jenen Kongress eingeladen oder, nicht weniger schlimm, wir werden zwar eingeladen, aber während wir uns am Buffet langsam zum Hummer vorarbeiten, wenden sich die Umstehenden peinlich berührt von uns ab. So ein Abend kann auch für Hartgesottene recht lang werden.

Beide Regeln werden wir natürlich in unserem Baukasten berücksichtigen. Sie finden eine Liste von Eigenschaften, die auf Sie zutreffen können, und Sie wählen einfach die passende Formulierung aus.

Eine Anmerkung noch zum Inhalt unserer Selbstdarstellung: Bislang sind wir immer implizit davon ausgegangen, dass wir unsere Schokoladenseite präsentieren. Es gibt aber nicht nur Stärken, es gibt ja auch Schwächen, oder nicht? Ich sehe die kritisch gerunzelte Stirn eines Lesers und halte ihm sofort entgegen: Natürlich nicht bei Ihnen selbst, aber denken Sie doch mal an Ihre Mitarbeiter! Es spricht ja nichts dagegen, wenn Sie einen wichtigen Brief an einen Geschäftspartner regelmäßig auf den letzten Drücker aufsetzen. Wenn dann aber wieder Ihre Post- und Versandabteilung schludert ... Sie wissen, was ich meine.

Wie verfahren wir also mit Schwächen? In der Dramaturgie gilt, dass der Held über genügend Identifikationspotenzial verfügen muss, sonst wendet sich der Zuschauer von ihm ab. Das Identifikationspotenzial sind natürlich die von uns beschriebenen Stärken. Gleichzeitig besagen die Grundregeln der Dramaturgie, dass man einen Helden auch mit ein paar Fehlern ausstatten sollte, damit er einigermaßen realistisch erscheint.[3] *Nobody is perfect*. Aber seien wir ehrlich: Wer macht das schon? Denken wir wieder an *James Bond*. Hat *James Bond* irgendeinen charakterlichen Defekt, den man ihm nicht auch als liebenswerte Schrulle ausle-

[3] „Das Hinzufügen von Eigenarten, von unlogischen und widersprüchlichen Eigenschaften macht die Figur faszinierend und unwiderstehlich.“ (SEGER 1999, S. 61.)

gen könnte? Sehen Sie. Wir stellen hier nur die Aktivseite unserer persönlichen Bilanz vor. Vergessen Sie also die Schwächen.

Oder vielmehr: Erwähnen Sie Ihre Schwächen nur dann, wenn Sie sie positiv formulieren können. Wenn Sie von sich selbst wissen, dass Sie ein grundsätzlich hinterhältiger Mensch sind, können Sie das immer noch als „Verhandlungsgeschick" ausweisen. Dagegen ist natürlich wieder nichts einzuwenden.

Wenn Sie sich mit dem Baukasten Ihre passende Selbstbeschreibung auswählen, vergessen Sie übrigens nicht, sie mit Ihren *Absichten*, Ihrer *Mission* abzustimmen. Die Selbstbeschreibung, Ihre Identität als Held auf dem finsteren Markt, dient als Beweisführung dafür, dass Sie das, was Sie wollen, auch schaffen werden. Sie sollen nicht auch noch damit angeben, dass Sie hervorragend Golf spielen – außer natürlich, Sie brauchen diese Fähigkeit, um Ihre Bestimmung zu erfüllen. Aber das glaube ich nicht, Leser, das *glaube* ich nicht.

Kommen wir nun also zu Ihren Absichten: Ihr Handlungsmotiv oder auch Ihre unternehmerische *Mission*.

3.4. Die Mission des Helden – „... der wollte der Gerechtigkeit zum Sieg verhelfen."

Dies ist natürlich auch ein obligatorischer Abschnitt. Wir müssen den Menschen hier im Studio und daheim an den Geräten, nein, Verzeihung, den Empfängern unserer Unternehmensphilosophie sagen, was wir beabsichtigen. Weswegen gibt es uns Helden, warum sind wir vom Olymp herabgestiegen und haben uns in die Niederungen des Marktes begeben, was ist unsere *Mission*?

Wir haben uns ja schon darüber unterhalten: Wir wollen jede Menge Geld verdienen. Unter uns: Wir wollen das *meiste* Geld verdienen.[4] Das ist jedem klar und auch allgemein anerkannt, weil es der Zweck eines Unternehmens ist. Weil es sowieso die Absicht eines jeden ist, wird man dieses Motiv auch bei uns vermuten. Natürlich. Das Problem ist allerdings nur, dass wir das Geld, das wir nach Leibeskräften aus dem Markt herausholen wollen, leider genau das unserer Leser ist, was diese zwar auch wissen, aber nur äußerst ungern unter die Nase gerieben bekommen. So dass wir uns darauf verlegen sollten, ihnen nicht zu erzählen, was wir von ihnen wollen, sondern was sie dafür bekommen. Falls Sie Autos produzieren, könnte man sogar tatsächlich davon erzählen, ohne über Gebühr erröten zu müssen. Autos, das macht noch etwas her, ein schicker V12er in tannengrüner Metalliclackierung – da sieht man gleich: Sie tun der Welt was Gutes.

---

[4] „Der Zweck eines jeden Unternehmens, sein Ziel und sein Ansporn sollten ganz einfach in dem Streben liegen, das Beste zu geben und zu sein." (FIFER, 1995, S. 22.)

Nun gibt es aber auch Unternehmen, die produzieren, sagen wir mal, Toilettenpapier. Nicht, dass wir etwas dagegen hätten, auch diesen Firmen sind wir äußerst dankbar für ihr segensreiches Wirken, trotzdem ist das Thema, wenn auch nicht gerade anrüchig (oder doch?), so doch nur innerhalb enger Grenzen diskursfähig.

Deswegen erzählen wir in diesem Abschnitt auch nicht, dass wir Autos oder Toilettenpapier an den willigen Konsumenten bringen wollen, sondern verlegen uns gleich auf die erregenden Glückszustände, die der Besitz oder die Nutzung unserer Ware beim Verbraucher auslöst. Nicht auslösen *soll*, sondern *auslöst*. Unsere Produkte tun das, sonst würden wir sie doch nicht produzieren, oder?

Wie soeben angedeutet, wird es sich dabei um jene höheren Sphären der Selbstverwirklichung handeln, die durch unser Produkt ausgelöst werden, da die Grundbedürfnisse heutzutage und hierzulande bereits befriedigt sind. Unsere Schokolade sättigt nicht einfach, sondern sie macht einen ganzen Kerl aus uns. In unserem Marktforschungsbeispiel würden wir nicht sagen, dass wir lediglich Daten verhökern, sondern die Markttransparenz erhöhen und unsere Kunden dadurch weiser werden. Wir verkaufen keine Gummidichtungen, sondern bemühen uns um eine hohe Kundenzufriedenheit, die aus einem gewissen Sicherheitsgefühl hinsichtlich des Sanitärbereichs einer Wohnung entsteht.

In diesem Sinne wird uns unser Baukasten wieder zahlreiche Vorschläge unterbreiten, welche der vielfältigen psychischen Zustände beim Verbraucher wir nachhaltig verbessern wollen, auf dass die Menschheit glücklicher werde. Wie hieß es noch gleich in der Bayer-Werbung?: „Für etwas weniger Schmerz auf der Welt". Na bitte, das klingt doch gleich ganz anders als etwa: „Für eine satte Rendite, gespeist aus Ihrem Portmonnee."

3.5. Unternehmensvision – „Der König versprach ihm seine Tochter ..."

Wir können an dieser Stelle gleich einen Ausblick auf den dritten Akt unseres Dramas geben: Welches Schicksal winkt uns, wenn wir unsere Ziele erreichen? Wie sieht die Welt aus, wenn wir mit unseren edlen und kühnen Absichten in ihr gewirkt haben? Diese unternehmerische *Vision* ist implizit in unserer Mission enthalten:[5] Wir wollen die Welt verbessern, also wird sie dereinst besser sein. Oder, zwischen den Zeilen: Wir wollen als Unternehmen jede Menge Kohle machen und

---

[5] Weswegen diese beiden auch stets und ständig und überall kreuz und quer durcheinander gewürfelt werden. Kraft Foods behauptet auf seiner Homepage unter der Rubrik „Visionen & Werte": „Die Vision von Kraft Foods Deutschland: ‚Deutschlands erfolgreichster Nahrungs- und Genussmittelanbieter, der mit Powerbrands seine Kategorien führt und prägt.'" Die GfK AG

wir werden eines Tages unendlich reich sein. Ist eine solche Vorstellung nicht schön? Wir liegen den ganzen Tag am Swimmingpool, während uns freundliche blumenbekränzte Damen in attraktiven Baströckchen einen Martini nach dem anderen reichen, und obendrein arbeitet unser Geld noch dermaßen ertragreich für uns, dass wir demnächst, wenn wir unser Vermögen als 100-Euro-Scheine aufeinander stapeln, zu Fuß zum Mars gehen könnten.

Weil die Vision indirekt in der Mission enthalten ist, kann sie bei sehr puristischer Betrachtungsweise eigentlich entfallen.[6] Wer Papier sparen will, braucht keine Unternehmensvision. Es entspricht allerdings trotzdem der Konvention, eine Vision aufzuzeigen. Dies hat verschiedene Gründe.

Es zeigt erstens, dass wir permanent motiviert sind, denn das Land, in dem Milch und Honig fließen, ist eigentlich schon in greifbarer Nähe – wir müssen nur hartnäckig weiter darauf hinarbeiten. Der Leser unserer Unternehmensphilosophie spürt im Abschnitt „Vision" sofort: Diese Leute sind beseelt von einem Gedanken!

Das führt uns gleich zu dem zweiten Grund für die Notwendigkeit einer unternehmerischen Vision: Wir formulieren sie sicherheitshalber noch einmal. Damit auch der Hinterletzte kapiert, wofür unsere Mission eigentlich gut ist. Bezogen auf unser Marktforschungsbeispiel heißt das etwa: Wir wollen, siehe oben, dass unsere Kunden zumindest hinsichtlich ihrer Märkte klüger werden und bessere Entscheidungen treffen. Was wird dann passieren? Sie werden erfolgreich sein, ihr Marktvolumen wird wachsen, Wettbewerber werden vernichtet oder verschwinden freiwillig vom Markt, unsere Kunden erlangen eine marktbeherrschende Stellung, das Kartellamt schaltet sich ein – aber halt, da müssen wir natürlich vorher abbrechen.

Ein dritter Grund, der für die obligatorische Beschreibung einer Unternehmensvision spricht, ist die *Kontrastierung* zum derzeitigen Schauplatz, den wir im zweiten Abschnitt unserer Philosophie beschrieben haben. Heute ist die Welt de facto noch ein Jammertal, aber, werter Adressat, sei gewiss, wir werden dich ins Paradies führen. Dies verdeutlicht eine *Entwicklung*, die wir einleiten und in deren Verlauf wir uns vielleicht auch selbst weiterentwickeln werden. Wir sind zwar

---

formuliert denselben Wunsch nach Spitzenstellung – den Wunsch haben sie nun wirklich alle – unter der Überschrift: „Mission Statement": „Als Lieferant von Wissen wollen wir weltweit Spitzenpositionen in den Märkten, in denen wir tätig sind, einnehmen – im Interesse unserer Kunden, unserer Mitarbeiter, des Unternehmens selbst, der Aktionäre sowie der Öffentlichkeit."

[6] Seien wir mal ehrlich. Als nüchterner Realist und routinierter Agnostiker braucht man sowieso keine Vision. Oder, wie COLLINS und PORRAS sinngemäß resümierten: „1. Die schriftlich niedergelegte Unternehmensvision ist nicht von dominanter Wichtigkeit für den Erfolg eines Unternehmens. 2. Um ein erfolgreiches Unternehmen zu gründen, bedarf es keiner großartigen Anfangsidee." (SIMON, 2002, S. 248.)

schon heute einsame Spitze, aber trotzdem werden wir uns noch weiterentfalten, unser edles Pflänzlein Unternehmen wird noch prächtigere Blüten tragen. Und weil Entwicklung sowieso immer nur qualitatives oder quantitatives *Wachstum* bedeuten kann, ist es gut, dies durch die Kontrastierung von heute und morgen noch einmal klar zu verdeutlichen.

Und ein letzter Grund spricht für die explizite Ausformulierung unserer Unternehmensvision: Sie gibt uns die *Legitimation* für unser Handeln. Wie heißt es doch gleich: Der Zweck heiligt die Mittel. Schließlich könnte jemand daherkommen, ein Systemkritiker vielleicht, ein radikaler Verbraucherschützer oder irgendein Intellektueller soziologischer Prägung, kurz: der ideelle Gesamtantagonist, und er könnte uns Einhalt gebieten wollen: Halt!, schleudert er uns entgegen, ihr dürft keine stinkenden Autos bauen oder Haarsprays mit umweltschädlichen Gasen herstellen. Und dann werden wir ihm verzückt-verklärt antworten: Aber alle werden mobil sein und trotzdem sitzt die Frisur. Und da muss er doch kapitulieren, oder?

Bei der Formulierung unserer Vision werden wir natürlich wieder aus den bekannten Gründen darauf achten, dass wir sie aus dem Blickwinkel unserer Marktpartner vornehmen. Also nicht: „Wir werden reich sein", sondern: „Du wirst glücklich sein." Dieses Glück hat vielerlei Facetten und ebenso lang ist die Auswahlliste unseres Philosophiebaukastens.

3.6. Was tun? – „... wenn er den Drachen erlegte."

Bislang können wir uns beruhigt auf die Schulter klopfen und anerkennend nicken: „Gut gebrüllt, Löwe!" Aber wie wollen wir das alles erreichen, was wir bislang in so prächtigen Farben geschildert haben?

Nun, im Grunde wissen wir, was zu tun ist.[7] Zunächst einmal in verständlichen Worten gesprochen: Der Gewinn wird dadurch maximiert, dass man sich bemüht, den Umsatz möglichst groß und die Kosten möglichst klein hinzukriegen.[8] Für steuerliche Zwecke gelten noch ein paar weitere Regeln, die uns hier aber nicht interessieren sollen: Wir werden es ja eh nicht so formulieren.

Zunächst zu den Umsätzen: Diese werden, klarer Fall, durch den Verkauf un-

[7] Das unterscheidet uns grundsätzlich von den eher fundamentalen Skeptikern, die am liebsten gleich alles in die Ecke schmeißen möchten: „Es stellt sich abschließend die Frage, ob Strategiemodelle der verschiedenartigsten Provenienz im Zeitalter der Kurzlebigkeit noch brauchbar sind", fragt z. B. SIMON, 2002, S. 69. Nun, wir können diese Frage getrost mit „Ja" beantworten. Sonst hätte Herr SIMON sein Buch womöglich noch umsonst geschrieben.

[8] Weitere prima Regeln findet man bei PORTER, 1992. Sie laufen mehr oder weniger allesamt darauf hinaus, dass es klug ist, geschickt vorzugehen, und dass man keine halben Sachen („stuck in the middle") machen sollte.

serer Leistungen bewirkt. Wie schon im Abschnitt zur Unternehmensmission dargelegt, sollten wir bei der Formulierung unserer Philosophie den Schwerpunkt auf das legen, was der Kunde bekommt, und nicht so sehr auf das Geld, das wir dafür von ihm eintreiben dürfen. Umsätze heißt Marketing und Marketing heißt auf der operativen Ebene Produkt, Kommunikation, Preis, Distribution.

Nun gut. Den Preis vergessen wir gleich wieder. Wir wollen mit keinem Wort erwähnen, dass wir für unsere Wohltaten eine Premium-Schutzgebühr verlangen. Das gehört nicht hierher. Das ist sozusagen die B-Seite unserer Single und wir wollen nur die A-Seite hören.

Kommt als Nächstes die Distribution. Die ist relativ langweilig. Was sollen wir da den Lesern unserer Philosophie mitteilen? „Wir wollen überall distribuiert sein und zahlen fette Werbekostenzuschüsse an Leute, die immer einen Eiertanz veranstalten, bevor sie uns in ihr Sortiment aufnehmen?“ Nun gut, der Gedanke der „Überallerhältlichkeit“ (Ubiquität) könnte hier ein Thema sein. „Man wird uns an allen Ecken und Enden finden“, warum nicht? Wenn das für unsere Leser nicht zu bedrohlich wirkt, kann man das einbauen. Wir werden das berücksichtigen.

Spannend ist natürlich das Produkt. Unsere Leistung. Das Pfund, mit dem wir wuchern. Was werden wir tun? Wir werden natürlich hervorragende Leistungen bieten. Nicht lediglich eine Eisenbahnverbindung von Coesfeld nach Chemnitz, fünfmal Umsteigen inklusive, sondern höchsten Fahrkomfort in entspannter Atmosphäre, von den quäkenden Kindern mal abgesehen, die die Nichtsnutze aus der zweiten Klasse zum Versteckspielen ständig zu uns in die erste Klasse rüberschicken.

Also, klasse Leistung, die wir anbieten, ohne dass wir uns auf unseren Lorbeeren ausruhen werden. Königsdisziplin der Produktpolitik ist die *Innovation*. Wir werden den Markt laufend mit Neuheiten beglücken, die den Wettbewerb erblassen lassen. Neue Computerspiele, denn die alten sind ja schon gespielt, neue Autos, denn bei dem alten löste sich schon das Polster von der Rückbank, ganz abgesehen davon, dass mein Nachbar sich jetzt auch schon dieses Modell leisten kann – es gibt wahrlich so viel, was uns noch fehlt! Denn, mal ehrlich, natürlich haben wir nach wie vor eine Mangelwirtschaft, mehr noch als in anderen Teilen unseres Erdenrunds, und zwar aus dem einfachen Grund, dass uns das buddhistische Ideal der Bedürfnislosigkeit komplett abgeht.

Im Zusammenhang mit der Innovation ist es auch wichtig herauszustellen, dass wir einen Heidenaufwand in Sachen *Forschung und Entwicklung* betreiben. So viel, wie wir da reinstecken, kann uns das Finanzamt gar nicht als Betriebsausgabe abziehen. Mit den modernsten Methoden suchen wir stets und ständig nach neuen Problemlösungen, und während der arglose Verbraucher längst schläft, raufen sich die Forscher und Entwickler in unseren Laboren noch die Haare, weil mal wieder eine anfangs so viel versprechende chemische Substanz für ein Haarshampoo leider die Plastikflasche wegätzt. Aber wir werden unsere Suche nicht aufgeben, schließlich wurden wir bislang noch immer mit der Entdeckung bahnbrechender, richtungweisender und die Gattung neu definierender Innovationen mehr als fürstlich belohnt. Und die Belohnung behalten wir ja nicht für uns, nein, Menschenfreunde, die wir sind, geben wir sie gerne an den Verbraucher weiter.

Kommen wir zur *Kommunikation*! Es gibt natürlich eine Fülle an Kommunikationsmaßnahmen, aber der dumme Verbraucher denkt ja immer nur an die Werbung, die ihn auch noch nervt. Nun ja, wenn wir das wissen, können wir ja darauf eingehen und das Ganze etwas mehr in Richtung verantwortungsvolle Öffentlichkeitsarbeit formulieren. Sofern wir auf Kommunikation eingehen wollen, was für das eine oder andere Unternehmen durchaus Sinn macht, werden wir betonen, wie sehr wir an einer Pflege der Beziehungen zu unseren Partnern interessiert sind und dass so etwas wie eine proaktive Ehrlichkeit für uns schon vor Jahren zur Selbstverständlichkeit geworden ist, nicht wahr? Kommen Sie schon, geben Sie's zu, lange vor Ihrer Firmengründung haben Sie an vertrauensvolle und partnerschaftliche Zusammenarbeit mit der interessierten Öffentlichkeit gedacht, oder?

Nachdem wir die Umsatzseite abgearbeitet haben, kommen wir zur Kostenseite. Damit sprechen wir die betrieblichen Funktionsbereiche der Produktion und Beschaffung an. Auch wieder so eine potenzielle B-Seite einer Single. Wer will schon von den Mühen hören, die es uns gekostet hat, so ein kostbares Gummibärchen herzustellen? Keiner. Alle wollen sie nur darauf herumkauen. Eine trübselige Angelegenheit: Wir reißen uns ein Bein aus – und keinen interessiert's.

Außer, so etwas wie Qualität spielt auf unserem Markt eine Rolle. Dann ist es sinnvoll, darauf hinzuweisen, dass wir immer nur die besten Verfahren einsetzen und nur hochwertige Materialien verwenden – aus südamerikanischen Hochlagen, dort, wo sich noch Lama und Kondor gute Nacht ..., nun ja, Sie wissen schon.

Ein weiterer Punkt, der auf der Kostenseite von Bedeutung ist: Mit der Umsatzseite haben wir implizit oder auch explizit unser Verhältnis zum Kunden angesprochen. Hier, bei den Kosten, können wir darauf hinweisen, dass wir unsere Lieferanten und Arbeitnehmer so behandeln, als wären sie die eigentlichen Herren unserer Firma. Kostendrückerei zu Lasten eines Zulieferers – i wo! Faire und vertrauensvolle Partnerschaft ist hier das Stichwort! Und bei den Arbeitnehmern? In die investieren wir eigentlich nur noch. Ständig bilden sie sich fort (und sind natürlich trotzdem jederzeit für unsere Kunden telefonisch erreichbar) oder nutzen die kreativen Freiräume, die wir ihnen eröffnen. Auch wenn man sich im Alltag überlegt, ob man nicht das Aquarium in der Eingangshalle abschaffen soll, weil Fischfutter so teuer geworden ist: Hier ist die Stelle, an der Sie sämtlichen Betriebsluxus, ohne dass Ihnen das Finanzamt auf die Schliche kommt, in schillernden Farben beschreiben können. Der Betriebsrat hat Sie letztens genötigt, einen Firmenkindergarten einzurichten? Ärgerlich genug, aber in unserer Unternehmensphilosophie ist das schon die Erwähnung wert, dass Integration für uns kein Fremdwort ist, dass das oberste Gebot in einer individualisierten Gestaltung des partnerschaftlich ausgerichteten Arbeitsverhältnisses besteht und wir uns um flexible Modelle zur Vereinbarkeit von Beruf und Familie kümmern. Oder Ähnliches.

Unsere Beispiele haben bereits angedeutet: Wir betonen auch hier die Leistungsseite und nicht die Aufwandsseite, für keinen der Beteiligten. In unserem Marktforschungsbeispiel etwa sagen wir nicht: „Wir erheben Daten“, sondern wir würden betonen, dass wir „hochwertige Business Information Services zur Verfügung stellen“. Die Formulierungen in unserem Baukasten sind so gewählt, dass sie in stolzer Bescheidenheit auf unser gemeinnütziges Treiben verweisen und im Prinzip auf alle Branchen anwendbar sind, da wir lediglich von „Leistungen“ reden werden. Sollten Sie selbst stattdessen doch lieber wieder „Gummibärchen“ oder „Winterreifen“ einsetzen wollen: nur zu!, auf Ihre Verantwortung!

3.7. Wie tun wir, was wir tun? – „Der Prinz ging listig und furchtlos vor ...“

Nein, diese Dichter! „Es gibt nichts Gutes, außer man tut es“, reimte *Kästner* einst und opferte dem schnöden Reim einen wesentlichen Gesichtspunkt, den wir an dieser Stelle natürlich nicht einfach so unter den Tisch fallen lassen wollen. Lieber Leser, denken Sie doch mal mit! Stellen Sie sich vor, bei Ihrem Nachbarn brennt es. Da ist es natürlich eine äußerst löbliche Sache, wenn Sie mit einem Eimer Wasser rübermarschieren und das Flammenmeer ein wenig einzudämmen versuchen. Die Feuerwehr zu rufen wäre auch so eine Maßnahme, die man uneingeschränkt begrüßen würde. Vorausgesetzt natürlich, Sie machen es sofort und gehen nicht erst mal in aller Ruhe ins Fitness-Center, wie Sie es vielleicht ursprünglich vorhatten.

Was ich sagen will? Die Art und Weise unseres Tuns spielt natürlich immer eine Rolle und hat entscheidenden Einfluss darauf, wie gut das ist, was wir tun. Egal also, wie hübsch meinetwegen „Pünktchen und Anton“ ist, an dieser Stelle hat *Kästner* dann doch ziemlich geschludert.

Geschwindigkeit kann natürlich immer ein wichtiger Punkt sein. Ich weiß, wovon ich rede. Obacht, jetzt komme ich wieder mit meiner Marktforschung daher. Wenn ein Kunde am späten Freitagnachmittag noch irgendwelche Daten wollte, die er auf seinem eigenen Schreibtisch leider nicht mehr fand, dann wollte er sie natürlich prompt, also „asap“, will sagen, gestern, damit er sie noch schnell ins Gepäck für den Wochenend-Skiurlaub packen konnte. Egal auch, ob sich drei Wochen später bei einer diesbezüglichen Rückfrage herausstellte, dass er weder am Wochenende noch in der Zeit danach dazu gekommen war, mal einen Blick auf das entsprechende Fax unsererseits zu werfen – wobei aus meiner Sicht Après-

Ski immer noch ein besserer Grund ist, Dinge einfach liegen zu lassen als irgendwelche Meetings –, wichtig ist einfach: Die Lieferung erfolgte umgehend.

Wir halten also fest: Die Art und Weise spielt eine Rolle. Trotzdem will ich es kurz machen: Wir werden das nicht noch einmal extra in unserer Unternehmensphilosophie erwähnen. Warum? Es wirkt vielleicht ein bisschen betulich, wenn wir nach all dem, was wir sowieso schon tun wollen, auch noch behaupten, wie wir die Dinge angehen werden. Da sind wir schon Held und haben uns in den schillerndsten Farben beschrieben, und dann kleben wir noch die Erklärung hintenan: „Wir machen es schnell und sorgfältig." Es besteht immer die Gefahr, dass ein vorlautes Bürschchen einfach mal so aufsteht und naseweis sagt: „Das erwarten wir sowieso von Ihnen!" Ich war zwischendurch immer wieder gerne selbst so einer. Wenn einer meiner Kollegen darauf hinwies, dass es ganz schön Mühe gekostet habe, diese oder jene Auswertung zu erstellen, habe ich hin und wieder gerne geantwortet: „Es muss ja auch nicht einfach sein. Es muss nur funktionieren."

Wollen wir damit also sämtliche Modalitäten unseres Handelns unberücksichtigt lassen? Antwort: nein. Wir arbeiten sie einfach in unsere Beschreibung des Helden ein. Wir sind geschickt, clever, flink, das wird es alles geben, nur: Wir heben es nicht noch einmal in einem eigenen Abschnitt hervor.

Punktum!

3.8. Entwicklung – „... und seine Tat ließ ihn zum Helden reifen."

Stellen Sie sich vor, Sie wären Bulettenbrater. Schwere Vorstellung, keine Frage: Täglich das Fleisch unschuldiger so genannter Nutztiere in eine Konsistenz nahe dem Kartoffelpüree zu bringen, in unmöglich gesund zu nennende Mengen von heißem Fett zu tunken, um es zuletzt zwischen zwei Milchbrötchenhälften gestopft unter erhöhtem Papier- und Pappverbrauch an Verbraucher zu verkaufen, die sich das auch noch andrehen lassen. Ein hartes Schicksal, das wir natürlich nur den wenigsten unserer Mitmenschen gönnen. Deswegen werden Sie sich natürlich auch nicht Bulettenbrater nennen, sondern wahrscheinlich *Anbieter der Systemgastronomie* oder Ähnliches. Stellen Sie sich also vor, Sie wären Systemgastronom, um Ihr hartes Los etwas abzumildern vielleicht sogar ein *bedeutender* Systemgastronom. Was liegt also näher, als sich weiterentwickeln zu wollen! Entwicklung ist ein absolut positiv belegter Begriff in unseren Breiten, auch wenn er nichts weiter bedeutet, als sich von einem Zustand zu einem anderen irgendwie hinzubewegen. Der Duden definiert „sich entwickeln" entsprechend zunächst einmal ganz pragmatisch als „allmählich entstehen, sich stufenweise herausbilden".[9] Sie kennen das: Er war eigentlich ein ganz netter Kerl, aber dann machte er

Karriere. Die Entwicklung ist hierzulande und eben auch in unserem Zusammenhang trotzdem immer deswegen positiv belegt, weil ihr stets und ständig eine zielgerichtete Komponente zugeschrieben wird: Der Duden beschreibt das als „auf ein höheres Niveau heben“.

Natürlich weiß kein Mensch, was ein „höheres Niveau“ ist. Wir können nicht mit Gewissheit sagen, ob unser Schöpfer, wenn er denn weilt und west, lieber *Dostojewski* oder *Konsalik* liest. Wir haben aber den Verdacht, dass unter das „höhere Niveau“ all jene schwer verdaulichen Kulturgüter fallen, denen wir uns in unserer Freizeit höchst selten freiwillig nähern. Wir schauen in unseren *Aristoteles* nur dann mal rein, wenn das unsere Chancen erhöht, von einem potenziellen Geschäftspartner mit auf den Golfplatz genommen zu werden.

Gott sei Dank ist das „höhere Niveau“ dieser Art in der Ökonomie zunächst einmal völlig irrelevant, außer Sie betreiben vielleicht ein kleines privates Theater, aber selbst dann würde ich, besorgt um Ihre Überlebenschancen, Ihnen raten: Setzen Sie auf Boulevard. Für alle übrigen Unternehmen jenseits des Kulturbetriebs gilt ohnehin: Ihr Niveau wird in Geld gemessen. Zugegeben, es gibt natürlich ein paar so genannte „intangible“, immaterielle Dinge, die vielleicht auch noch wichtig für Ihr Unternehmen sind – aber machen wir uns nichts vor: Es geschieht nicht ohne Grund, dass man beispielsweise einen „Markenwert“ auch als „finanziellen Markenwert“ zu berechnen versucht, damit er endlich wieder schön bilanzierbar ist.

Das alles heißt für uns natürlich Folgendes: Entwicklung ist gut. Erstens, weil alle Welt das so sieht, und zweitens, weil es mehr Geld für uns bedeutet. Die einfache Faustformel lautet: „Entwicklung gleich Wachstum gleich dickes Portmonee.“ Diese Art von Entwicklung kann jedes Unternehmen durchmachen, einfach weil jeder mehr Geld verdienen kann, wenn das Produkt überzeugend genug ist. Und stellen Sie sich vor, wie erhebend das Gefühl sein wird, wenn Sie am Ende der Geschichte werden sagen können: „Jetzt, endlich, bin ich ein *entwickelter* Bulettenbrater!“ Das gibt schon ein gutes Gefühl.

Diese rein finanziell gemeinte Entwicklung trifft, wie gesagt, auf jedes Unternehmen zu und wir werden sie in unserem Baukasten nicht eigens erwähnen. Sie ist implizit in der *Vision* bzw. dem Vergleich von *Vision* und bisherigem *Schauplatz* enthalten. Wir werden sagen, dass wir unendlich viel Erfolg haben werden und die Kunden auch etwas davon haben, denn sie können sich in unserem Glanz sonnen: Ich habe heute nicht irgendein Speiseeis gegessen, sondern das vom Marktführer.

Kommen wir noch einmal auf das „höhere Niveau“ zurück. Es gibt den Fall, dass dieses höhere Niveau nach Beendigung eines Abenteuers nicht lediglich den

---

[9] DUDEN, 1996, S. 440.

Geldpegel in Ihrem Tresor beschreibt, sondern Ihre persönliche Sichtweise, Ihren Blickwinkel, wenn Sie so wollen meinetwegen Ihren Charakter. Vorher sagten Sie vielleicht: „Geld machen ist doch das einzig Wahre!" Nach Bestehen Ihres Abenteuers haben Sie möglicherweise eben aufgrund dieses Abenteuers Ihre Position verschoben. „Das Ganze ist ein Spiel, bei dem ich mich als Person besser kennen lerne", sagen Sie nun und widmen sich ab sofort nur noch dem Studium der Schmetterlinge – oder machen weiter, aber alle bewundern Ihre heitere Gelassenheit, die Sie neuerdings an den Tag legen, wenn Sie morgens das Büro betreten.

Diese zweite, qualitativ gemeinte Form der Entwicklung wird nicht auf alle Leser gleichermaßen zutreffen: Ob sie eintritt, hängt davon ab, für welche Schauspiel-Variante Sie sich entscheiden. Sorry, Sie können nicht einfach nur Komödiant sein wollen, aber die dicken Einsichten für sich beanspruchen. Die bleiben dann mehr den Charakterrollen vorbehalten. Die qualitative Entwicklung werden wir bei Bedarf dann als Ergänzung der Vision behandeln: Neben all dem Erfolg, der uns zuteil wird und der unseren Kunden natürlich auch echten Nutzen bringen wird, werden wir ein besserer Mensch geworden sein. Aber lassen Sie sich überraschen.

3.9. Legitimation – „Die Menschen aber freuten sich, dass der Drache tot war."

Darf der das? – Sie kennen diese Frage vielleicht: Unsereiner produziert arglos irgendwelche schönen und nützlichen Dinge, Eierkocher meinetwegen, und urplötzlich wird die Frage aufgeworfen: „Darf der das?" Nicht, dass wir uns diese Frage selbst stellen. Nicht nur, dass uns Fragen dieser Art grundsätzlich fremd sind, sie sind doch auch schon längst beantwortet: Wir haben die zugehörigen Materialien und Produktionsfaktoren legitim erworben, kunstvoll kombiniert, und heraus kam ein formschönes und zweckmäßiges Produkt. Also, wenn man das nicht mal mehr darf!

Trotzdem fragen immer wieder unangenehme, weil hartnäckige Zeitgenossen, ob es denn zulässig sei, die natürlichen Ressourcen für die absolut nichtigen und schädlichen Auswüchse der Wohlstandsgesellschaft zu schröpfen. Wir sollten uns davon nicht einschüchtern lassen.

„Natürlich dürfen wir das!", rufen wir selbstbewusst aus und verweisen schlicht und ergreifend auf den Nutzen, den unsere wohlfeilen Angebote dem redlichen Verbraucher stiften. Wir sind in diesem Sinne veritable Handlungsutilitaristen:[10] Jedes Produkt rechtfertigt sich schon allein dadurch, dass es einen freiwilligen Käufer findet.

---

[10] Das lässt den professionellen Moralphilosophen natürlich gehörig zusammenzucken (vgl.

So wollen wir es auch in unserer Unternehmensphilosophie halten: Wenn wir bei der Formulierung unserer *Vision* nur schön ausmalen, wie gut es unseren Kunden gehen wird, brauchen wir gar nichts weiter mehr zu rechtfertigen. Ich rate auch deswegen von einer explizit ausformulierten Legitimation ab, weil man schlafende Hunde nicht wecken soll. Ich werde dafür erst gar keine Vorschläge unterbreiten. Wenn wir schon ein reines Gewissen haben, warum sollten wir aktiv in die Defensive gehen?

Sehen Sie, das wissen Sie auch nicht.

FRANKENA, 1986, S. 57): Ein Regeldeontologe, der sich aufgrund bestimmter allgemeiner Prinzipien verpflichtet fühlt, wäre ihm allemal lieber gewesen. Kann er haben: „Nicht vom Wohlwollen des Metzgers, Brauers und Bäckers erwarten wir das, was wir zum Essen brauchen, sondern davon, dass sie ihre eigenen Interessen wahrnehmen.“ (SMITH, 1978, S. 17.) Ob ihm das jetzt wirklich lieber ist?

4 Individualität – meine Unternehmensphilosophie, deine Unternehmensphilosophie

„Es gibt keine Unternehmen,
nur Menschen."
BOB FIFER[1]

Geschafft! Jetzt haben wir den Aufbau unserer Unternehmensphilosophie beschrieben und hinreichend begründet – jetzt müssen wir sie eigentlich nur noch mit dem Baukasten in Teil B zusammenbauen.

Aber halt, eine Frage drängt sich vielleicht dem einen oder anderen auf: Hatten wir nicht eingangs gesagt, dass es sich bei einer Philosophie – also auch bei einer Unternehmensphilosophie – um eine ganz persönliche Art und Weise handelt, das Leben und die Dinge zu betrachten?

Wo bleibt also in unserem Baukasten die individuelle Note, die Mentalität des Philosophiebastlers?

Dazu müsste man tatsächlich auf die Persönlichkeit des Einzelnen eingehen. Das scheitert aber daran, dass es tausend verschiedene Theorien zur Entstehung von Persönlichkeit gibt und mindestens ebenso viele Versuche, Persönlichkeit, Charakter oder Mentalität entsprechend zu beschreiben.[2] Waren Sie schon mal auf einem Seminar zur Persönlichkeitsentwicklung? Keine Sorge, ich meine jetzt nicht die von der Krankenkasse, sondern von der Firma finanzierten. Auf mehreren sogar? Nun, wenn die Trainer wechselten, werden Sie das Problem verstehen: Mal wurden Sie anhand von vier verschiedenen Farben beurteilt, mal anhand von drei. Die Farben hatten immer eine andere Bedeutung, und ganz abgesehen davon, glauben Sie ja selbst nicht daran, dass mit drei oder vier Kategorien ein Mensch hinreichend beschrieben ist. Dazu sind wir doch viel zu einzigartig, nicht wahr?

Was also tun?

---

[1] FIFER, 1995, S. 127.

[2] Ach ja, wir erinnern uns gerne an eine Fußnote aus dem ersten Abschnitt. Hier noch einmal die große Konfusion zum Thema Persönlichkeit: „Persönlichkeit: Gesamtheit aller individuellen Merkmale von Menschen. Wegen dieser maximalen Weite der persönlichen Problematik kann man nicht erwarten, dass man diesen Begriff unkontrovers definieren könnte.„ Nun, das hatten wir auch schon nicht mehr erwartet. (BENESCH, 1997, S. 465.)

Greifen wir bei der *inhaltlichen* Ausgestaltung doch auch einfach auf unseren Ansatz zurück, den wir bei der *Struktur* der Unternehmensphilosophie bereits gewählt haben: Wir inszenieren uns. Das heißt, wir erzählen eine Geschichte. Und verschiedene Menschen erzählen verschiedene Geschichten. Die Menschheit lebt von Geschichten, wir finden uns in Geschichten wieder, in der einen vielleicht etwas mehr, in der anderen dafür etwas weniger, aber das Schicksal unserer Helden leben wir in jedem Fall in banger Erwartung um ihren Sieg mit.

Die Berücksichtigung der individuellen Note unserer, pardon: *Ihrer* Philosophie erfolgt durch die Wahl eines von mehreren archetypischen *Plots*, die in den Erzählungen der Menschheit immer wieder auftauchen. Dass Sie der Held sind, ist klar. Ob Sie aber ein aufregendes Abenteuer am Markt oder eher eine stürmische Liebesbeziehung mit Ihren Kunden erleben wollen, hängt von Ihrem Naturell ab und bleibt Ihnen überlassen. Für die Auswahl der Plots nehmen wir mal eine der üblichen Listen[3] unter die Lupe:

1. Die Suche

Suchen wir nicht alle etwas? Streiten Sie es nicht ab. Zeit ist zum Beispiel etwas, davon würden wir gerne mehr entdecken. „Auf der Suche nach der verlorenen Zeit", war das nun ein Romanwerk von Proust oder eine Kundenbroschüre von Time System? Gleichviel. Dieser Plot ist ein edler Plot. Sie machen sich gezielt auf die Suche nach etwas, das Ihnen mindestens so etwas wie Erlösung bringen wird. Nicht lediglich einen circa zehnstelligen Betrag auf Ihrem Konto, nein, Leser, ich bin empört! Es geht um Folgendes: Stellen Sie sich vor, Sie sind die Heiligen Drei Könige und Sie suchen das Knäblein in der Krippe. Verstehen Sie mich jetzt? Sie werden *Weisheit* ernten, wenn Sie es finden! Sie werden auch innerlich reicher sein, wenn Sie den Kunden oder das Produkt gefunden haben. Und diese – verstehen Sie mich jetzt nicht falsch – persönliche Bereicherung ist es, die diesem Plot die ritterliche Note verleiht. Gratulation schon jetzt, wenn Sie sich für diese Variante entscheiden.

Natürlich können Sie nun sagen: „Ach nein, das ist nichts für mich, ich habe ja schon meinen Kunden und ich produziere ja auch schon, ich muss das alles nicht mehr suchen." Aber, Leser, das greift leider zu kurz. Die *Suche* nach dem „goldenen Kunden" oder dem optimalen Produkt, dem „Stein der Weisen", kann auch in diesem übertragenen Sinne verstanden werden, dass Sie etwas Bestehendes noch nicht optimal entwickelt haben. Sie haben zwar schon einen Kunden, aber er ist vielleicht noch kein A-Kunde. Etwas drasti-

---

[3] Entnommen aus: Tobias, 1999. Für weiterführende Informationen zu einzelnen erzählerischen Versatzstücken vgl. Frenzel, 1999, sowie natürlich die gesamte Weltliteratur.

scher: Sie haben schon einen Esel, aber Sie möchten ihn zum Goldesel machen.

In diesem Verständnis passt der *Suche*-Plot dann wieder auf eine Vielzahl von Situationen bzw. Unternehmen. Wer immer von *Total Quality Management* (TQM) redet, meint eigentlich die *Suche* nach Exzellenz,[4] nach dem Stein der Weisen, mit dem wir den goldenen Kunden glücklich machen wollen – und uns etwas reicher.

2. Das Abenteuer

Sie erinnern sich noch? *Harrison Ford* als *Indiana Jones*? Mein Gott, da war doch was los, und, bei aller Gefahr, Spaß gemacht hat es doch auch, oder? Ist nicht auch der Markt ein einziger großer Abenteuerspielplatz, an dem es hilflose Kunden aus den Klauen fieser Wettbewerber zu befreien gilt?[5] An dem man finsteren Nachahmern Einhalt gebieten und ihren Weltherrschaftsplänen Paroli bieten muss? Natürlich ist es so. Es gilt, den grünen Diamanten vor den Wettbewerbern zu finden und gleichzeitig noch die schöne Professorentochter zu erobern, die Sie natürlich nicht, Sie erinnern sich, im Hörsaal, sondern nur draußen am Markt finden werden. Also: Dieser Plot riecht förmlich nach Tollkühnheit und Draufgängertum, wie es sich unsere U-Bahn-Surfer-Kids überhaupt nicht vorstellen können. Natürlich werden Sie jede Menge Staub schlucken müssen, aber ein verschwitztes Hemd gehört nun mal dazu, wenn Sie sich letztendlich die begehrte Trophäe in den heimischen Vitrinenschrank stellen wollen – und verschwitzte Hemden sind Ihnen doch nicht fremd, oder?

Ich spüre allerdings schon, dass einige Leser nach der Lektüre der letzten Zeilen etwas indigniert sind: „Das ist ja degoutant!", rufen sie aus, „sollen wir etwa so leichtfertige Hallodris sein?" „Aber nein", antworte ich rasch beschwichtigend. Damit Sie sich der Wahl des Plots unvoreingenommen stellen können, müssen Sie sich einfach nur Folgendes vergegenwärtigen: *Chaosmanagement*[6] ist im Prinzip nichts anderes als unser *Abenteuer*-Plot und wir haben unsere obige Skizze einfach nur in der grundaufrechten „Tonality" des positi-

---

[4] Bei TQM erhofft man sich „fehlerfreie Produkte/Dienstleistungen zur Erfüllung von Kundenerwartungen". (SIMON, 2002, S. 195.) Ist das nicht der Stein der Weisen? Doch, Leser, das ist er.

[5] Ganz ähnlich argumentieren auch Volkswirtschaftler und Marktphilosophen, wenn sie gegen Steuern und ähnliche sozialistische Folterwerkzeuge wettern, die das Ergebnis einer Veranstaltung vorwegnehmen sollen, die eigentlich als Spiel mit ungeplantem Ausgang gedacht ist. (Vgl. z. B. F. A. v. HAYEK, 1991.)

[6] Dieser Begriff ist natürlich wieder mal nicht gescheit definierbar: „Fachleute erkannten schnell, dass es sich hierbei um einen übergeordneten ‚Containerbegriff' handelt, der mit vielen Inhalten gefüllt werden kann (...)." (SIMON, 2002, S. 328.) Aber er riecht trotzdem förmlich nach *Abenteuer*. Für die Fachleute gilt im Übrigen nach wie vor Fußnote 3, Seite 13.

ven Denkens geschrieben. Wir wollen als Unternehmer ob der vielfältig fraktalisierten und friktionalisierten Welt doch nicht gleich verzagen!

3. Die Rettung

Wohingegen es sich bei diesem Plot nun wieder um einen sehr edlen, wenn nicht gar blaublütig gesinnten handelt. Der schöne Prinz befreit die noch viel schönere Prinzessin aus der Gefangenschaft des Drachens. Was ist überhaupt der Unterschied zum *Abenteuer*? Nun, beim Abenteuer wollen wir etwas erleben, einfach weil wir unternehmungslustig und furchtlos sind oder das Fernsehprogramm bzw. das Routinegeschäft mit der Stammkundschaft so langweilig geworden ist. Es kann natürlich auch im *Abenteuer*-Plot vorkommen, dass wir eine Prinzessin befreien, aber auf die haben wir es höchstens am Rande abgesehen. Sie verstehen, wir nehmen sie zwar gerne auch noch mit als kleine Belohnung, aber wir wären auch losgezogen, wenn es sie nicht gegeben hätte. So sind echte Kerle nun mal. Zurück zur *Rettung*.

Die *Rettung* findet ihre Parallele bei Managementkonzepten im Dunstkreis der „Engpass-Konzentrierten Strategie“ (EKS).[7] Klar: Kunde weg, Engpass da. So einfach ist die Welt manchmal.

Die *Rettung* hat in jedem Falle etwas mit einer emotionalen Bindung an die gerettete Person (oder den geretteten Gegenstand) zu tun. Wir müssen diese Person ja nicht gleich lieben (sonst käme vielleicht der *Liebe*-Plot für uns in Frage), wir erachten sie einfach als *rettenswert*. Damit rücken wir uns selbst natürlich in mehrerlei Hinsicht ins beste Licht: Wir erkennen den wahren Wert (nicht den Warenwert!) einer Person, sind also mal sowieso schon ziemlich weise (das Leben kennt uns, wir kennen das Leben), und zum anderen *retten* wir diese Person auch noch. Klar, sonst hieße der Plot ja „*Missglückte Rettung*“. Heißt er aber nicht. Dass es sich bei den geretteten Personen um bemitleidenswerte Geschöpfe namens Kunden handelt, die ihr Dasein in den schimmeligen Kerkern und Verliesen eines Grauen erregenden Wettbewerbers fristen müssen, dürfte auch klar sein. Holen Sie sie da raus!

4. Die Rache

Herzlich willkommen im *Rache*-Plot! Wollten Sie es nicht immer schon irgend-

---

[7] „Damit will Mewes verdeutlichen, dass jedes System in seiner Entwicklung von einem Engpass blockiert wird. Gelingt es, diesen zu erkennen, dann kann er beseitigt werden, um dem System optimale Entfaltungsmöglichkeiten zu verschaffen. Diese Erkenntnis verdankt Mewes der Lektüre militärstrategischer Literatur sowie den Arbeiten von Justus von Liebig.“ So SIMON, 2002, S. 91, der wiederum seine Erkenntnisse unter anderem der Lektüre von diesem MEWES verdankt.

wem mal so richtig heimzahlen? Geben Sie's ruhig zu, wir sind hier ganz unter uns. Klar, das Gefühl kennen wir doch alle. Da haben wir gerade ein ganz wunderbares neues Produkt entwickelt – und schon kommt uns der verdammte Wettbewerb zuvor. Da müsste man mal wem gehörig auf die Finger klopfen. Dem Wettbewerb, zum Beispiel. Oder diesem einen Kerl aus der Abteilung für Forschung und Entwicklung, der mir neulich schon so aussah, als verkaufe er unsere Betriebsgeheimnisse meistbietend in der U-Bahn. Schade nur, dass sich das alles irgendwie so unschön anhört. Wir denken an *Charles Bronson*, Selbstjustiz, riesige Blutlachen überall, Leichen pflastern unseren Weg, und am Ende sind wir um keinen Deut besser als die, an denen wir uns gerächt haben. Aber das kriegen wir schon in den Griff. Wir bleiben immer schön im Rahmen der Legalität und erinnern uns brav daran, dass man den Betrüger auch mit erlaubten und gesellschaftlich abgesegneten Mitteln zum betrogenen Betrüger machen kann. Haben Sie noch die Fabel vom Fuchs und vom Raben in Erinnerung? Ich werde sie Ihnen hier nicht erzählen, aber schlagen Sie bei Gelegenheit mal nach. Immer nur fest daran denken: Wer Rache übt, ist in aller Regel von dem Gedanken beseelt, einen Zustand der Gerechtigkeit wiederherzustellen – wenn das mal kein edles Motiv ist! Der Rest ist sozusagen *peanuts*. Wie gesagt: Das kriegen wir schon in den Griff.

Falls Sie noch von Skrupeln geplagt werden, sich für diesen Plot zu entscheiden, bedenken Sie: Alle Wettbewerbsstrategien[8] enthalten im Kern auch den *Rache*-Gedanken. Alle? Das war jetzt sicher kühn dahingesagt, aber Sie sehen: Wir schrecken hier vor klaren Aussagen nicht zurück. Letzten Endes haben wir sowieso nicht mehr gesagt, als dass man aus jeder Wettbewerbsstrategie einen veritablen Rachefeldzug machen kann, wenn man so drauf ist, Verzeihung, über die nötige Psychostruktur verfügt.

5. Das Rätsel

Hier, Leser, bin ich tatsächlich etwas skeptisch. Der *Rätsel*-Plot ist durchaus ein altehrwürdiger Plan für eine Geschichte. Und findet immer wieder Interesse, denken Sie einfach nur an Detektivromane. Gut an dem Plot ist sicherlich, dass ein cleveres Bürschchen wie Sie auch den verzwicktesten Fall lösen wird. Hartnäckig, wie Sie sind, werden Sie jeder Spur nachgehen und am Ende den Täter stellen oder die Aufgabe lösen, die Ihnen Einlass zur schönen Prinzessin oder der zahlungskräftigen Kundschaft liefert. So weit, so gut. Trotzdem, stellen Sie sich vor, Sie müssen Ihren Arbeitnehmern oder Kreditgebern und ähnlich kritischem Publikum erklären: „Momentan blicke ich noch nicht

---

[8] Vgl. z. B. PORTER, 1992.

ganz durch, aber das wird schon noch." Wenn dieser Plot für unsere Unternehmensphilosophie taugen soll, dann müssen wir hier glasklar auf unsere analytischen und sonstigen Fähigkeiten abstellen und die Undurchschaubarkeit der aktuellen Situation nicht gerade auf dem Silbertablett präsentieren.[9] Stattdessen sollten wir mehr von komplexen Systemen reden, deren Verzahnung Turbulenzen am einen Ende der Welt in Windeseile bis zu uns bringt, ohne dass wir sofort erkennen, woher sie jetzt gerade ... , sehen Sie, da sind wir schon wieder. Man muss höllisch aufpassen. Einfach wird das nicht. Pah!, wenn ich das schon wieder höre! Das machen wir doch mit links!

6. Die Rivalität

Stellen Sie sich vor, Sie verkaufen Kekse. Pardon: Sie sind im Dauerbackwaren-Marketing aktiv, aber Sie heißen leider nicht Bahlsen, sondern nur De Beukelaer. Sorry, De Beukelaer, die Prinzenrolle esse ich immer wieder gerne, trotzdem, was für ein Status! Der ewige Zweite! Und derlei Beispiele gibt es ja nun zuhauf. Wettbewerb ist nun mal definitionsgemäß Rivalität. Erinnern Sie sich noch, wie der Peugeot 306 seinerzeit mit dem Claim „Der Rivale" beworben wurde? Herausfordern, Antreten zum Kampf, am besten gleich in der ersten Runde eins auf die Zwölf, fertig, Weltmeistertitel. Aber leider, die erste Runde ist vorbei, und selbst wenn wir den Gegner mal vorübergehend zu Boden gebracht haben, steht er in der zweiten Runde wieder da.

Der *Rivalität*-Plot bedeutet für unsere Zwecke, dass jetzt endlich mal damit Schluss ist. Ein letzter Kampf und wir stehen auf dem Siegertreppchen. Was unterscheidet diesen Plot vom *Abenteuer*? Nun, der Abenteurer würde vermutlich eher dem Satz zustimmen, dass dabei zu sein schon beinahe alles bedeute. Klar, gewinnen will und wird er auch, aber seinen Lustgewinn bezieht er schon vorher, wenn er mal eben so en passant die Wachen vor dem Tor unschädlich macht, bevor es endlich zum eigentlichen Kampf im Schloss kommt. Der Rivale hingegen will nicht unbedingt schön gewinnen. Es würde ihm notfalls auch schon eine schriftliche Erklärung des Gegners über dessen Unfähigkeit reichen. Er will nur einfach, dass alle endlich sehen, dass er derjenige ist, dem der Lorbeerkranz gebührt.[10] Auch dies nichts Unbekanntes.

---

[9] Dieser Aspekt rückt den *Rätsel*-Plot automatisch in die Nähe des *Wissensmanagements*: „Das Wissensmanagement ist ein strategisches Führungskonzept, dessen Aufgabe in erster Linie darin liegt, einen Prozess der organisationalen Wissensnutzung und -erzeugung in einem Unternehmen systematisch zu gestalten." (SIMON, 2002, S. 276.)

[10] Auch der *Rivale*-Plot ist damit eine Variante der Wettbewerbsstrategien und -konzepte, mit einem außerordentlich entschlossenen Helden. Dies gilt mit geringfügigen Modifikationen übrigens auch für den folgenden Plot des *Underdogs*.

Damals, in der Schule – eigentlich waren wir ja immer die Besten – kam immer so ein Laberheini daher, der irgendetwas über sozioökonomische Strukturanalysen oder so erzählte und schon hatte der die bessere mündliche Note. Aber die Zeiten sind vorbei. Heute wird sozusagen Klausur geschrieben, dann werden wir ja sehen. Rivalität bedeutet auch – anders als der *Rache*-Plot – nicht unbedingt Vergeltung, sondern fairer Vergleich (zumindest wir sollten fair bleiben oder das wenigstens behaupten, das macht sich einfach besser). Rivalität ist Armdrücken vor versammelter Mannschaft. Der Bessere möge gewinnen. Und, natürlich, das sind wir.

Mann, sind Sie jetzt noch immer nicht überzeugt?

7. Der Underdog

Kommen wir also zu David und Goliath. Was ist zum *Underdog* zu sagen? Natürlich geht es auch hier um Rivalität, weshalb Sie sich den vorigen Abschnitt noch einmal zu Gemüte führen sollten. Der *Underdog* bezieht seinen Charme jedoch vor allem daraus, dass er eigentlich chancenlos erscheint – aber wir wissen, dass er siegen wird, damit endlich auch mal die Kleinen im Leben zu ihrem Recht gelangen. Wenn Sie selbst groß sind, wählen Sie den *Rivalität*-Plot, denn es wird Ihnen übel angekreidet, sich einen Außenseiterbonus einheimsen zu wollen. Stellen Sie sich vor, *Bill Gates* würde Ihnen erzählen, wie hart der Wettbewerb ist. Sehen Sie, sind Sie groß, wählen Sie sich einfach einen Gegner, dem Sie's mal so richtig zeigen werden, und beten Sie zu Ihrem Schöpfer, dass sich keine *Underdogs* auf Ihrem Markt tummeln. Sind Sie eben nicht so groß, dann nehmen Sie den *Underdog*.[11] Sie haben sofort die Sympathien auf Ihrer Seite. Eigentlich haben Sie ja keine Aussichten auf Erfolg – was wir so natürlich nicht schreiben werden –, aber wir alle wissen auch, dass es manchmal eine himmlische Gerechtigkeit gibt, die dafür sorgt, dass alle, die auf verlorenem Posten stehen, nicht immer auf verlorenem Posten stehen. Nun ja, das war jetzt wieder eine sehr philosophische Wendung. Jedenfalls, als *Underdog* werden wir alle Großen mal so richtig Mores lehren – und wenn wir dann groß sind, natürlich auch alle übrig gebliebenen restlichen *Underdogs* hoffentlich platt machen. Bis dahin werden wir beherzt, kühn und tapfer und mit sehr viel List die Sache angehen und das Publikum wird uns zujubeln. Aber denken Sie daran: nicht schummeln. Wählen Sie diesen Plot nur, wenn Sie wirklich klein sind und kultig werden wollen. Denken Sie an *Bill Gates*.

---

[11] Der *Underdog*-Plot rückt Sie damit in die Nähe des Guerilla-Marketing als „*konstruktive strategische Option* mit hohem Erfolgspotenzial vor allem für kleine und mittlere Unternehmen". (HILLEBRAND, 1997, S. 118.)

8. Die Verwandlung

Ein sehr schönes, edles Ziel. Vermutlich der ideale Plot für eine *lernende Organisation*. „Das Grundmerkmal einer lernenden Organisation besteht darin, dass ein Unternehmen ständig die eigenen Fähigkeiten und Kompetenzen erweitert, um sich an Probleme und Herausforderungen anzupassen."[12] Ist doch super. Hört sich zwar etwas selbstvergessen an und ohne jedes schwerpunktmäßige Interesse an der Außenwelt, aber das werden wir schon hinbiegen. Die *Verwandlung* ist natürlich dazu da, um alle daran teilhaben zu lassen. Von den Wettbewerbern mal abgesehen. Und vom Handel. Aber ansonsten alle. Wir verwandeln uns, um besser für unsere Kunden zu werden, vielleicht auch, um mit ihnen Schritt zu halten – nein, das ist zu defensiv: um ihnen immer einen Schritt voraus zu sein, der aber klein genug ist,[13] so dass sie nicht das Gefühl haben müssen, uns hinterherzulaufen. Obwohl wir natürlich genau das wollen. Wir holen unsere Kunden da ab, wo sie stehen. Weil wir schon vorher hingegangen sind. Sie dürfen sich nur nicht wie in dem Märchen von Hase und Igel vorkommen. Aber das lässt sich behutsam formulieren, seien Sie unbesorgt.

9. Die Liebe

Das Verhältnis von Unternehmen und Kunde als Liebesgeschichte darstellen? Ja, ja, lachen Sie nur, Sie haben ja keine Ahnung. Oder vielmehr: Lachen Sie nicht! Schon der Begriff der Liebe in diesem Zusammenhang sei albern? Das ist nicht Ihr Ernst! Sie verwenden den Begriff doch selbst, wenn Sie die Zuneigung des Kunden zu Ihren Produkten beschreiben! Schon vergessen? Kostprobe gefällig?[14] „Der Verbraucher bevorzugt Ihr Produkt, weil er die Marke ‚liebt'." „Auch die Liebe zu Produkten kann grenzenlos sein." „Stimulieren Sie bestehende ‚Gefühlsknoten' in den Köpfen der Verbraucher, um sie mit Ihrer Marke zu verschmelzen." Ach ja, jetzt fällt es Ihnen wieder ein? Na bitte!

Tauchen Sie ein in das Reich der grenzenlosen Gefühle, erleben Sie Intrigen und Verwicklungen, werben Sie um die Menschen, denen Sie *Customer Satisfaction* bringen wollen, und werden Sie eins mit ihnen wie seinerzeit *Daphnis*

---

[12] Behauptet jedenfalls SIMON, 2002, S. 166 f.

[13] War das nicht so etwas wie KVP (Kontinuierlicher Verbesserungsprozess) oder Kaizen? Wir erinnern uns: „Kaizen kann als Prozess ständiger Verbesserungen, unter Einbeziehung aller Mitarbeiter, in allen Bereichen und in Form kleiner Schritte, definiert werden." So jedenfalls wieder SIMON, 2002, S. 194. Wobei wir alle natürlich hoffen, dass die kleinen Schritte auf einer haltbaren theoretischen Grundlage sozusagen fußen und nicht lediglich japanischer Physiognomie geschuldet sind.

[14] Die folgenden Zitate stammen aus: BUCHHOLZ/WÖRDEMANN, 1998, S. 141 ff.

und Chloë, *Romeo und Julia*, aber halt!, auch hier wollen wir wieder nicht übers Ziel hinausschießen.

10. Die Entdeckung

Wenn Sie jetzt an *Kolumbus* gedacht haben, haben Sie zumindest insofern richtig gedacht, als Sie mir dabei Gesellschaft leisten können, falsch vermutet zu haben. Wie sagt unser Gewährsmann: „Es geht nicht um die Suche nach dem Geheimnis irgendwelcher Inka-Gräber, sondern um die Erforschung der menschlichen Natur.“[15] Ersetzen wir den Menschen – natürlich immer nur bildlich gesprochen – durch das Unternehmen, dann können wir diesen Plot nehmen. Er wirkt ein bisschen zielstrebiger und vor allem umfassender als die *Verwandlung*, bei der man fast den Eindruck gewinnen kann, der Weg sei bereits das Ziel: immer mal wieder ein paar Kaizen-Trippelschritte, und schon geht's uns besser. Wenn Sie mehrheitlich Geschäftspartner aus Fernost haben, nehmen Sie die *Verwandlung*, vorausgesetzt, diese Geschäftspartner haben *Konfuzius* gelesen. Haben Sie es hingegen mit knallharten *Business People* aus *Big Apple* und deren global vorzufindenden Epigonen zu tun:[16] Nehmen Sie die *Entdeckung* und nennen es meinetwegen *Empowerment*.[17] Sie wissen, dass andere nur zufrieden stellen kann, wer selbst zufrieden (nicht unbedingt selbstzufrieden!) ist. Kommen Sie, Sie haben doch auch schon einen Plan, wo Sie auf der Suche nach Ihrem wahren Wesen suchen müssen, oder? Und alles nur, damit sich der Kunde zum Schluss an Ihre starke Schulter lehnen kann. Cool.

11. Aufstieg und Fall

Die letzten beiden Plots behandeln wir in einem Abwasch. Schon der Volksmund weiß zu berichten, dass nur tief fallen kann, wer hoch geklettert ist.[18] Um es klipp und klar zu sagen: Manche Leute meinen, das gehöre irgendwie zusammen. Also Vorsicht! Wir können den ersten Teil-Plot *Aufstieg* wählen, aber es kann sein, dass bei diesem oder jenem Leser ein „Gschmäckle“ bleibt.

---

[15] TOBIAS, 1999, S. 286.

[16] Diese Argumentation hört sich ein wenig so an wie: „Es empfiehlt sich, immer eine Extraportion Philosophie im Haus zu haben.“ Nun, im Sinne eines flexiblen Kundenservices kann das sogar tatsächlich der Fall sein.

[17] Wir hatten es ja schon vermutet: „Es gibt keine Standarddefinition für *Empowerment*, denn die Konzeptinterpretationen sind sehr unterschiedlich.“ Das weiß SIMON, 2002, S. 373. Allerdings ist unsere Vermutung sehr stark, dass das sich entdeckende Unternehmen ziemlich autonom sein wird, um nicht zu sagen: *empowered*.

[18] Oder, wie es *Neil Diamond* in *Star Gazer* formulierte: „Don't you know, the higher the top the lower the drop“. Lästere mir noch mal einer über Schlagerfuzzis!

Dann lieber Finger weg und ran an den *Abenteuer*- oder *Rivale*-Plot! Ansonsten: Versuchen Sie's – die Geschichte von einem willensstarken, kraftvollen und charismatischen Unternehmen, das an die Spitze wollte und auch dahin gelangte.[19] Es gibt einen Grundkonflikt (vermutlich sind Sie nicht Marktführer) und den werden Sie lösen. Sie sind einzigartig, charismatisch und Sie werden es schaffen, indem Sie über sich hinauswachsen werden. Schluss. Bloß nicht weiter denken!

So weit, so gut. Was haben wir gelernt? Wir haben Folgendes gelernt: Es gibt einerseits Grundtypen von Erzählmustern, die unterschiedliche Charaktereigenschaften ihrer Helden in den Vordergrund stellen. Auch wenn es in unserem Fall mehr oder weniger nur um das eine geht: Wie kriegen wir den Kunden rum? Verschiedene Menschen, zu denen ja nun auch die Führungskräfte zählen, werden dieses, sagen wir mal, Problem verschieden angehen.

Wir wissen andererseits von uns selbst, dass wir uns gerne als Hauptfiguren in unserem Roman oder Film des Lebens sehen. Erinnern Sie sich noch, wie Sie sich als kleiner Knirps immer wie der Marlboro-Cowboy gefühlt haben? Oder als Bud, der Junge, dem Flipper gehörte? Falls Sie sich nicht sogar als Flipper selbst gefühlt haben? Sehen Sie. Das ist heute auch noch so. Doch, doch, horchen Sie mal ganz tief in sich hinein. Wir nehmen gerne eine Pose ein, die Sagen, Mythen und was weiß ich sonst noch entspricht.[20]

Und wenn das nun mal so ist – was liegt näher, als die Firmen- oder Unternehmensphilosophie als die Geschichte unseres Unternehmens, als unsere Geschichte zu begreifen und entsprechend anzulegen? Und jedes Mal, wenn Sie demnächst wieder so etwas behaupten oder behaupten müssen wie: „Wir sind ein leistungsstarkes Unternehmen", denken Sie insgeheim „Ich bin *John Wayne!*" und fühlen sich besser als je zuvor – ist das nicht wunderbar?

---

[19] Der *Aufstieg*-Plot ist eng verknüpft mit dem *Leadership*-Führungskonzept. SIMON zitiert HINTERHUBER: „Leadership ist die natürliche und spontane Fähigkeit, Mitarbeiter anzuregen, zu inspirieren und sie in die Lage zu versetzen, diese neuen Möglichkeiten zu entdecken und umzusetzen sowie sich freiwillig und begeistert für die Verwirklichung gemeinsamer Ziele einzusetzen." (SIMON, 2002, S. 435.)

[20] Ich darf Ihnen verraten, Leser – aber das bleibt unter uns –, dass ich persönlich sehr gerne mit der Vorstellung einschlafe, mit einem silbergrauen Aston Martin eine kurvenreiche Straße an einer Steilküste entlangzufahren, auf dem Weg, eine brünette Schönheit aus den Klauen südamerikanischer Rebellen zu befreien. Allerdings haben die Schurken, während ich zuvor noch ein paar trockene Martinis schlürfte, an der Lenkung rumgefummelt, so dass der Wagen schließlich den Abhang hinunterstürzt, sich Gott sei Dank aber noch rechtzeitig in einen kleinen, handlichen Ein-Personen-Hubschrauber verwandelt, der ... – mehr kann ich Ihnen leider nicht erzählen, weil es sich so herrlich dabei einschläft. Lieber Leser: Was ist Ihr Traum?

Teil B

Die Unternehmens-philosophie: Der Baukasten

Sind Sie bereit? Auf geht's! Wir haben im vorigen Abschnitt kurz die Plots skizziert, mit deren Hilfe Sie sich selbst inszenieren können. Jetzt haben Sie die Wahl! Welcher Typ sind Sie? Einfach mal ein aufregendes Abenteuer erleben? Mit finsterer Miene Rache für erlittenes Unrecht üben?

Entscheiden Sie sich für einen Plot und damit für Ihre Unternehmensphilosophie! Wenn Sie sich nicht ganz sicher sind, was Ihnen am ehesten entspricht: Probieren Sie ruhig einmal verschiedene Konzepte aus und wählen Sie erst dann. Hier finden Sie die verschiedenen Philosophiebausteine:

Die einzelnen Kapitel folgen jeweils der Struktur, die wir in Teil A besprochen haben. Sie ergeben jeweils ein komplettes Schauspiel in drei Akten mit Exposition, Entwicklung der Handlung und schließlich Lösung des Problems.

Sie finden auf den folgenden Seiten Beispielsätze, die Sie nach Belieben selbst variieren und kombinieren können. Dieses oder jenes übernehmen Sie vielleicht komplett, wie es dort steht. Anderes hingegen hätten Sie selbst ganz anders gemacht: Auch gut, dann machen Sie es eben ganz anders. Ich bin gerne auch negatives Beispiel, wenn ich Ihnen überhaupt nur Beispiel sein kann.

Zu Begriffen, die mit einem Pfeil (→) versehen sind, finden Sie in Teil C weitere Alternativen. Es empfiehlt sich in jedem Fall, zwischendurch immer wieder mal in Teil C hineinzuschauen. Zu unterstrichenen Begriffen gibt es innerhalb des Kapitels, in dem Sie sich befinden, weitere Varianten.

Genug jetzt der grauen Theorie! Wenn Ihre Philosophie fertig ist, liegt es an Ihnen, zu handeln! Sie legen dieses Buch, Stift und Notizblock beiseite, geben Ihre fertige Unternehmensphilosophie Ihrer Sekretärin zur Abschrift, schreiten hinaus in die Welt und gewinnen Ihren Kampf. Viel Glück!

1 Wer suchet, der findet – Unternehmensphilosophie für Forschernaturen

„Wo ist der König der Juden, der geboren worden ist?
Denn wir haben seinen Stern im Morgenland gesehen
und sind gekommen, ihm zu huldigen."
MATTHÄUS 2,2

Herzlichen Glückwunsch! Wenn Sie sich für diesen Plot entschieden haben, sind Sie ein redlicher Mensch, das steht jetzt schon fest. Sie suchen mindestens den Heiligen Gral, ein Goldenes Vlies oder etwas in dieser Preisklasse. Das Elixier des Lebens. Das, was bei Coca-Cola früher „Erfrischungsgetränkegrundstoff" hieß. Den geheimnisvollen Grundstoff, das legendäre fünfte Element, aus dem Erfrischungsgetränke aller Geschmacksrichtungen und Farben gebraut werden.

Sie begeben sich in diesem Plot auf die *Suche* nach etwas, das für Sie sehr wichtig ist. Sie haben vermutlich im Manager-Magazin von dem legendären A-Kunden gelesen, der einem achtzig Prozent des Umsatzes bringt, oder von dem sagenumwobenen Wettbewerber, an dem man sich zu messen hat, wenn man auf dem Markt etwas gelten will. Was auch immer Sie suchen: Sie werden es finden – aber darüber hinaus werden Sie noch eine weitere, ganz besondere Belohnung erlangen: Sie werden *an Ihrer Reise selbst* wachsen: „Das Ziel der Reise ist Weisheit, die der Held in Form von Selbsterkenntnis erlangt."[1] Sie suchten den goldenen Kunden und bekamen die Tiefe einer vertrauensvollen Kundenbeziehung! Sie suchten den schwarzen Ritter und erhielten quasi als Zugabe noch ein vertieftes Verständnis von fairer Auseinandersetzung und Respekt vor dem Gegner. Sie suchten Coca-Cola zum Trinken, und was Sie fanden, war *Erfrischung*.[2] Ist das nicht wunderbar?

Der *Suche*-Plot beinhaltet mehrere Varianten. Eine davon lautet im Klartext so:

---

[1] TOBIAS, 1999, S. 101.

[2] Nun, Sie bekommen oftmals sogar noch jede Menge mehr dazu. Die Zeitschrift Öko-Test berichtet beispielsweise, Coca-Cola Qoo sei „hundertfach überaromatisiert" und strotze nur so vor Zucker und „künstlicher Zitronensäure", die den Zahnschmelz der jungen Zielgruppe aufweiche (vgl. Öko-Test 5/03, S. 125). Aber muss man denn wirklich gleich mit einem Gesamturteil „ungenügend" immer alles mies machen?

[Präambel]

Suche

Unternehmertum ist Suche. Wir machen das Ganze ja nicht zum Spaß. Es geht darum, Vorzüglichkeit zu erlangen. Nur dann werden wir über den unmittelbaren finanziellen Ertrag hinaus auch noch einen Zugewinn an Charakter erreichen.

[Schauplatz]

Labyrinth

Der Markt ist ein Labyrinth. Als ohnehin schon undurchschaubares Dickicht von Wegen und Irrwegen wuchert er munter vor sich hin und wird stets und ständig entmutigender. Am Ende des Weges wartet jedoch der goldene Kunde auf uns.

[Held]

Sucher

Wie gut, dass wir veritable Spürnasen sind:
Wir sind zielorientiert. Ziele erlauben eine klare Standortbestimmung.
Wir sind aktiv. Zur Erreichung unserer Ziele setzen wir uns ein.
Wir sind furchtlos. Mut hilft, den anstehenden Weg durch das gefährliche Labyrinth unbeschadet zu überstehen.
Wir streben nach Vervollkommnung. Exzellenz beglückt uns und die Kunden.
Wir sind offen. Die Bereitschaft, neue Erfahrungen anzunehmen und zu verarbeiten, hält uns fit für das große Ziel.

[Mission]

Der goldene Kunde

Wir wollen den goldenen Kunden finden. Der goldene Kunde soll uns in jeglicher Weise zugetan sein.

[Vision]

Sonne für immer

Wenn wir den goldenen Kunden gefunden haben, wird die Sonne für immer scheinen.

[Entwicklung]

Weisheit

Der goldene Kunde wird uns auch ideell reicher machen. Unsere Weisheit wird eine noch bessere Kundenbetreuung ermöglichen.

[Aktionen 1]

Geschenke für den goldenen Kunden

Wir werden viele Geschenke bereithalten, um dem goldenen Kunden zu schmeicheln. Der goldene Kunde mag Geschenke.

[Aktionen 2]
Forschung und Entwicklung
Wir werden zu diesem Zweck viel in die Entwicklung neuer Geschenke investieren.

[Aktionen 3]
Ausbildung der Träger und Gefährten
Wir werden viel in die Ausbildung unserer Träger investieren, damit sie unterwegs nicht zusammenbrechen. Der goldene Kunde wird sich über fröhliche Gesichter freuen.

Nun denn, schauen wir doch einfach mal rein.

1.1 Präambel: Leben ist Suche

Ach ja, 's ist halt ein Kreuz. Man macht und macht – mehr oder weniger – erfolgreich am Markt rum, weiß aber genau, dass das noch nicht die Erfüllung ist. Marktanteile erzielen kann ja nun wirklich jeder, aber wirklich mal den großen Preis ergattern? Den Jackpot knacken und nicht immer nur so alle fünf Wochen drei oder vier Richtige tippen? Dafür müsste man ja wohl erst mal die richtigen Zahlen finden. Also müssen wir uns auf die Suche begeben!

Unternehmertum ist Suche.

Liste B 1.1.1 Die Suche – Präambel – Basis-Statement

„Unternehmertum ist Suche."
→Unternehmertum →besteht in

Ausblick	Erforschung	Exploration	Vision.
Ausschau	Erkundung	Recherche	Weitblick.
Entdeckung	Erschließung	Suche	

Varianten:
→Alles →wahre →Unternehmertum ist →grundsätzlich →nichts anderes als →systematische Suche.
(Weitere Tipps in Abschnitt C 2.1.)

Geben Sie Vollgas:
Die Menschheit ist auf der Suche. Überall auf der Welt streben Millionen von Menschen täglich nach Anerkennung im Beruf und Erfüllung im Privatleben. Nicht anders die unzähligen Gruppen, Vereinigungen und Organisationen, in denen diese Menschen zusammenkommen: Sie alle versuchen unablässig, ihre Ziele bestmöglich zu erreichen.
Darum sagen wir: →Alles →Unternehmertum ist Suche.

„Alles Leben, alles Unternehmertum ist Suche.“ Dieses Statement steht fürwahr monolithisch im Raum, und das Publikum nickt verständnisvoll, weiß es doch selbst: Es geht schon am frühen Morgen damit los, zwei zueinander gehörige Socken zu finden.[3] Wir sind uns der Zustimmung unserer Zuhörerschaft gewiss, wenn wir noch einen nachlegen:

Wir machen das Ganze ja nicht zum Spaß. Es geht darum, Vorzüglichkeit zu erlangen.

Liste B 1.1.2 Die Suche – Präambel – Ergänzungs-Statement I

„Wir machen das Ganze ja nicht zum Spaß."

Das →wahre →Wesen allen Unternehmertums →besteht im/in der ...

„Es geht darum, Vorzüglichkeit zu erlangen."

Bewirken	einer	Außerordentlichkeit.
Durchsetzen	nach	Bravour.
Erkämpfen	von	Brillanz.
Erlangen		Erstklassigkeit.
Erreichen		Exzellenz.
Erstreiten		Exzeptionalität.
Erwerben		Format.
Erwirken		Größe.
Erzielen		Perfektion.
Realisation		Prävalenz.
Streben		Priorität.
Verwirklichung		Qualität.
		Spitzenstellung.
		Überragendheit.
		Unvergleichlichkeit.
		Virtuosität.
		Vollkommenheit.
		Vorrang.
		Vorzüglichkeit.

Varianten:
Das →wahre →Wesen allen →Unternehmertums →besteht in der →systematischen →Nutzung von →lukrativen →Chancen zum Erzielen einer →außerordentlichen Spitzenstellung.
Das Erlangen von Exzellenz ist das →wahre →Wesen allen →Unternehmertums.

Geben Sie Vollgas:
Suchen heißt, eine klare Vorstellung davon zu besitzen, was man finden will. Und es muss die Suche wert sein: All unser Streben und Trachten dient keinem geringeren Zweck als dem Erlangen einer →außerordentlichen Perfektion.

[3] Geht Ihnen das nicht so? Ich habe mal im Verlaufe eines Kundengesprächs, als ich die Beine lässig übereinander schlug, gemerkt, dass sich meine rechte und meine linke Socke hinsichtlich der Farbe erkennbar unterschieden. In solchen Situationen danke ich meinem Schöpfer immer wieder dafür, dass die Gliedmaßen fest am Rumpf montiert sind, und man sie sich nicht immer wieder neu zusammensuchen muss. Wer weiß, wie ich sonst manchmal aussähe.

Gut gebrüllt, Löwe! Damit haben wir den Plot noch einmal erklärt: Es geht um Suchen und Finden und die damit umgehende Umsetzung. Falls jetzt noch jemand in der letzten Reihe aufsteht und fragt: „Und, junger Mann, was haben wir denn von dieser Exzellenz?“, antworten wir ihm artig: „Vielen Dank für den ‚jungen Mann‘. Und was wir davon haben, ist Folgendes: Geld und Know-how.“ Auch das Publikum wird es freuen, wenn wir als Unternehmen dank unserer Sachkenntnis etwas länger auf dem Markt verweilen: Es bezieht unmittelbaren Nutzen aus unserer Perfektion.

Nur dann werden wir über den unmittelbaren finanziellen Ertrag hinaus auch noch einen Zugewinn an Charakter erreichen.

Liste B 1.1.3 Die Suche – Präambel – Ergänzungs-Statement II

„Nur dann ... “

→Allein (diese) Exzellenz →bewirkt

„... werden wir über den unmittelbaren finanziellen Ertrag hinaus ... “

außer dem(-n)	direkten	Auswirkungen
neben dem(-n)	finanziellen	Effekten
über den/die (...) hinaus	kurzfristigen	Erfolg
	materiellen	Ergebnissen
	unmittelbaren	Resultaten
		Wirkungen

... auch noch einen Zugewinn an Charakter erreichen.“

ein(-e,-n)	Ausbau	der(-s)	immateriellen	Ausblicke.
	Ausdehnung	unserer(-s)	intangiblen	Ausrichtung.
	Ausweitung		langfristigen	Entwicklungschancen.
	Erhöhung		mittelfristigen	Erfahrung.
	Erweiterung		perspektivischen	Ertragswerts.
	Intensivierung		qualitativen	Expertise.
	Kräftigung		strategischen	Fähigkeiten.
	Stärkung		systemischen	Firmenwerts.
	Verbesserung			Intelligenz.
	Verstärkung			Know-hows.
	Wachstum			Kompetenz.
				Leistungsfähigkeit.
				Markenwerts.
				Möglichkeiten.
				Orientierung.
				Qualifikation.
				Substanz.
				Substanzwerts.
				Überlebensfähigkeit.
				Unternehmenssubstanz.
				Unternehmenswerts.
				Vermögenswerte.
				Wissens.

Varianten:
... →bewirkt →tendenziell eine →systematische und →nachhaltige Stärkung der strategischen Intelligenz (→Chancen) unseres →Unternehmens.
→Nachhaltiger →Erfolg beruht auf der →außerordentlichen Exzellenz unserer →Produkte. Durch sie erzielen wir neben dem direkten Ergebnis eine →systematische Erhöhung ...
→Erfolg heißt Exzellenz. Sie bewirkt neben dem direkten →Erfolg eine →systematische Erhöhung ...

Geben Sie Vollgas:
Dabei ist Perfektion kein Selbstzweck. Sie liegt in der menschlichen Natur begründet und verfolgt das →Ziel, über den kurzfristigen →Erfolg hinaus die strategische Intelligenz des →Unternehmens →nachhaltig zu →verstärken.

Erschrecken Sie nicht, wenn Sie die etwas kühne Behauptung über die Natur des Menschen lesen: Auch wenn diese in definitiv nichts besteht[4] – man existiert halt eine Weile –, für den Philosophen kann sie eben alles Mögliche sein und damit argumentieren und legitimieren lässt sich sowieso immer gut. Zur Not sagen wir einfach: „Wir sehen das eben so. Für *uns* gilt das jedenfalls.“ Lassen wir uns da nicht von Philosophen anderer Schulen, Naturwissenschaftlern gar, auf spiegelglatte Nebenkriegsschauplätze führen. Schauen wir uns stattdessen im nächsten Abschnitt lieber den einzig interessierenden Schauplatz an: unseren Markt.

1.2 Schauplatz: Der Markt, ein Labyrinth

Wenn wir uns auf die Suche nach dem magischen Produkt oder dem verheißungsvollen Kunden machen, werden wir schnell feststellen, dass es oder er nur schwer zu erreichen ist. Hindernisse stehen im Weg oder der Weg ist einfach nicht klar vorgezeichnet: Wo war noch gleich Avalon?

Natürlich, wenn wir eine Heldentat vollbringen wollen, muss die Suche alles andere als einfach sein. Läge die Königskrone einfach so am Wegesrand, hätten wir sie längst eingesteckt. Auch wenn wir im Augenblick noch glücklich und zufrieden auf unserem Markt leben – wenn die Suche beginnt, müssen wir ins Spiegelkabinett. Und wir ahnen jetzt schon:

Der Markt ist ein Labyrinth.

Liste B 1.2.1 Die Suche – Schauplatz – Basis-Statement

„Der Markt ist ein Labyrinth."

[4] „Der Versuch, Sinn und Richtung in das evolutive Geschehen hineinzuinterpretieren, ist genauso verfehlt wie die Bestrebungen so vieler sonst wissenschaftlich denkender Menschen, aus geschichtlichen Ereignissen Gesetzlichkeiten zu abstrahieren (...).“ (Lorenz, 1983, S. 26)

Der Markt für *Kleintierfertignahrung** **ist ein →außerordentlich**
(Setzen Sie hier bitte Ihre bevorzugte Branchenbezeichnung ein.)*

amorphes	interaktives	schwer durchschaubares
dichtes	komplexes	stochastisches
dynamisches	mehrdimensionales	unstrukturiertes
engmaschiges	multilaterales	unvorhersehbares
fraktales	multistrukturelles	vernetztes
heterogenes	offenes	vielschichtiges
heterologes	polymorphes	wandlungsfähiges
integrales	schillerndes	

→System.

Varianten:
Der Markt für ... ist seit langem →außerordentlich <u>komplex</u> verflochten/vernetzt.
Der Markt für ... ist Inbegriff für →außerordentlich <u>komplexe</u> →Beziehungen aller Marktpartner (→Kunden, →Unternehmen).

Lassen Sie es krachen:
Märkte sind →Beziehungen zwischen Menschen. Je vielfältiger die Erwartungen (→Bedürfnisse) aneinander werden, umso komplizierter entwickeln sich die Transaktionen zwischen den Partnern.
Märkte von heute sind deswegen <u>komplexer</u> als je zuvor. Ansprüche wachsen und variieren häufiger und die Wechselwirkungen mit anderen Bereichen und Branchen nehmen ständig zu. Auch der Markt für ... zeichnet ein entsprechend <u>vielschichtiges</u> Bild.

Nicht schlecht. Aber das mit dem „heterologen System“ ist natürlich schon ein Hammer. Wir sollten dem ob unserer Wortgewalt völlig überforderten Publikum erklären, was wir eigentlich damit meinen. Was meinten wir noch gleich damit? Ach ja, richtig, wir illustrieren und dramatisieren ein wenig:

Als ohnehin schon undurchschaubares Dickicht von Wegen und Irrwegen wuchert er munter vor sich hin und wird stets und ständig entmutigender.

Liste B 1.2.2 Die Suche – Schauplatz – Ergänzungs-Statement

„Als ohnehin schon undurchschaubares Dickicht von Wegen und Irrwegen ...

Als	Knotenpunkt	(zu)	einer	Anzahl	angrenzender	Bereiche
	Schnittstelle			Fülle	benachbarter	Branchen
	Teilsystem			Unmenge	konjunkter	funktionaler Einheiten
	Verbindungsglied			Vielzahl	verbundener	Märkte
					verwandter	Segmente
					weiterer	Sektoren
						Sparten
						Sphären
						Subsysteme
						Systeme
						Teilmärkte

In	dynamischem(-r)	Abhängigkeit von	(einer Fülle..., s. o.)	(stehend,)
	engem(-r)	Austausch mit		
	gegenseitigem(-r)	Beziehung zu		
	intensivem(-r)	Bezug zu		
	lebhaftem(-r)	Interaktion		
	regem(-r)	Interdependenz zu		
		Relation zu		
		Symbiose mit		
		Verbindung zu		
		Verbund zu		
		Verflechtung		
		Verhältnis zu		
		Verknüpfung mit		
		Verzahnung		
		Wechselbeziehung zu		
		Wechselwirkung mit		
		Zusammenhang mit		

„... wuchert er munter vor sich hin ... "

bewegt	er	(sich)	asynchron	(aus)
dehnt			dysfunktional	
entwickelt			heftiger	
expandiert			multidirektional	
funktioniert			stürmisch	
reagiert			turbulent	
vergrößert			uneindeutig	
verzweigt			uneinheitlich	
wächst			ungleichgewichtiger	
weitet			unvorhersehbar	

„... und wird stets und ständig entmutigender."

und	gewinnt	an	Ausdifferenzierung	(zu).
	legt		Differenzierung	
	nimmt		Entropie	
			Heterogenität	
			Interaktion	
			Interaktivität	
			Komplexität	
			Verflechtung	
			Vernetzung	
			Wettbewerbsdichte	

Varianten:

... bewegt er sich →überwiegend/→tendenziell unvorhersehbar ...
... und gewinnt →systematisch an Komplexität.

Lassen Sie es krachen:

Die weltwirtschaftliche Entwicklung der letzten Jahrzehnte verlief alles andere als geradlinig. Davon sind vor allem Bereiche betroffen, deren internationale Verflechtung mit Substitutions- und Rohstoffmärkten stetig zunimmt. Der Markt für ... hat dies deutlich zu spüren bekommen. Seine enge Interaktion mit angrenzenden Wettbewerbsmärkten sowie vor- und nachgelagerten Stufen der Wertschöpfungskette hat sich nicht nur verstärkt, sondern seine Entwicklung zu einem deutlich komplexeren und sensibleren →System als noch vor ein paar Jahren extrem begünstigt.

Irgendwie ein Stück weit auch total dynamisch, so ein Markt!

Diese Beschreibung unseres Schauplatzes ist zunächst einmal völlig hinreichend. Der Leser weiß nun sofort: Der Markt gleicht einem Dschungel! Sollten Sie trotzdem noch weitere potenzielle und aktuelle Hemmnisse und Erschwernisse hinzufügen wollen, die Ihnen das Leben leicht sauer werden lassen: Blättern Sie ein wenig in Abschnitt C 2.2, in dem Sie einige Statements zu den Umtrieben Ihrer Marktgegner, der grenzenlosen Illoyalität Ihrer Kunden sowie den Anfeindungen der Außenwelt finden werden. Aber ansonsten haben wir es vorerst.

So weit, so gut. Bislang haben wir ja vielleicht trotzdem ahnungslos und glücklich in und auf unserem so unüberschaubaren Markt gelebt und Kunden bedient und all das getan, was ein guter Unternehmer insgesamt so tut. Jetzt aber geht's los! Wir wollen etwas suchen! Wir haben auf dem letzten Markenmanagement-Kongress davon gehört und brauchen es nun unbedingt selbst! Etwas Verheißungsvolles! Was kann das sein? Als grundsätzliche Möglichkeiten biete ich zur Auswahl an:

- ein viel versprechender neuer Kunde / Zielgruppe,
- ein Wettbewerber, von dem ich lernen oder an dem ich mich messen kann,
- ein einzigartiges Produkt,[5] das alles Bisherige in den Schatten stellt,
- ein einzigartiges Material oder Verfahren, das Ihre bisherigen Produkte vollends veredelt.

Dass wir viel versprechende potenzielle Kunden umgarnen wollen, ist klar. Oder auch aktuelle Kunden, deren wahre Natur wir noch gar nicht so richtig erkannt haben. Wie steht es mit dem Wettbewerb? Warum sollten wir den suchen? Sie erinnern sich an das Peugeot-Beispiel? „Der Rivale"? Es ist also nicht nur möglich, sondern wird auch hin und wieder praktiziert, dass man sich einen Erzfeind aussucht, um ihn auszuschalten oder irgendwie an ihm zu wachsen. Warum aber hier im *Suche*- und nicht im *Rivale*-Plot? Nun, im Plot des *Rivalen* kommt es weniger auf die charakterliche Entwicklung an als vielmehr auf das reine Kräftemessen. Im Plot des Rivalen wollen Sie den Gegner einfach nur mal tüchtig verhauen, damit er sich das merkt. Hier hingegen geht es auch darum, dass Sie sich eine schicke Erfahrung einverleiben, die Ihren Horizont erweitert. Etwas platt gesprochen: Sie haben nicht nur Ihren Marktanteil erweitert, Sie wissen auch noch, was für ein hübsches Gefühl das sein kann bzw. Sie sind durch Ihren Sieg gereift und wissen, dass ein ähnlich tragisches Schicksal Ihnen dereinst selbst widerfahren kann und deshalb werden Ihre Entscheidungen weiser. Ist doch prima, oder?

---

[5] Ich werde im Folgenden pauschal von „Produkt" reden und damit natürlich auch Dienstleistungen gedanklich einschließen. Widersprechen Sie nicht, Leser, denn ich habe anerkannte Autoritäten auf meiner Seite: Bei einem so genannten generischen Verständnis des Begriffs wird „der gesamte, den Konsumenten vom Unternehmen angebotene Nutzen unter dem Produktbegriff subsumiert." Sagt kein Geringerer als MEFFERT, 1998, S. 323.

Die letzten beiden Punkte unserer Liste – das geheimnisvolle Produkt bzw. Verfahren – sind nicht ganz ungefährlich: „Wie, Sie haben noch keine optimalen und nicht mehr verbesserungsfähigen Produkte?“, höre ich eine entrüstete Konsumentin empört ausrufen. Die einsichtige Mehrheit wird uns vermutlich zustimmen, wenn wir behaupten: „Das Bessere ist der Feind des Guten.“ Es gibt immer noch etwas Besseres, wo käme denn sonst der ganze Fortschritt her! Ein kritischer Student der Managementwissenschaften wendet nun ein: „Aber macht es Sinn, die Suche nach einem einzigartigen Verfahren in den Vordergrund zu stellen? Sollte man nicht eher von der Nutzenseite her argumentieren?“ Einwand stattgegeben. Zunächst. Natürlich juckt mich ein Argument wie „Vorsprung durch Technik“ überhaupt nicht. Meinetwegen können da sogar Heinzelmännchen unter der Kühlerhaube sitzen, Hauptsache, das ABS funktioniert. Aber nun ja, es gibt den Claim „Vorsprung durch Technik“, und wir wollen doch auch, dass Audi-Fahrer, erst recht Audi-Bauer, eine Unternehmensphilosophie formulieren können! Wir werden später bei der Formulierung der Unternehmensmission lediglich darauf achten müssen, dass wir das Ganze trotzdem noch einigermaßen von der Nutzenseite her formulieren, damit der Konsument weiß, was er von unseren durchtrainierten Heinzelmännchen oder einem schicken Halbleiterchip hat.

Warum begeben wir uns überhaupt auf die Suche? Können wir nicht einfach friedlich so weiterleben wie bisher? Im Drama ist die Sachlage für den Helden ziemlich klar: „Eine Macht – Notwendigkeit oder sein eigener Wunsch – zwingt ihn zu handeln“.[6] Nun, dieser Macht sieht sich unsereiner doch täglich ausgesetzt: der Notwendigkeit, Gewinn zu erwirtschaften, wenn wir nicht untergehen wollen. Unser *katalytisches Ereignis* heißt also: Wir haben von dem sagenumwobenen Kunden oder Produkt gehört und wir brauchen es, um langfristig am Markt überleben zu können. Irgendwo ist die Krone und wem steht sie zu, wenn nicht uns Königen?

Unser Objekt der Begierde ist also in der ersten Variante der reiche Onkel aus Amerika, der legendäre goldene Kunde. Egal, wie beschwerlich sich unsere Dschungel-Tour auch gestalten wird, wir wissen:

Am Ende des Weges wartet jedoch der goldene Kunde auf uns.

Liste B 1.2.3 Die Suche – Schauplatz – der goldene Kunde

„Am Ende des Weges wartet jedoch der goldene Kunde auf uns.“

→Allein die →systematische

[6] Tobias, 1999, S. 90.

Ansprache
Bearbeitung
Beeinflussung
Bewerbung
Entwicklung
Erschließung
Exploration
Integration
Lenkung

→lukrativer →Kunden →bewirkt →nachhaltigen →Erfolg.

Varianten:

→Allein die →Zufriedenheit →lukrativer →Kunden ...

Lassen Sie es krachen:

Auf Dauer erzielt/→bewirkt nur die →exakte Kongruenz von →Produkt und Zielgruppe/→Kunde →nachhaltigen Unternehmenserfolg in komplexen Märkten/→Systemen. Die →überlegene und →außerordentliche Exzellenz des Angebots/→Produkts findet ihre Entsprechung in der Loyalität seiner →Kunden. Nur wenn es gelingt, die →entscheidenden Segmente/→Kunden →nachhaltig an das →Unternehmen zu binden, rückt der →Erfolg in greifbare Nähe.

So ist es doch, meine Damen und Herren. Nur wenn wir den reichen Onkel in Amerika finden, wird er seine prall gefüllte Brieftasche zücken und unsere knappen Mittel gönnerhaft aufstocken – es lebe die Verwandtschaft! Wenn Sie sich für diese Variante entscheiden, können Sie gleich in Kapitel 1.3 weiterlesen, was für ein mutiger Sucher Sie sind.

Ansonsten schauen Sie sich mit mir die Variante „der schwarze Ritter" an. Irgendwo am anderen Ende des Labyrinths steht er, der alte Angeber, und tut so, als wäre er der Einzige, der weiß, wie man an Kunden kommt. Vielleicht ist das ja bislang auch so, aber genau diesen Bann müssen wir brechen:

Der schwarze Ritter stellt eine dauerhafte Herausforderung dar.

Liste B 1.2.4 Die Suche – Schauplatz – der schwarze Ritter

„Der schwarze Ritter stellt eine dauerhafte Herausforderung dar."

Allein	der/	Bewirken	(einer,-s)	bedeutenden(-r)	komparativer Vorteile
Nur	die/	Durchsetzen		entscheidenden(-r)	Vorsprungs
	das	Erarbeiten		maßgeblichen(-r)	Vorteils
		Erkämpfen		relevanten(-r)	Wettbewerbsvorteile
		Erlangen		strategischen(-r)	
		Erreichen			
		Erstreiten			
		Erwerben			
		Erwirken			
		Erzielen			
		Herausarbeiten			
		Realisation			
		Streben nach			
		Verwirklichung			

	Ausrichtung auf	der(-n)/	bedeutenden	Konkurrenten
	Fixierung auf	die	entscheidenden	Mitanbieter(n)
	Fokussierung auf		maßgeblichen	Wettbewerber(n)
	Identifikation		relevanten	
	Konfrontation mit		strategischen	
	Konzentration auf			
	Orientierung an			
	Positionierung gegen			
	Überwindung			
	Vergleich mit			

→bewirkt →nachhaltigen →Erfolg.

Varianten:
→Allein eine →überlegene Wettbewerbsposition/→Auftritt ...

Lassen Sie es krachen:
Exzellenz ist damit →hinsichtlich der →verstärkten Verflechtung immer auch relativ. Die Definition der →relevanten Wettbewerber und eine entsprechend →exakte Ausrichtung des gesamten →Auftritts wird →auf diese Weise zur →entscheidenden →Basis für →nachhaltigen →Erfolg.

So viel steht nun schon mal fest. Wenn wir dem sagenhaften Wettbewerber gezeigt haben, wo der Hammer hängt, werden wir uns keine finanziellen Sorgen mehr machen müssen. Wäre das nichts für Sie?

Sonst schauen wir uns doch einfach mal die nächste Variante an. Wir suchen nichts Geringeres als das optimale Produkt, mit dem wir alle locken können. Schließlich wissen wir:

Wenn wir den Stein der Weisen haben, rennen sie uns die Bude ein.

Liste B 1.2.5 Die Suche – Schauplatz – der Stein der Weisen

„Wenn wir den Stein der Weisen haben, rennen sie uns die Bude ein."

→Allein ein →systematisch (an/auf) die/den →Bedürfnisse der →Kunden

abgestimmtes
adaptiertes
angeglichenes
angepasstes
ausgerichtetes
deckungsgleiches
genügendes
harmonisiertes
kongruentes
maßgeschneidertes
orientiertes
übereinstimmendes
zielendes
zugeschnittenes

→Produkt →bewirkt →nachhaltigen →Erfolg.

Varianten:
→Allein ein →überlegenes →Produkt ...
→Allein die Perfektion eines →überlegenen →Produkts ...

Lassen Sie es krachen:
→Tendenziell durchlässigere Marktgrenzen und →verstärkte Substitutionsmöglichkeiten rücken →auf diese Weise die →überlegene Exzellenz eines Angebots/→Produkts in den Vordergrund. Der →Kunde in der Informationsgesellschaft ist aufgeklärt und weiß sehr wohl, wie er die →Qualität des Angebots/→Produkte zu →beurteilen hat. Nur ein →überlegenes →Produkt erhält die →entscheidende →Chance, →Akzeptanz zu gewinnen und →nachhaltige →Zufriedenheit zu →bewirken. Damit wird ein →attraktives Angebot zur →entscheidenden →Basis →nachhaltigen →Erfolgs.

Nun, im Besitz des Steins der Weisen zu sein, wäre doch wohl nicht schlecht. Sie haben schon das ideale Angebot? Es kommt nur immer darauf an, technisch auf dem neuesten Stand zu sein? Sie verfügten am liebsten über eine Schlüsseltechnologie, mit der Sie dem Wettbewerb auf ewig zwei, drei Nasenlängen voraus sind? Träumen Sie nicht zu sehr von der Hängematte: Sie sollten vielleicht dynamisch bis ans Ende Ihrer Tage bleiben, aber schauen wir uns trotzdem noch die Suche nach dem geheimnisvollen Elixier an.[7] Wir haben in diesem Fall die starke Vermutung:

Das geheimnisvolle Elixier verspricht ein auf ewig überlegenes Angebot.

Liste 1.2.6 Die Suche – Schauplatz – das geheimnisvolle Elixier

„Das geheimnisvolle Elixier ...

→Allein der/die →systematische

Anwendung	aktuell(st)er	Fertigungsprozesse
Applikation	anspruchsvoll(st)er	Herstellungsverfahren
Auswertung	fortschrittlich(st)er	Ingredienzien
Einsatz	kostensparender	Materialien
Gebrauch	modernster	Methoden
Nutzung	neuester	Prozesse
Realisation	progressiver	Schlüsseltechnologien
Realisierung	zeitgemäßer	Technologien
Verwendung	zukunftsträchtiger	Verfahren
Verwirklichung		Zutaten

... verspricht ein auf ewig überlegenes Angebot."

[7] Dienstleister, aufgemerkt! Ein Teil der folgenden Begriffe betrifft euch wegen der viel zitierten Immaterialität von Dienstleistungen nicht. PEPELS, 1996, hat für diese profunde Erkenntnis ein eigenes Stichwort auf S. 344. Denkt an dieser Stelle mal ein bisschen mit und setzt die für euer Gewerbe maßgeblichen Begriffe Potenzial, Prozess und Ergebnis ein (vgl. z. B. BIEBERSTEIN, 2001, S. 28).

→bewirkt →nachhaltigen →Erfolg.

Varianten:
→Allein die →sachgemäße/→systematische Nutzung →überlegener Technologien →bewirkt die →Akzeptanz unserer →Kunden und sichert →nachhaltigen →Erfolg.

Lassen Sie es krachen:
→Tendenziell durchlässigere Marktgrenzen und →verstärkte Substitutionsmöglichkeiten rücken →auf diese Weise die →überlegene Exzellenz eines Angebots/→Produkts in den Vordergrund. Exzellenz ist kein Zufall. Sie ist das Ergebnis →außerordentlicher Zutaten und →überlegener Herstellungsverfahren. Von ihnen hängt die →Akzeptanz des →Produkts und damit der →nachhaltige →Erfolg des Unternehmens ab.

1.3 Held: Visionärer Sucher

Lassen Sie uns nun über das reden, worüber wir gewöhnlich am liebsten sprechen: über uns. Nachdem wir den Markt als ziemlich komplexes – wenn's hart auf hart kommt sogar heterologes – System beschrieben haben, sollten wir jetzt als Nächstes eine pauschale Entwarnung an die Leser geben:

Wie gut, dass wir veritable Spürnasen sind.

Liste B 1.3.1 Die Suche – Held – zentrales Statement Suchender

„Wie gut, dass wir veritable Spürnasen sind."

Wir	sind	ein	analytisches
			aufstrebendes
			erfahrenes
			exploratives
			intelligentes
			interessiertes
			perspektivisches
			umsichtiges
			visionäres
			vorausschauendes
			weitblickendes
			zukunftsorientertes

→Unternehmen.

Varianten:
Die *Müller-Werke** **sind ein →außerordentlich erfahrenes Unternehmen.**
Erfahrung ist unser Anspruch/Geschäft.
*(*Hier setzen Sie Ihren Firmennamen ein.)*

Hauen Sie auf die Pauke:
Viele →Unternehmen fühlen sich berufen, die Ansprüche/→Bedürfnisse der →Kunden zu erfüllen und zu bedienen. Doch das ist heutzutage nicht genug. Der Markt braucht visionäre →Unternehmen. →Unternehmen wie uns.

So, so, ein visionäres Unternehmen. Natürlich, Sie wollen den goldenen Kunden für sich erobern oder den schwarzen Ritter erledigen. Wir sollten nun den Leser auf unsere Kernkompetenzen hinweisen, die uns für diese Aufgabe prädestinieren.

Der Plot legt einige Fähigkeiten, über die wir verfügen sollten, ja bereits nahe: Sie suchen etwas, das Ihnen Heil verspricht. Sie kennen dieses Etwas und machen sich auf die Reise. Das heißt, Sie sind mindestens *zielorientiert*. Das halten wir gleich fest und erklären sicherheitshalber noch einmal, dass es stets gut ist, im Labyrinth einen Kompass dabei zu haben:

Wir sind zielorientiert. Ziele erlauben eine klare Standortbestimmung.

Liste B 1.3.2 Die Suche – Held – Zielorientierung

„Wir sind zielorientiert."

Wir setzen uns

ambitionierte
anspruchsvolle
ehrgeizige
hoch gesteckte
klare
klar definierte
realistische
transparente

→ Ziele.

Varianten:

Ambitionierte/→exakte →Ziele bestimmen unseren →Auftritt.
Ambitionierte →Ziele sind →entscheidend für unseren →Auftritt.
Ambitionierte →Ziele liefern/sind die →entscheidende →Basis für unseren →Auftritt.

„Ziele erlauben eine klare Standortbestimmung."

→Allein →systematisches

Feedback
Kontrolle
Rückkopplung

→bewirkt eine →systematische

Analyse
Bestimmung
Beurteilung
Bewertung
Einschätzung
Untersuchung

unseres →Erfolgs.

Varianten:
→Allein →systematisches Feedback →bewirkt eine →exakte Ausrichtung an den →Bedürfnissen unserer →Kunden.

Hauen Sie auf die Pauke:
Ein visionäres Unternehmen zu sein, bedeutet alles andere als Schwärmerei. Visionen sind →exakte Vorstellungen von erreichbaren Zuständen. Wir haben klare/→exakte Vorstellungen darüber, wie unsere Zukunft aussehen kann: Wir haben →Ziele. Gemeinsam mit allen Mitarbeitern legen wir →Ziele fest, die uns jederzeit Auskunft darüber geben, wie gut wir die →Bedürfnisse unserer →Kunden bereits erfüllt haben.

So ist es. Einfach mal so machen und dann abschließend gucken, was dabei herausgekommen ist, geht ja nun wirklich nicht.

Eine weitere wichtige Eigenschaft von uns besteht darin, dass wir *aktiv* tätig sind. Wir wollen den goldenen Kunden und scheuen uns nicht, die beschwerliche Reise und Suche auf uns zu nehmen. Wir warten nicht, bis er kommt. Womöglich würde er sich noch in der Haustür irren und dann hätten wir den Salat. Wir stellen für unsere Aktionäre und alle sonstigen Interessierten klar:

Wir sind aktiv. Zur Erreichung unserer Ziele setzen wir uns ein.

Liste B 1.3.3 Die Suche – Held – Aktivität

„Wir sind aktiv."

Wir	sind	ein	aktives
			Akzente setzendes
			ambitioniertes
			ehrgeiziges
			handelndes
			tätiges

→Unternehmen.

Varianten:
Wir bringen Bewegung in den Markt.
Wir gestalten den Markt/treiben den Markt voran.

„Zur Erreichung unserer Ziele setzen wir uns ein."
Zur/Für die Erreichung unserer →Ziele

beziehen wir Stellung.
nehmen wir Stellung.
engagieren wir uns.
machen wir uns stark.
setzen wir uns ein.
stehen wir ein.
treten wir ein.

sind wir bereit,	Außergewöhnliches	zu leisten.
	Außerordentliches	
	Beachtliches	
	Beeindruckendes	
	Bewundernswertes	
	Großartiges	
	Hervorragendes	
	Überragendes	
	Überraschendes	
	Überwältigendes	
	Ungewöhnliches	
	Vorbildliches	

Varianten:

Ambitionierte/→exakte →Ziele sind die →entscheidende →Basis für unseren →Auftritt am Markt.

Ambitionierte →Ziele →bewirken unseren Erfolg.

Hauen Sie auf die Pauke:

Klare →Ziele verlangen →sachgemäßes Management/→Auftritt. Nur wer handelt, kann seine →Ziele erreichen und die →Akzeptanz seiner →Produkte/die →Zufriedenheit seiner →Kunden →nachhaltig sichern. Wir sind ein handelndes →Unternehmen. Die Erreichung unserer →Ziele entscheidet über den Erfolg jedes Einzelnen. So bleiben sie uns ständiger Antrieb für →außerordentliche Leistungen zum Wohle unserer →Kunden.

Gut so! Wer die Hände in den Schoß legt, wird sofort zum Mitarbeitergespräch abkommandiert!

Wir sollten des Weiteren auf unsere *Furchtlosigkeit* hinweisen. Stellen Sie sich vor, Sie begeben sich in den Dschungel, und hinter dem ersten Felsvorsprung lauern Wegelagerer, Fieslinge, Monster – Wettbewerber eben, und Sie schreien nur: „Huch!“ und laufen schnell wieder nach Hause, wo sich zwar nicht der goldene Kunde befindet, wo es aber immerhin schön warm ist. Das macht sich doch nicht gut, oder? Also, sagen Sie Ihrem Publikum, dass Sie Nerven wie Drahtseile haben!

Wir sind furchtlos. Mut hilft, den anstehenden Weg durch das gefährliche Labyrinth unbeschadet zu überstehen.

Liste B 1.3.4 Die Suche – Held – Furchtlosigkeit

„Wir sind furchtlos.“

Wir	nehmen (...) an	die/	Vergleich mit		
	respektieren	dem/	Wettbewerb		
	scheuen nicht	den/	Auseinandersetzung mit	des/	Konkurrenz
	stellen uns	der/	Entscheidung	dem/	Markt(es)
	suchen	das	Gegenüberstellung mit	der	Wettbewerb(s)
			Konfrontation mit		
			Urteil		

Varianten:

Wir betreten Neuland.

Wir wagen es.

„Mut hilft, den anstehenden Weg durch das gefährliche Labyrinth unbeschadet zu überstehen."

→Allein wer die Auseinandersetzung

akzeptiert,	**kann**	**(auch)**	**als Sieger hervorgehen.**
annimmt,			**das Rennen machen.**
begrüßt,			**den Sieg davontragen.**
bejaht,			**den Sieg erringen.**
forciert,			**die Früchte des Erfolgs genießen.**
nicht aus dem Weg geht,			**Erfolg für sich verbuchen.**
nicht scheut,			**Erfolg haben.**
sucht,			**erfolgreich sein.**
			gewinnen.
			siegen.
			triumphieren.

Varianten:
Indem wir die Auseinandersetzung suchen, tragen wir den →Erfolg davon.
Der →Erfolg gehört dem, der sich der Auseinandersetzung stellt.

Hauen Sie auf die Pauke:
Wer klar für seine →Ziele eintritt, braucht den Vergleich nicht zu scheuen. All unsere Mitarbeiter handeln in dem Bewusstsein, an einer großen Aufgabe mitzuwirken. Deshalb freuen wir uns jeden Tag neu auf den Wettbewerb, denn nur er gibt uns/→bewirkt die Möglichkeit/→Chance, unser außerordentliches Können/unsere Exzellenz unter Beweis zu stellen.

Und das ist wichtig! Wir sollten keine Angst davor haben, dass uns unterwegs einer mal ein Veilchen verpasst, schließlich geht es um nicht weniger als den goldenen Kunden oder den Stein der Weisen. Was glasklar belegt: Wir wollen höchste Vervollkommnung erreichen, damit wir in holder Eintracht mit unseren Kunden auf ewig Glück und Weisheit auf die Aktivseite unserer Bilanz schreiben können:

Wir streben nach Vervollkommnung. Exzellenz beglückt uns und die Kunden.

Liste B 1.3.5 Die Suche – Held – Streben nach Vervollkommnung

„Wir streben nach Vervollkommnung."

Unser →Ziel ist →außerordentliche Exzellenz.

Varianten:
Wir streben nach Perfektion.
Die höchsten Ansprüche stellen wir an uns selbst.

„Exzellenz beglückt uns und die Kunden."

→Allein Exzellenz →bewirkt →außerordentliche →Akzeptanz/→Zufriedenheit.

Varianten:

Die →Zufriedenheit unserer Kunden ist unser(e) größte(r) →Erfolg/Belohnung.

Hauen Sie auf die Pauke:

Den <u>Sieg zu erringen,</u> heißt nicht einfach, Bester geworden zu sein. Es heißt auch, BESSER geworden zu sein. Jeder Schritt ist ein Schritt nach vorn, in Richtung auf das große herausfordernde →Ziel, das uns alle eint: die →Zufriedenheit unserer →Kunden.

Ich gebe gerne zu, Leser: Dies ist fast schon eine kleine Mission. Etwas, wo Marketing-Controller interessiert ihr Notebook zücken, um zu sagen: „Aha. Kundenzufriedenheit. Welche Werte hatten wir denn da letztes Quartal?" Trotzdem, das Streben nach Vervollkommnung scheint mir ein grundsätzliches Charaktermerkmal zu sein, unabhängig von goldenem Kunden, schwarzem Ritter usw. Insofern ist es zumindest keine zielgerichtete Mission, und deshalb steht unser Anspruch auf exzellente Kundenbeglückung schon hier.

Eine letzte Basis-Eigenschaft unseres Helden halte ich für wichtig: Er muss grundsätzlich offen sein, die Erfahrungen, die sich mit dem Erschließen des goldenen Kunden oder dem Überwinden des schwarzen Ritters einstellen, auch ganz persönlich zu verarbeiten. Er muss hinzulernen können:

Wir sind offen. Die Bereitschaft, neue Erfahrungen anzunehmen und zu verarbeiten, hält uns fit für das große Ziel.

Liste B 1.3.6 Die Suche – Held – Offenheit

„Wir sind offen."

Wir	akzeptieren		außergewöhnliche(n)	Anregungen.
	begeistern uns für		neue(n)	Einsichten.
	begrüßen		ungewöhnliche(n)	Erfahrungen.
	bejahen		unkonventionelle(n)	Horizonte(n).
	greifen (...) auf			Ideen.
	nehmen (...) an			Impulse(n).
	streben nach			Konzepte.
	suchen			Perspektiven.
	sind	aufgeschlossen für		Strategien.
		interessiert an		
		offen für		

Varianten:

Wir lernen dazu.

Wir lassen uns anregen.

„Die Bereitschaft, neue Erfahrungen anzunehmen und zu verarbeiten, hält uns fit für das große Ziel."

Die	Bereitschaft	zu(r)
Unsere	Fähigkeit	

→systematischer(-m)

Abstimmung
Adaptation
Aneignung
Anpassung
Assimilierung
Entwicklung
Harmonisierung
Lernen
Weiterentwicklung

→bewirkt unseren →nachhaltigen →Erfolg.

Varianten:
Indem wir neue Ideen aufnehmen und in unsere Arbeit einfließen lassen, →verstärken wir unsere →Chancen auf →nachhaltigen Erfolg.

Hauen Sie auf die Pauke:
Wir verfolgen unsere →Ziele nicht blind. Jeder Tag, jede Stunde birgt vielfältige →relevante Erfahrungen, denen wir uns unvoreingenommen stellen. Es sind diese Anregungen des Marktes, die wir aufnehmen und kreativ, manche behaupten sogar virtuos, zu neuen Erkenntnissen verarbeiten. Erkenntnisse, die in unseren →Produkten Gestalt annehmen.

Tja, Leser, das sind Sie. Wenn Ihnen noch gar nicht so richtig klar war, was für ein toller Hecht Sie schon immer waren, dürfen Sie an dieser Stelle eine Flasche Schampus köpfen und auf sich anstoßen. Falls Sie dabei ein wenig übermütig werden und noch ein paar mehr heldenhafte Eigenschaften für sich beanspruchen, schauen Sie mal in Abschnitt C 2.3 nach. Ich empfehle Ihnen aber: Konzentrieren Sie sich auf die wirklich wichtigsten Kernkompetenzen. Ein Hansdampf in allen Gassen wird meistens nicht ganz ernst genommen. Jetzt aber erst mal Prost!

1.4 Mission: Brillanz

Unsere Mission besteht natürlich unmittelbar in dem Auffinden des verheißungsvollen und sagenumwobenen Subjekts oder Objekts. In der ersten Variante unserer Suche ist es der goldene Kunde. Falls er unter unseren Lesern ist, müssen wir ihm natürlich auch sagen, was *er* davon hat: weil wir einfach die idealen Leistungen für ihn haben. Er kann gar nicht anders, als uns glühend zu verehren.[8] An dieser Stelle kommen konkrete Zielsetzungen ins Spiel. Nicht unbedingt mit Prozentangaben, aber immerhin doch mit grundsätzlich überprüfbaren Aussagen: Wir wollen sein „Favourite Supplier" sein. Wir postulieren also:

[8] Zumindest in dieser Hinsicht liegt die BASF mit uns voll und ganz auf einer Linie, wenn sie auf ihrer Homepage feststellt: „Die BASF ist der bevorzugte Partner der Kunden."

Wir wollen den goldenen Kunden finden. Der goldene Kunde soll uns in jeglicher Weise zugetan sein.

Liste B 1.4.1 Die Suche – Mission – der goldene Kunde

„Wir wollen den goldenen Kunden finden."

Es ist unser →vorrangiges →Ziel, anspruchsvolle/→lukrative →Kunden →nachhaltig (an/für/von uns) (zu)

binden.
einzunehmen.
entwickeln.
erobern.
erschließen.
gewinnen.
integrieren.
stabilisieren.
überzeugen.

„Der goldene Kunde ...

Die →relevante Kernzielgruppe der *18- bis 23-jährigen Extensivnutzer**
*(*Hier setzen Sie bitte ggf. Ihre Kernzielgruppe ein.)*

... soll uns in jeglicher Weise zugetan sein."

soll/wird

*Firma**
uns
unsere Firma
*(Hier setzen Sie bitte den Namen Ihrer Firma ein.)

sowohl →hinsichtlich der →Qualität ihrer/unserer →Produkte als auch →hinsichtlich der

Darbietung
Positionierung
Präsentation
Vermarktung
(→ Auftritt)

ihrer/unserer →Produkte als den/die

alleinige(n)	**Anbieter**
ausschließliche(n)	**Erzeuger**
beliebteste(n)	**Hersteller**
bevorzugte(n)	**Lieferant**
exklusive(n)	**Marke**
hauptsächliche(n)	**Nummer eins**
präferierte(n)	**Partner**
prävalente(r)	
primäre(n)	
relevante(n)	
überlegene(r)	
verlässliche(n)	
vorrangige(n)	
wichtigste(n)	

→beurteilen.

Varianten:
Wir wollen in der Kernzielgruppe (...) der bevorzugte Anbieter sein/als der bevorzugte Anbieter gelten.

Drehen Sie auf:
Menschen haben Ansprüche (→Bedürfnisse). An sich selbst und an andere. Die Erwartungen, die sie an sich haben, sind die Erwartungen, die sie an uns haben. Diese Herausforderung wollen wir annehmen. Wir wollen unsere →Kunden →nachhaltig für uns gewinnen und sie mit der →außerordentlichen →Qualität unserer →Produkte täglich neu (→stets) überzeugen. Es ist unser →vorrangiges →Ziel, ihnen der bevorzugte Anbieter in *Kategorie** **zu sein.**
*(*Hier setzen Sie bitte Ihren Markt/Ihre Kategorie ein.)*

Sie haben natürlich für die „18- bis 23-jährigen Extensivnutzer“ Ihre eigene Zielgruppe eingesetzt? Das ist gut so. Wenn Sie nicht wissen, wo genau Sie den goldenen Kunden eigentlich suchen sollen, lassen Sie diesen Zusatz einfach weg.

Jetzt wissen wir also, warum wir in die Welt bzw. auf den Markt gekommen sind. Den goldenen Kunden für uns einnehmen! Da wird Ihre Marktforschungsabteilung aber ganz schön zu tun haben, Ihre Ziele in entsprechende Items umzuformulieren! „Fräulein Meier, schauen Sie doch mal nach, ob wir ein valides Statement für ‚bevorzugte Marke’ haben!“

Wenden wir uns dem schwarzen Ritter zu, dem sagenumwobenen Wettbewerber, mit dem wir uns vergleichen. Schwerpunkt der Aussage ist hier, dass wir uns an ihm messen – und natürlich gewinnen wollen. Als Indiz für den Gewinn nehmen wir unser besseres Angebot. Die Schwarze-Ritter-Variante unterscheidet sich – trotz der Konzentration auf das Produkt – von der Suche nach dem optimalen Produkt darin, dass wir uns hier dem direkten Vergleich mit den Angeboten des legendären Widersachers stellen. Hingegen ist bei der Variante mit dem optimalen Produkt, dem Stein der Weisen, das Produkt selbst schon so allüberstrahlend ehrwürdig, dass jegliche Wettbewerbsbetrachtung automatisch Makulatur wird. Sobald der Wettbewerb hört, dass wir den Stein der Weisen haben, wird er erblassen, seine Produktionsanlagen stilllegen und zu uns kommen, um uns zu huldigen. Auch nicht schlecht. Aber lassen Sie uns zunächst einmal den schwarzen Ritter erledigen. Hör also gut zu, Bursche, weswegen wir gekommen sind:

Wir wollen den schwarzen Ritter finden. Die Menschheit soll sehen, dass wir die Besseren sind.

Liste B 1.4.2 Die Suche – Mission – der schwarze Ritter

„Wir wollen den schwarzen Ritter finden.“

Es ist unser →vorrangiges →Ziel, (über)

den/ die	relevante(n)	Konkurrenten	(zu)	besiegen.
		Konkurrenz		in die Schranken zu verweisen.
		Mitanbietern		triumphieren.
		Wettbewerb		überflügeln.
		Wettbewerber		überrunden.
		Wettbewerbsangebote		überwinden.
		Wettbewerbsmarken		

den/ die	Auseinandersetzung mit (...)	(für uns)	zu	entscheiden.
	Gegenüberstellung mit (...)			gewinnen.
	Konfrontation mit (...)			
	Vergleich zu (...)			
	Wettstreit mit (...)			

„Die Menschheit soll sehen, ... "

Unsere →Produkte sollen

aus dem Blickwinkel
aus der Perspektive
aus Sicht
im Urteil
in den Augen
nach Ansicht
nach Gesichtspunkten

der *18- bis 23-jährigen Extensivnutzer**
*(*Hier setzen Sie bitte ggf. Ihre Kernzielgruppe ein.)*

„... dass wir die Besseren sind."

als	der/ die/ das	allgemein	bessere(n)
		ausnahmslos	gewinnende(n)
		bei weitem	konkurrenzlose(n)
		bezüglich aller Aspekte	überlegene(n)
		durchgängig	unerreichte(n)
		eindeutig	unübertreffbare(n)
		eineindeutig	unübertreffliche(n)
		generell	
		in allen relevanten Dimensionen	
		in jederlei Hinsicht	
		insgesamt	
		umfassend	
		universell	
		zweifelsfrei	

→beurteilt werden.

Varianten:
Die Zielgruppe (...) soll unsere →Produkte als die →überlegenen →beurteilen.
Unsere →Produkte sollen im Vergleich mit dem Wettbewerb als die überlegenen →beurteilt werden.

Drehen Sie auf:
Menschen haben Ansprüche (→Bedürfnisse) und fällen Entscheidungen. Jede Wahl, die sie treffen, beruht auf dem abwägenden Vergleich mehrerer Möglichkeiten. Diesem Vergleich wollen wir uns stellen. Wir wollen in der direkten Gegenüberstellung mit dem →relevanten Wettbewerb durch die →außerordentliche →Qualität unseres Angebots (→Produkte) (und unseres →Auftritts) überzeugen. Es ist unser →vorrangiges →Ziel, im Urteil unserer →Kunden als der →überlegene Anbieter in *Kategorie** **zu gelten.**
*(*Hier setzen Sie bitte Ihren Markt/Ihre Kategorie ein.)*

Oha! Da haben Sie sich ja etwas vorgenommen! Es ist sicher nicht leicht, den schwarzen Ritter zu besiegen. Aber, wenn schon Ruhm und Ehre warten ... Ich kann Sie ja verstehen!

Begeben wir uns gleich zum optimalen Produkt: Wir wollen den Stein der Weisen finden! Wenn wir diejenigen sind, die ihn entdeckt haben, ist der Kundennutzen unmittelbar einleuchtend: Wir werden den Stein der Weisen natürlich an unsere Kunden verkaufen. Keiner wird meckern können: „Ja, ja, die haben den Stein der Weisen, aber ich ... " Sie werden ihn bekommen und höchsten Genuss empfinden. Was wir allerdings noch brauchen, ist eine kurze Erläuterung, woher das überragende Lustgefühl denn kommen soll. Ist es eher die Verpackung oder eher der Geschmack? Vielleicht haben Sie ja schon eine Vorstellung, dann nur zu! Aber tun Sie mir einen Gefallen: Tanzen Sie nicht auf allen Hochzeiten – konzentrieren Sie sich auf Ihre Stärken und wählen aus den folgenden Vorschlägen die für Sie passenden aus![9]

Wir wollen den Stein der Weisen finden. Der Stein der Weisen soll das schönste Produkt unter der Sonne sein.

Liste B 1.4.3 Die Suche – Mission – der Stein der Weisen

„Wir wollen den Stein der Weisen finden."

Es ist unser →vorrangiges →Ziel, →Produkte →anzubieten, die →außerordentliche/→vorrangige

Anwenderfreundlichkeit
Befriedigung
Begeisterung
Entzücken
Freude
Funktionalität
Genuss
Glück
Kundenzufriedenheit
Lebensfreude
Lebenslust

[9] An dieser Stelle gleich zwei Anmerkungen. Zunächst einmal einen Dank dem Mann, der mit so unsterblichen Begriffen wie etwa „Bereitstellungszeitpunkteinhaltung" oder „Angebotsmodalitätskonkurrenten" die Fachwelt bei Laune gehalten hat: UDO KOPPELMANN (Zitate aus: KOPPELMANN, 1999.) Lieber Herr KOPPELMANN, Ihre Art und Weise, sich die Sprache untertan zu machen, hatte für mich stets etwas, sagen wir mal, Eigenwilliges. Aber Ihre Gliederung in dem Produktmarketing-Wälzer ist so gut, dass sie in die folgenden Überlegungen für die Unternehmensmission mit eingeflossen ist. Und das, obwohl die Mission eher strategischer Natur, das Produktmarketing tendenziell eher operativer Natur ist. Da staunen Sie selbst, was? Die zweite Anmerkung betrifft wieder unsere Dienstleister: Liebe Leute, tut mir den Gefallen und ergänzt gedanklich wieder mit den für euch relevanten Dimensionen Potenzial, Prozess und Ergebnis. Macht ihr das? Danke.

Nutzen
Spaß
Vergnügen
Zufriedenheit
Zufriedenstellung
Zweckmäßigkeit

→bewirken.

„Der Stein der Weisen soll das schönste Produkt unter der Sonne sein."

Unsere →Produkte sollen →hinsichtlich ihrer(-s)

a) gegenständliche, „objektive" Produkteigenschaften

angenehmen	Designs
attraktiven	Farbe
bekömmlichen	Farbgebung
bequemen	Form
erfreulichen	Gestalt
gefälligen	Ingredienzien
hochwertigen	Materials
komfortablen	Oberfläche
nützlichen	Zutaten
sinnvollen	
sympathischen	
zweckmäßigen	

b) sinnliche Wahrnehmung

akustischen	Abwechslung
auditiven	Bandbreite
geschmacklichen	Erfahrung
haptischen	Erlebens
sinnlichen	Leistung
visuellen	Leistungsfähigkeit
	Spektrums
	Wahrnehmung
Gefühls	
Geruchs	
Geschmacks	
Harmonie	
Wohlklangs	

c) Funktionalität u. Ä.

angenehmen	Anwendbarkeit
leichten	Bedienung
nutzerfreundlichen	Betriebs
	Energieverbrauchs
	Haltbarkeit
	Installation
	Kombinierbarkeit
	Pflege
	Physiologie
	Wartung
	Wertbeständigkeit
	Werterhalts
	Zuverlässigkeit

d) Anmutung

attraktiven	Anmutung
behaglichen	Ästhetik
komfortablen	Atmosphäre
funktionalen	Besonderheit
gefälligen	Geborgenheit
umfassenden	Gefälligkeit
	Geselligkeit
	Gesundheit
	Möglichkeit der Selbstdarstellung
	Sicherheit
	Überlegenheit
	Werts
	Zeitgemäßheit

→spezifische/→vorrangige →Bedürfnisse →nachhaltig →befriedigen.

Varianten:
Wir wollen →überlegener Anbieter →außerordentlicher →Qualität →hinsichtlich gefälligen Designs und leichter Pflege sein. ... als →überlegener Anbieter (...) →beurteilt werden.

Drehen Sie auf:
Menschen haben Ansprüche (→Bedürfnisse). Ihre Anforderungen sind hoch und betreffen eine Vielzahl von Leistungsdimensionen. Exzellenz ist für uns nicht lediglich ein Schlagwort. Exzellenz betrifft →alle →relevanten Merkmale und Details, die unser →Produkt für den →Kunden so einzigartig machen. Dafür stehen wir ein. Unsere →Kunden sollen unser →Produkt →hinsichtlich gefälligen Designs und leichter Pflege als das klar →überlegene Angebot →beurteilen.

Wow, Leser, wenn Sie das hinkriegen, dann erkläre ich Sie zu meinem persönlichen Helden! Es kann übrigens sein, dass Ihre persönlichen Anforderungen das Angebot der obigen Liste bei weitem übersteigen. Natürlich wollen Sie als Möbelhersteller das weicheste Sofa und als Schokoriegelanbieter den nussigsten Geschmack. Betrachten Sie die Liste in diesen Fällen als kleine Inspirationsquelle für Ihre grenzenlose und bewundernswerte Fantasie.

Kommen wir nun noch zur letzten Variante, die wir oben bereits mit dem Claim „Vorsprung durch Technik" gekennzeichnet haben. Hier geht es vorrangig darum, ein sagenhaftes Produktionsverfahren oder Material zu entdecken, das, sagen wir es ehrlich, eigentlich keinen Menschen interessiert. Ist mir doch wurscht, ob mein Auto an der Fertigungsstraße von Ochsen gezogen oder mithilfe von Hyper-Elektronik fortbewegt wird. Hauptsache, Sie waschen es vor dem Verkauf noch einmal gründlich und es fährt schneller und sicherer als die Möhre von meinem Nachbarn. Wir erinnern uns: das Heinzelmännchen-Argument.[10]

[10] Leser, mir ist klar, dass ich mich mit dieser Polemik aufs Glatteis begebe, das vermutlich auch noch ziemlich dünn ist. Ich weiß selbst, dass „Intel inside" etwa fünfmal besser klingt als „Heinzelmännchen inside". Oder nicht? Vermutlich gehöre ich einfach nur zu jenen übersättigten Kindern der Luxusgesellschaft, die stillschweigend voraussetzen, dass sowieso alles nach dem aktuellen Stand der Technik produziert wird, egal, ob das nun ein Segen oder was auch sonst immer ist.

Wie auch immer, das geheimnisvolle Verfahren kann unter anderem dann ein Argument sein, wenn es eine auf Ihrem Markt besonders wichtige Anmutungskomponente betrifft: Modernität. Sie können sich denken, was ich davon halte: *Dieter Bohlen* ist modern, zumindest im Vergleich zu, sagen wir mal *Johann Sebastian Bach*. Eigentlich, Leser, ist Modernität ein völlig bescheuertes Argument. Aber, wenn Sie es sich schon mal ausgewählt haben, dann will ich Sie auch nicht länger beschimpfen. Wir sind halt alle Kinder unserer Umwelt. Wir behaupten also:

Wir wollen das geheimnisvolle Elixier finden. Es soll unsere Produkte zu den jederzeit modernsten machen.

Liste B 1.4.4 Die Suche – Mission – das geheimnisvolle Elixier

„Wir wollen das geheimnisvolle Elixier finden."

Es ist unser →vorrangiges →Ziel, das jederzeit

aktuellste
angesagteste
fortschrittlichste
Maßstäbe setzende
modernste
neueste
progressivste
zeitgemäßeste

→Produkt →anzubieten.

„Es soll unsere Produkte zu den jederzeit modernsten machen."

Unsere →Produkte sollen als diejenigen →beurteilt werden, die durch die Anwendung modernster Technologien (*vgl. Liste B 1.2.6*) **→stets**

den höchsten Stand der	**Forschung**	**ausdrücken.**
	Technik	**darstellen.**
	Wissenschaft	**definieren.**
den State of the Art		**kennzeichnen.**
		markieren.
		repräsentieren.
		widerspiegeln.
auf der Höhe der Zeit		**sind.**
up to date		

Varianten:
Wir wollen als modernster Anbieter gelten/→beurteilt werden.
Unsere Kernzielgruppe soll uns als modernsten Anbieter →beurteilen.

Drehen Sie auf:
Unsere Gesellschaft hat einen rasanten technologischen Wandel erlebt. Innovationen überschlagen sich und die Erwartungen (→Bedürfnisse) der Menschen an die Aktualität der Angebote (→Produkte) sind →außerordentlich hoch. Diesem →spezifischen →Bedürfnis nach →steter Zeitgemäßheit auch unserer →Produkte kommen wir →systematisch nach. Es ist unser

→vorrangiges →Ziel, durch die Anwendung modernster Technologien das stets modernste und →attraktivste →Produkt →anzubieten, das für höchste →Zufriedenheit unserer →Kunden steht.

Damit, Leser, haben wir hinreichend erklärt, was wir wollen und wozu wir in die Welt – sprich: auf den Markt – gekommen sind. Das Publikum hält erstaunt und gespannt den Atem an: Wird er das schaffen?

Aber sicher doch! Wir haben stets unsere Vision vor Augen! Sie müssen einfach nur weiterlesen ...

1.5 Vision: Grenzenloses Ergötzen

Willkommen in der Rubrik „Gesucht – gefunden!" Wie wird es sein, wenn wir unsere Suche nach dem legendären Subjekt oder Objekt der Begierde erfolgreich abgeschlossen haben? Nun, wie schon in Teil A erwähnt, erzählt uns die Vision rein logisch eigentlich nicht mehr, als dass wir unsere Mission erfüllt haben, wenn wir sie erfüllt haben. Wenn wir die Suche abgeschlossen haben, haben wir gefunden, was wir suchten. Wie schön. Bei der Vision geht es darum, diesen Zustand noch einmal in prächtigen Farben zu schildern. Ein kurzer Einleitungssatz wird noch einmal die unterschiedlichen Varianten berücksichtigen, die Sie bei Schauplatz und Mission gewählt haben, dann können wir generell feststellen: Es wird alles eitel Wonne sein. Unsere Kunden und wir werden miteinander im neuen Eden wohnen und Partnerschaften von dermaßen gegenseitigem Nutzen eingehen, dass es nur so kracht.

Wenn wir den goldenen Kunden/den schwarzen Ritter/den Stein der Weisen/das geheimnisvolle Elixier gefunden haben, wird die Sonne für immer scheinen.

Liste B 1.5 Die Suche – Vision

„Wenn wir den goldenen Kunden gefunden haben, ... "

Die →systematische

Bearbeitung
Entdeckung
Eroberung
Erschließung
Exploration
Gewinnung
Urbarmachung

→lukrativer →Kunden ...

„Wenn wir den schwarzen Ritter gefunden haben, ... "

Der/	Bezwingung	der/den/die	entscheidenden	Konkurrenten
Die/	Entscheidung gegen		interessierenden	Mitanbieter
Das	Erfolg gegen		maßgeblichen	Wettbewerber
	Kräftevergleich mit		relevanten	
	Positionierung gegenüber			
	Sieg über			
	Triumph über			
	Überwindung			
	Wettstreit mit			

„Wenn wir den Stein der Weisen gefunden haben, ... "

Die →systematische

Einführung	bahnbrechender
Entdeckung	innovativer
Entwicklung	maßgeblicher
Weiterentwicklung	richtungweisender
	überlegener
	überzeugender
	zukunftsweisender

(→außerordentlicher/→überlegener)→Produkte

„Wenn wir das geheimnisvolle Elixier gefunden haben, ... "

Der/Die →systematische

Anwendung	aktuell(st)er	Fertigungsprozesse
Applikation	anspruchsvoll(st)er	Herstellungsverfahren
Auswertung	fortschrittlich(st)er	Ingredienzien
Einsatz	kostensparender	Materialien
Gebrauch	modernster	Methoden
Nutzung	neuester	Prozesse
Realisation	progressiver	Schlüsseltechnologien
Realisierung	zeitgemäßer	Technologien
Verwendung	zukunftsträchtiger	Verfahren
Verwirklichung		Zutaten

„... wird die Sonne für immer scheinen."

wird neue →Chancen unserer →Beziehungen zu Partnern und →Kunden →bewirken. Gemeinsam mit unseren →Kunden wollen wir in

beiderseitigem(-r)	dauerhaftem(-r)	Achtung
gegenseitigem(-r)	engem(-r)	Anerkennung
wechselseitigem(-r)	intensivem(-r)	Aufmerksamkeit
	offenem(-r)	Loyalität
	vertrauensvollem(-r)	Respekt

unsere Vision verwirklichen:

*Firma**	Außerordentlichkeit	für	außerordentliche
	Brillanz		brillante
	Erstklassigkeit		erstklassige
	Exzellenz		exzellente
	Exzeptionalität		exzeptionelle
	Unvergleichlichkeit		unvergleichliche
	Vorzüglichkeit		vorzügliche
*(*Setzen Sie hier bitte Ihren Firmennamen ein.)*			

→Kunden.

Machen Sie Dampf:
Unsere Mission lässt uns den Weg beschreiten, an dessen Ende die Erfüllung unserer →Ziele steht. Wir haben eine Vision: Wir glauben an eine neue Dimension der vertrauensvollen →Beziehungen zu unseren →Kunden. In gegenseitiger Anerkennung und Achtung werden wir voneinander behaupten: „Ein brillanter Partner!"

So soll es sein, so wird es sein. „Aber halt!", ruft ein aufmerksamer Leser, „gab es da nicht noch die Sache mit dem inneren Reichtum?" Aber sicher, lieber Freund. Im folgenden Abschnitt werden wir uns dem Zugewinn an Weisheit widmen, der uns zweifelsohne zusteht.

1.6 Entwicklung: Weisheit

Die *Suche* gehört zu einer Reihe von Plots, die – vielleicht nicht wirklich zwingend, aber traditionsgemäß – eine Entwicklung des Helden vorsehen. Wie bereits erwähnt handelt es sich bei der Entwicklung nicht um eine quantitative („Hurra! Siebzig Prozent mehr Umsatz durch den goldenen Kunden!"), sondern um eine qualitative, charakterliche Entwicklung. Ihr emotionaler Quotient – um nicht zu sagen Ihre Soft Skills – steigt oder steigen quasi ins Unermessliche: „Das Ziel der Reise – nicht der Suche – ist Weisheit."[11] Kaum dass Sie den goldenen Kunden gefunden haben, durchströmt Sie ein Gefühl wohliger Wärme, Sie haben auf einmal den überwältigenden Eindruck, alles Freud und Leid dieser Welt in sich zu empfinden und nachvollziehen zu können, und Sie sagen: „Ja! Jetzt verstehe ich!" Und nur ein Schandmaul wird lästern, es sei doch nicht schwer zu verstehen, was es heißt, Kunden zu haben. Pharisäer! Sie haben den goldenen Kunden gesehen und waren fortan innerlich reich. Und damit keiner mault: „Die haben's gut! Die sind jetzt auch noch weise!", erläutern wir der werten Kundschaft, was für sie dabei in realem Nutzen herausspringt.
Wir erklären also:

Der goldene Kunde ...
Die Überwindung des schwarzen Ritters ...
Der Stein der Weisen ...
Das geheimnisvolle Elixier ...
... wird uns auch ideell reicher machen. Unsere Weisheit wird eine noch bessere Kundenbetreuung ermöglichen.

---

[11] Tobias, 1999, S. 89.

Liste B 1.6 Die Suche – Bonuspunkte: Weisheit

„Der goldene Kunde ...
Die Überwindung des schwarzen Ritters ...
Der Stein der Weisen ...
Das geheimnisvolle Elixier ... "
(Für diese Einleitung bitte eine der Formulierungen aus Liste B 1.5 übernehmen.)

„... wird uns auch ideell reicher machen."

→verstärkt (→bewirkt) →nachhaltig unsere strategische Intelligenz. *(Vgl. Liste B 1.1.3)*

„Unsere Weisheit wird eine noch bessere Kundenbetreuung ermöglichen."

Wir werden sie(ihn/es) →systematisch einsetzen, um die →Zufriedenheit unserer →Kunden täglich neu zu gewinnen.

Starten Sie durch:
Niemand lebt für sich allein. Nicht Menschen, nicht →Unternehmen. Der Austausch (→Beziehungen) mit anderen ist nicht nur →Basis für unsere Existenz, er →bewirkt überhaupt erst Lernen und Entwicklung. Wir lernen von unseren →Kunden →stets dazu. Diesen Gewinn, der für uns in einer →nachhaltigen Ausdehnung unserer strategischen Kompetenz →besteht, geben wir täglich an sie zurück: Unsere Leistung kommt von ihnen.

Tja, Leser, jetzt sind Sie weise. Oder Sie werden es dann sein. Denn vorher müssen Sie dafür ja wohl noch was tun!

1.7 Aktionen: Gold, Weihrauch und Myrrhe

Was macht also einer, der sucht? Richtig: Er kauft sich den großen Shell-Atlas Europa, vielleicht noch einen Kompass und fährt dann mal los. Eine Landkarte für Unternehmen kann beispielsweise ein *Mapping* sein, gewonnen aus den aktuellsten Umfrageergebnissen. Sie wissen schon, so ein Koordinatenkreuz mit den Achsen „Preis" und „Qualität", ganz oben rechts ist das Idealprodukt, und unsereiner ist immer eher unten links, jedenfalls meilenweit davon entfernt.

Nun macht es sich aber nicht ganz so gut in unserer Unternehmensphilosophie, wenn wir behaupten: „Wir wollen verstärkt Marktforschung betreiben." Das wäre mal wieder keine Leistungsseite für unser Publikum, sondern eine Aufwandsseite, an der es nicht interessiert ist. Abgesehen davon macht es skeptisch: „Haben die noch keinen Plan, oder was?" oder gar: „Wollen die mal wieder kostenlos Daten aus mir herausquetschen, obwohl ich gerade viel lieber ‚Wer wird Millionär?' sehen möchte?"

Was sollen wir also dann tun? Ich schlage vor, wir rüsten uns für den Tag, an dem wir das geheimnisvolle Subjekt oder Objekt unserer Suche finden. Stellen Sie sich vor, Sie treffen eines Tages auf Ihren Traumkunden und müssen ihm bekennen: „Sorry, ich habe dich mithilfe eines hierarchischen Cluster-Verfahrens ziemlich schnell gefunden, habe aber leider nur ein paar Ladenhüter für dich auf Lager." Das, Leser, wäre doch unschön. Ich schlage also vor, dass wir uns für den Tag, der kommen wird, schon mal eifrig mit Produktpolitik befassen. Den sagenumwobenen Kunden wird's freuen. Er wird sagen: „Endlich mal ein richtiger Anbieter für mich!" Und auch dem legendären Wettbewerber wird es einfach die Sprache verschlagen, wenn er sehen muss, dass er uns in Sachen Produktpalette nicht gewachsen ist. Für alle vier Versionen unseres Plots können wir in jedem Fall feststellen:

Wir werden viele Geschenke bereithalten, um dem (goldenen) Kunden zu schmeicheln. Der (goldene) Kunde mag Geschenke.

Liste B 1.7.1 Die Suche – Aktionen – viele Geschenke

„Wir werden viele Geschenke bereithalten, um dem (goldenen) Kunden zu schmeicheln."

Unsere →Produkte sind unser(e)

Kapital.
Kompetenz.
Stärke.
Zukunft.

Wir stehen für (→anbieten, →befürworten) ein(e,-n)

abwechslungsreiche(-n,-s)	Abwechslung
breite(-n,-s)	Angebot
bunte(-n,-s)	Auswahl
facettenreiche(-n,-s)	Bandbreite
große(-n,-s)	Breite
mannigfaltige(-n,-s)	Buntheit
reiche(-n,-s)	Fülle
reichhaltige(-n,-s)	Mannigfaltigkeit
reichliche(-n,-s)	Palette
schillernde(-n,-s)	Reichhaltigkeit
vielfältige(-n,-s)	Reichtum
vielförmige(-n,-s)	Sortiment
	Spektrum
	Variation
	Vielfalt
	Vielgestaltigkeit

an/von →Produkten höchster →Qualität.

„Der (goldene) Kunde mag Geschenke."

→Allein die →Akzeptanz unserer →Produkte/→Zufriedenheit unserer →Kunden ist die →entscheidende →Basis unseres →Erfolgs.

Varianten:

Wir →befriedigen →spezifische →Bedürfnisse. Die hohe →Akzeptanz unserer →Produkte beruht nicht zuletzt auf dem vielfältigen Spektrum, das für jeden Anspruch höchste →Qualität bereithält.

Gehen Sie in die Vollen:
Ansprüche (→Bedürfnisse) sind vielfältig. →Kunden schätzen Abwechslung und Individualität ebenso sehr wie →Qualität. Dem trägt unser differenziertes Angebot (→Produkte) Rechnung. Unser breites Spektrum an hochwertigen →Produkten berücksichtigt →spezifische →Bedürfnisse und gibt die ideal darauf abgestimmte *(vgl. Liste B 1.2.5)* **Antwort.**

Und weil das so ist, werden wir auch gleich noch die Tatsache hervorheben, dass wir in Sachen *Forschung und Entwicklung* keinen Aufwand scheuen, der uns näher an das Produkt heranbringt, das alle selig machen und sogar einen schwarzen Ritter einschüchtern wird.

Wir werden zu diesem Zweck viel in die Entwicklung neuer Geschenke investieren.

Liste B 1.7.2 Die Suche – Aktionen – Forschung und Entwicklung

„Wir werden zu diesem Zweck viel in die Entwicklung neuer Geschenke investieren."

Optimale	Entwicklungen	bedeuten
	Innovationen	bedingen
	Neuerungen	bedürfen
	Produkte	benötigen
	Weiterentwicklungen	brauchen
		setzen (...) voraus

→eingehende/→nachhaltige Recherche.

Wir	bauen auf
	betreiben
	forcieren
	fördern
	führen (...) durch
	investieren in
	leisten
	realisieren
	setzen auf
	treiben (...) voran

→systematische Forschung und Entwicklung für →überlegene →Produkte.

Varianten:
Forschung und Entwicklung sind →entscheidende Schwerpunkte unserer Tätigkeit. Sie →bewirken die hohe →Qualität unserer →Produkte und geben den Anstoß für kundenorientierte Innovationen.

Gehen Sie in die Vollen:
Wer rastet, der rostet. Daher ruhen wir uns auf unseren →Erfolgen nicht aus. Wir wissen: Die Treue unserer →Kunden will →stets neu verdient sein. Nur wer beharrlich/→systematisch Entwicklungen vorantreibt, bewahrt sich seine →Chancen für die Zukunft. →Systematische Forschung ist deswegen die →entscheidende →Basis unserer Arbeit.

Diese beiden Punkte werden sicherlich Schwerpunkt unserer Aktivitäten sein. Kommen wir zu unseren Mitarbeitern. Stellen Sie sich für einen Augenblick vor,

Sie sind der goldene Kunde und empfangen einen Gast, der Sie schon seit langem gesucht hat. Weil der Gast einen direkten Nutzen von Ihnen hat, wird er über alle Maßen froh sein, Sie endlich entdeckt zu haben. Sein sympathisches und überaus zuvorkommendes Wesen ob Ihres Anblicks wird den Schweißgeruch seines Hemdes nach der beschwerlichen Suche auch schnell vergessen lassen. Aber, hinter ihm stehen seine Träger, voll bepackt mit Koffern und Geschenken, und der eine oder andere von ihnen (den Trägern, nicht den Koffern) fängt vielleicht schon an zu murren. Das macht keinen sehr guten Eindruck.

Als Suchender sollten wir auf jeden Fall in unsere Mannschaft investieren: dann und wann mal ins Fitness-Centrum schicken oder auf ein Seminar zur Persönlichkeitsentwicklung (was in unserem Falle natürlich dasselbe ist). Wir erklären also:

Wir werden viel in die Ausbildung unserer Träger investieren, damit sie unterwegs nicht zusammenbrechen. Der (goldene) Kunde wird sich über fröhliche Gesichter freuen.

Liste B 1.7.3 Die Suche – Aktionen – Ausbildung

„Wir werden viel in die Ausbildung unserer Träger investieren, ... "

Wir	bauen auf	die	freie	Ausbildung	unserer(-s)	Mitarbeiter.
	begrüßen		gezielte	Entfaltung		Personals.
	betreiben			Entwicklung		
	forcieren			Förderung		
	fördern			Motivation		
	führen (...) durch			Qualifikation		
	investieren in			Weiterbildung		
	leisten			Weiterentwicklung		
	realisieren					
	setzen auf					
	treiben (...) voran					

„... damit sie unterwegs nicht zusammenbrechen."

Individuelle	Entfaltungsmöglichkeiten	und	fachliche(s)	Know-how
Kreative	Freiräume			Kompetenz
Persönliche	Persönlichkeitsentwicklung			Qualifikation
	Selbstverwirklichung			

→verstärken

Arbeitszufriedenheit	und	Einsatz
Identifikation		Einsatzbereitschaft
Mitarbeiterzufriedenheit		Engagement
Zufriedenheit		Leistungsbereitschaft
		Leistungswillen
		Motivation

„Der (goldene) Kunde wird sich über fröhliche Gesichter freuen."

und gewährleisten/→bewirken die hohe →Qualität unserer →Produkte.

Varianten:
Motivation und Kompetenz sind die →entscheidende →Basis unserer Mitarbeiterführung.

Gehen Sie in die Vollen:
„Es gibt keine Unternehmen, es gibt nur Menschen." Was wir sind, ist das eindrucksvolle Ergebnis der Zusammenarbeit von Menschen, die uns vielfältige Ideen und Anregungen für unsere Tätigkeit geben. Was wir wissen, wissen wir durch sie. Deswegen achten wir besonders darauf, dass nichts von der Expertise unserer Mitarbeiter ungenutzt bleibt oder gar verloren geht. Wir fördern die Qualifikation der Menschen, die mit uns und für uns arbeiten und geben ihnen die Möglichkeit, ihre Fähigkeiten kreativ einzusetzen. Denn wir wissen: Die Zufriedenheit unserer Mitarbeiter ist die Zufriedenheit unserer →Kunden.

Geschafft! Diese Punkte sind die Eckpfeiler Ihres Aktionsprogramms. Wenn Sie noch weitere Wohltaten im Programm haben und Tätigkeiten hervorheben wollen: nur zu! In Abschnitt C 2.7 finden Sie weitere Möglichkeiten, aber denken Sie immer daran: Verzetteln Sie sich nicht!

Wir sind damit auch gleichzeitig an das Ende Ihrer Unternehmensphilosophie gelangt. Während der Abspann beginnt und Sie sich noch einmal für die freundliche Unterstützung durch Ihre Agentur bedanken, die die Beleuchtungs- und Tontechnik zur Verfügung stellte, strömt Ihr Publikum bereits in Richtung Buffet. Versonnen blicken Sie ihnen hinterher: Ob einer von ihnen vielleicht den sanften Hauch der Initiation verspürt hat, die Sie soeben zu erklären versucht haben? Der Markt, nicht einfach Selbstzweck oder Bereicherungsmaschinerie, sondern Schwelle zur Welt der Sehenden und Verstehenden? All Ihre Produkte werden Sie hergeben, aber Sie erhalten viel, viel mehr zurück als lediglich das Entgelt, das Ihre freundlichen Kunden Ihnen dafür bezahlen. Sie haben das Knäblein lachen sehen. Hat das hier einer verstanden?

Aber ach!, lass sie ihre Lachsschnittchen essen, eines Tages werden sie es vielleicht selbst erfahren ...

2 Take a Walk on the Wild Side – Unternehmensphilosophie für Draufgänger

„‚Verschiedenes', sagte Pyecraft. ‚Ich habe es satt, immer nur Geld zu verdienen. Ich will Abenteuer erleben.'"
ALEXANDER SUTHERLAND NEILL[1]

Willkommen auf dem Markt! Jetzt, wo wir schon einmal mitten drinstecken, sollten wir auch kräftig mitmischen. Der Plot, den Sie gewählt haben, ist von Action geprägt. Es geht hier nicht um irgendwelche psychologischen Sperenzchen, sondern einfach darum, dass Sie Ihr Glück machen. Irgendjemand hat Ihre Geheimrezeptur für eine neuartige Instantsuppe geklaut? Ein Wettbewerber greift Sie in seiner vergleichenden Werbung direkt an? Was stehst du noch lange herum, *James Bond, Goldfinger* will die Welt unterjochen! Hier ist dein Auftrag:

[Präambel]
Action
Unternehmertum ist Action. Es kommt nur darauf an, sich nicht die Butter vom Brot nehmen zu lassen. Es ist nun mal so: Der Markt ist für Macher.

[Schauplatz]
Tummelplatz
Der Markt ist ein Tummelplatz. Als Spielwiese für Draufgänger und Hasardeure lädt er förmlich dazu ein, kräftig mitzumischen und sein Glück zu machen. Und ständig kommen neue Feinde hinzu.

[Held]
Abenteurer
Aber wir lassen uns nicht ins Bockshorn jagen.
Wir sind zielorientiert. Das braucht man, wenn man den Gegner erledigen will.
Wir sind aktiv. Handeln ist die halbe Miete.
Wir sind furchtlos. Man darf sich nur nicht einschüchtern lassen.
Wir sind realistisch. Wir wissen, welche Risiken wir eingehen können.
Wir setzen unsere Mittel effektiv ein. Wir verschießen nicht einfach nur unser ganzes Pulver.

[1] NEILL, 1992, S. 12.

[Mission]
Den Gegner besiegen
Wir machen unsere Gegner platt. Die Kunden sollen sehen, dass wir einfach besser sind.

[Vision]
Frei für neue Abenteuer
Wenn wir es dem Wettbewerb mal so richtig gezeigt haben, kann das nächste Abenteuer ja kommen.

[Aktionen 1]
Equipment
Wir putzen täglich unsere neue Waffensammlung. Die Gegner werden uns nicht unvorbereitet antreffen.

[Aktionen 2]
Verbündete
Wir behandeln unsere Verbündeten fair und halten sie auf dem Laufenden. Wir müssen im Ernstfall auch selbstständig und unabhängig voneinander operieren können.

[Aktionen 3]
Jagd über den gesamten Globus
Wenn es sein muss, gondeln wir kreuz und quer durch die Weltgeschichte. Wir bleiben dem Halunken in jedem Fall auf den Fersen.

2.1 Präambel: Das Abenteuer

Was waren das doch für Zeiten – damals! Sie erinnern sich noch entfernt: Kaum hatten Sie Ihr Diplom in der Tasche, waren Sie auch schon Assistent der Geschäftsführung, aber angesichts Ihrer Jugend und der obligatorischen hundert Tage Schonfrist sah man es Ihnen nach, wenn Sie auf dem Flur fröhlich die Hits der Neuen Deutschen Welle pfiffen. „Ich geb‘ Gas, ich will Spaß!“ Und heute?

Nun, heute pfeifen Sie das zwar nicht mehr, aber brächte Ihnen der Azubi die Hauspost vorbei und summte dabei ein ähnliches Liedchen, Sie würden – geben Sie's zu – ihm ein wehmütiges Lächeln schenken, und, wenn er wieder draußen wäre, schnell die Tür schließen, ans Fenster gehen, einen sehnsüchtigen Blick auf das tosende Leben da draußen werfen, und eine Melodie aus Ihrer eigenen Sturm- und Drangzeit ginge Ihnen dabei durch den Kopf.

Ach könnte man doch nochmal ...!

Kann man!
Denn:

Unternehmertum ist Action.

Liste B 2.1.1 Das Abenteuer – Präambel – Basis-Statement

„Unternehmertum ist Action."

→Unternehmertum →besteht in

Aktion.	Entschlossenheit.	Gestaltung.	Tätigkeit.
Aktivität.	Entschlusskraft.	Initiative.	Überwindung.
Bewältigung.	Flexibilität.	Mut.	Veränderung.
Bewegung.	Formung.	Sieg.	Wagnis.

Varianten:
→Alles →wahre Unternehmertum ist →grundsätzlich →nichts anderes als Action.
(Weitere Tipps in Abschnitt C 2.1)

Geben Sie Vollgas:
Unser Leben ist vielfältiger geworden. In allen Bereichen des Lebens stehen dem Einzelnen mehr Möglichkeiten zur Auswahl als je zuvor. Das bedeutet mehr →Chancen und Perspektiven, aber auch mehr Risiken. Abwechslung und Wagnis gehören zusammen. Das gilt für Menschen genauso wie für Organisationen (→Unternehmen). Jedes Unternehmen muss sich den täglich neuen Wechselfällen und Unwägbarkeiten eines facettenreicher gewordenen Lebens stellen. Das macht der Einzelne, das machen wir. Denn wir wissen: Business (→Unternehmertum) ist Bewältigung.

Super! Wuchtig, wie eine Präambel nun mal sein muss. Stellen Sie sich vor, Sie kommen nach Hause, und noch bevor Ihre Sprösslinge erzählen können, wie sie heute die Mathe-Lehrerin mal wieder so richtig reingelegt haben, verkünden Sie bedeutungsvoll: „Alles Unternehmertum ist Bewältigung!" Die dauerhafte Ehrfurcht Ihres Publikums dürfte Ihnen gewiss sein. Und falls nach zehn Minuten andächtigen Schweigens Ihr Jüngster als Erster das Wort ergreift und zaghaft fragt: „Was heißt das denn, Papa?", und nun auch die Gattin eindringlich fleht: „Ja, Holger, sag uns, wie meinst du das?" – sagen Sie's ihnen einfach:

Es kommt nur darauf an, sich nicht die Butter vom Brot nehmen zu lassen. Es ist nun mal so: Der Markt ist für Macher.

Liste B 2.1.2 Das Abenteuer – Präambel – Ergänzungs-Statement

„Es kommt nur darauf an, ...

Das →vorrangige →Ziel →besteht darin,

... sich nicht die Butter vom Brot nehmen zu lassen."

→lukrative →Chancen →systematisch (zu)

aufzuspüren	und (zu)	auszuführen.
entdecken		bewältigen.
erkennen		durchzuführen.
gewahren		in die Tat umzusetzen.
herauszuarbeiten		in Erfolge umzuwandeln.
identifizieren		nutzen.
lokalisieren		realisieren.
orten		umzusetzen.
sondieren		verwerten.
		verwirklichen.

Varianten:

Barrieren	(zu)	aufzuspüren	und (zu)	aus dem Weg zu räumen.
Gefahren		entdecken		auszuräumen.
Hemmnisse		erkennen		beseitigen.
Hindernisse		gewahren		bestehen.
Hürden		herauszuarbeiten		bewältigen.
Risiken		identifizieren		ihnen beizukommen.
Wagnisse		lokalisieren		meistern.
Widerstände		orten		sich durchzusetzen.
		sondieren		überwinden.

„Es ist nun mal so: Der Markt ist für Macher."

Dem	Aktiven	erschließt sich	der	Markt.
	Ambitionierten	gehört		
	Befähigten	steht (...) offen		
	Berufenen			
	Entscheider			
	Entschlossenen			
	Entschlussfreudigen			
	Entschlusskräftigen			
	Erfolgsorientierten			
	Gestalter			
	kreativen Kopf			
	Leistungsorientierten			
	Leistungsträger			
	Talent			
	Tatkräftigen			
	Tätigen			
	Tüchtigen			
	Visionär			

Varianten:
Der Aktive gewinnt das Spiel.
Nur wer aktiv eingreift, kann auch gewinnen.

Geben Sie Vollgas:
„Wer nicht wagt, der nicht gewinnt." Eine alte Volksweisheit nennt die Herausforderung beim Namen, die sich heutzutage mehr denn je uns allen stellt: Erfolg hat nur, wer aktiv teilnimmt. Das hat nichts mit leichtfertigem Draufgängertum zu tun, aber viel mit überlegtem Einsatz zur Erreichung von Zielen. Nur wer seine →Chancen erkennt, kann sie nutzen.

Das ist die Stelle, an der die Familie nun erleichtert aufatmet: Papi verspielt nicht alles Geld beim Roulette! Er kalkuliert Risiken und erzielt einen guten Schnitt dabei. Und während die lieben Kleinen sich schon wieder dem Verzehr ihrer Stullen widmen, ziehen Sie die Gemahlin sanft ins Wohnzimmer, um ihr bei einem

Gläschen Wein zu erläutern, was das für einen spezifischen Markt wie dem Ihren bedeutet.

2.2 Schauplatz: Ein Tummelplatz

Wie gesagt, es geht um Action. So vielfältig wie die Gefahren, die hier lauern, sind auch die Möglichkeiten, die sich uns zu ihrer Überwindung bieten. Wir stellen den Markt hier nicht als eindeutig feindlich dar – ein zu lösendes Problem kommt schon noch früh genug, warten Sie's ab –, sondern einfach als gigantisches Wimmelbild. Sie kennen das? Ein großformatiges Bild mit Tausenden von Menschen drauf und man muss Waldo mit der roten Mütze suchen. Ein einziges Wimmeln und Wuseln. Oder stellen Sie sich vor: *Indiana Jones* auf einem orientalischen Basar. Potenziell lauern da Gefahren und Chancen, aber erst mal ist einfach nur Bewegung drin: der Markt als ein einziges Spiel- und Spaßlabor, in dem der Tüchtige gewinnt. Und wir müssen früher oder später hinein, juchhe!

Der Markt ist ein Tummelplatz.

Liste B 2.2.1 Das Abenteuer – Schauplatz – Basis-Statement

„Der Markt ist ein Tummelplatz."

Der Markt für *vitaminarmes Dosengemüse** **ist ein →außerordentlich**
(Setzen Sie hier bitte Ihre bevorzugte Branchenbezeichnung ein.)

aktives	flexibles	rasantes	unbändiges
alertes	interaktives	reges	vielfältiges
betriebsames	katalytisches	regsames	vitales
bewegliches	lebendiges	rühriges	wandlungsfähiges
chancenreiches	mobiles	schillerndes	zukunftsweisendes
dynamisches	multilaterales	tätiges	
facettenreiches	pulsierendes	temperamentvolles	

→System.

Varianten:
Der Markt für (...) ist bekannt für seine →außerordentlich vitalen Strukturen.
Eine →spezifische Besonderheit des Marktes für (...) ist seine →außerordentlich vitale Entwicklung.

Lassen Sie es krachen:
Märkte sind lebendige →Systeme. Die schillernde Vielfalt sowohl der Teilnehmer als auch ihrer Austauschbeziehungen (→Beziehungen) und Transaktionen untereinander zeichnet das Bild eines →außerordentlich vitalen Gefüges. Hier treffen Erwartungen (→Bedürfnisse) aufeinander, werden abgestimmt und führen zuletzt zu kreativen Einigungen und Lösungen, die die Entwicklung des Marktes rasant vorantreiben.

Unser Markt, ein vitales System! Wir sollten vielleicht noch etwas näher erläutern, dass wir uns natürlich nicht lumpen lassen und der freundlichen Einladung des Marktes, sich nach Herzenslust darauf auszutoben, gerne nachkommen:

Als Spielwiese für Draufgänger und Hasardeure lädt er förmlich dazu ein, kräftig mitzumischen und sein Glück zu machen.

Liste B 2.2.2 Das Abenteuer – Schauplatz – Ergänzungs-Statement

„Als Spielwiese für Draufgänger und Hasardeure ...

Als	Aktionsfeld	für	Aktive
	Arena		Ambitionierte
	Betätigungsfeld		Befähigte
	Bühne		Berufene
	Heimat		Entscheider
	Ort		Entschlossene
	Schauplatz		Entschlussfreudige
	Zentrum		Entschlusskräftige
			Erfolgsorientierte
			Gestalter
			kreative Köpfe
			Leistungsorientierte
			Leistungsträger
			Talente
			Tatkräftige
			Tätige
			Tüchtige
			Visionäre

„... lädt er förmlich dazu ein, kräftig mitzumischen und sein Glück zu machen."

bietet	er	eine Fülle von	Ansatzpunkte(n)
gewährt		eine Vielzahl an	Aussichten
gibt		genügend	Chancen
		viel(e)	Gelegenheiten
		vielfältig(e,-n)	Möglichkeiten
		zahlreich(e,-n)	Perspektiven
			Raum

zum(-r)/ für	aktive(n)	Beteiligung
	formende(n)	Einsatz
	kongeniale(n)	Engagement
	kreative(n)	Entwicklung
	maßgebliche(n)	Gestaltung
	nachhaltige(n)	Mitgestaltung
	prägende(n)	Mitwirkung
	prägnante(n)	Teilnahme
	schöpferische(n)	Unternehmertum
	virtuose(n)	

und (der/zur) Erreichung/→Nutzung ambitionierter →Ziele.

Varianten:

... und zur <u>Nutzung</u> →lukrativer →Chancen.

<u>Aktiven</u> →Unternehmen bietet er die →Chance, ihre ambitionierten →Ziele in Angriff zu nehmen und durchzusetzen.

Lassen Sie es krachen:
Jeder verfügt über die Mittel, die er zur Erreichung seiner →Ziele benötigt. Wer wirklich etwas erreichen will, weiß meistens auch, dass er es erreichen wird. Der Markt selbst gibt uns an die Hand, was wir zu seiner Bewältigung brauchen.

Ja, ja, der Markt. Verlockend steht er da und sagt: „Hey, Mann, was wartest du noch!" Wenn auf Ihrem Markt konkrete Gefahren in Form von abtrünnigen Konsumenten, zähen Konkurrenten oder einer gnadenlosen Wettbewerbsgesetzgebung lauern, schauen Sie doch mal in Abschnitt C 2.2, ob sich dort nicht noch weiteres Material für Sie findet. Allerdings überprüfen wir zuvor, ob nicht dieses oder jenes Element als *katalytisches Ereignis* für Ihr Abenteuer jetzt ohnehin zum Einsatz kommt: Der Held muss „einen triftigen Grund haben, sich auf das Abenteuer einzulassen."[2] Das kann natürlich vielerlei sein. Ich schlage als grundsätzliche Möglichkeiten zur Auswahl vor:

- Kunden kaufen weniger als bisher oder wandern gar ab.
- Wettbewerber kommen neu hinzu.
- Wettbewerber verstärken ihre Aktivitäten.

Dann also mal rein in den Dschungel! Kommen wir zunächst zur ersten Variante. Seine Kunden bei der Stange zu halten ist ja bekanntlich so mühsam wie einen Sack Flöhe zu hüten. Kaum hat man sich mal zurückgelehnt und macht sich Gedanken über eine schicke Produktinnovation oder auch nur die entspannende Gestaltung des nahenden Feierabends, schon sind die Kunden weg – einfach mal eben woanders shoppen gegangen, auf den Wettbewerb hereingefallen oder sich gar von ihm entführen lassen. Auch wenn wir das nicht ganz so offen zugeben, es ist schon so:

Alle nasenlang laufen einem die Kunden davon.

Liste B 2.2.3 Das Abenteuer – Schauplatz – Flöhe hüten

„Alle nasenlang laufen einem die Kunden davon."

Vermehrt (→verstärkt)

differenzierte	Kauf-	gewohnheiten
diffuse	Konsum-	muster
diskontinuierliche	Nutzungs-	strukturen
fraktalisierte	Verhaltens-	
friktionalisierte		
hybride		
komplexe		

[2] Tobias, 1999, S. 113.

mehrdimensionale		
multioptionale		
stochastische		
unvorhersehbare		

stellen vor diesem Hintergrund (lediglich) eine weitere Herausforderung dar.

Varianten:
Die Fraktalisierung der Konsumstrukturen stellt vor diesem Hintergrund ...
(Weitere Tipps in Abschnitt C 2.2.2)

Lassen Sie es krachen:
Vielfalt weckt Erwartungen (→Bedürfnisse). Die enorme (→außerordentliche) Ausdifferenzierung des Marktes hält ihn am Leben und sorgt für seine dynamische Weiterentwicklung. Der immer größer werdende Reichtum des Angebots (→Produkte) treibt dabei die Erwartungen der →Kunden weiter voran. Sie zu →befriedigen ist die große Herausforderung der Zukunft.

Wie unschön. Aber Sie werden das schon hinkriegen, *Indiana Jones*. Oder nehmen wir vielleicht doch eine der Wettbewerbsvarianten?

Da wäre zunächst die zunehmende Anzahl der Gegner. Als hätte man nicht schon Mühe, stets und ständig seine Wettbewerber in Schach zu halten und auszutricksen, kommen immer weitere Fieslinge hinzu und machen einen Haufen Arbeit:

Und ständig kommen neue Feinde hinzu.

Liste B 2.2.4 Das Abenteuer – Schauplatz – lauter zwielichtiges Gesindel

„Und ständig kommen neue Feinde hinzu."

Der/Die →beträchtlich/→tendenziell →verstärkte

Wettbewerbsdichte
Wettbewerbsdruck
Wettbewerbsintensität
Wettbewerbsqualität

stellt vor diesem Hintergrund (lediglich) eine weitere Herausforderung dar.

Varianten:
Die Erhöhung des Wettbewerbsdrucks ...
Während sich der Wettbewerbsdruck →verstärkt, entstehen vielfältige Möglichkeiten, ihm zu begegnen.
(Weitere Tipps in Abschnitt C 2.2.1)

Lassen Sie es krachen:
Gestaltungsspielräume sind verlockend. Veränderbare Strukturen ermuntern zu kreativer Teilnahme. Die Möglichkeit, die Entwicklung unseres Marktes aktiv zu beeinflussen, hat eine Vielzahl von Anbietern (→Unternehmen) ermutigt. Die in den letzten Jahren →beträchtlich/→tendenziell gestiegene Wettbewerbsintensität verleiht dem Markt neue Impulse, stellt seine Teilnehmer aber auch vor →außerordentliche/→beträchtliche Herausforderungen.

Klar, dass Sie da nicht untätig bleiben können. Ran an den Feind!

Unsere dritte Variante zielt mehr darauf ab, dass die Wettbewerber lästiger werden als bisher. Gut möglich, dass Sie sich nicht lediglich für diese Spielart entscheiden, sondern sie noch als Verstärker zur zweiten Variante hinzunehmen:

Und die Feinde lassen es regelrecht krachen.

Liste B 2.2.5 Das Abenteuer – Schauplatz – heftige Ballerei

„Und die Feinde lassen es regelrecht krachen."

→Gleichzeitig →verstärken

maßgebliche	Konkurrenten	ihre	Aktivitäten
namhafte	Mitanbieter		Anstrengungen
zahlreiche	Wettbewerber		Bemühungen
			Maßnahmen
			Tätigkeiten
			Versuche

und →verstärken →auf diese Weise

den/	Härte
die	Kompromisslosigkeit
	Strenge
	Unerbittlichkeit
	Unnachgiebigkeit
	Wettbewerbsdruck
	Wettbewerbsintensität

(des Wettbewerbs) →beträchtlich.

Varianten:
Die Dynamik des Marktes wird durch aggressivere Positionierungen (→Auftritte) noch verstärkt.
(Weitere Tipps in Abschnitt C 2.2.1)

Lassen Sie es krachen:
Vielfalt erschwert Aufmerksamkeit. Die →außerordentliche Lebendigkeit des Marktes hat →tendenziell zu aggressiveren und →verstärkt pointierten →Auftritten der Anbieter (→Unternehmen) geführt (→bewirkt). Sie alle bemühen sich um die Gunst der →Kunden und wollen von ihm beachtet werden. Während für →Kunden die Überschaubarkeit des Angebots (→Produkte) eher verringert als verbessert wird, stellt sich für jedes einzelne →Unternehmen die Aufgabe, mit einem markanten Profil (→Auftritt) Aufmerksamkeit und Einzigartigkeit/Unverwechselbarkeit zu bewahren und auszubauen.

2.3 Held: Ein Macher, durch und durch

Sprechen wir nun endlich auch einmal über uns selbst. Die Faszination des *Abenteuer*-Plots liegt hauptsächlich in der Action. Wir brauchen hier (sorry, Leser!) keinen Helden mit charakterlichem Tiefgang, sondern einen, der zupacken kann, wenn's drauf ankommt. Auch irgendwelche psychologischen Veränderungen sind – wenn überhaupt – von untergeordneter Bedeutung. *James Bond* besiegt *Goldfinger*, mehr nicht. Er wird dadurch nicht weiser oder einsichtiger. Soll er ja auch gar nicht, sonst wäre das nächste Sequel womöglich noch ein Melodram. Also vergiss den Psychokram, Baby, hier geht es um echte Männer. Angesichts der bedrohlichen Lage auf unserem Markt stellen wir erst einmal kategorisch fest:

Aber wir lassen uns nicht ins Bockshorn jagen.

Liste B 2.3.1 Das Abenteuer – Held – zentrales Statement Abenteurer

„Aber wir lassen uns nicht ins Bockshorn jagen."

Wir sind ein	aktives
	ambitioniertes
	ehrgeiziges
	gestaltendes
	handelndes
	tätiges
	tatkräftiges

→Unternehmen.

Varianten:
*Firma** **ist ein →außerordentlich <u>aktives</u> →Unternehmen.**
Wir nehmen die Herausforderung an.
**(Hier setzen Sie bitte den Namen Ihrer Firma ein.)*

Hauen Sie auf die Pauke:
Ansprüche (→Bedürfnisse) verändern sich, Strukturen kommen in Bewegung. Wer nicht aktiv eingreift, wird von den Entwicklungen überholt. Wir warten nicht erst ab. Wir gestalten/prägen den Markt. Wir sind dabei.

Natürlich, wir sind ein handelndes Unternehmen. Wir lassen uns kein X für ein U vormachen. Wir machen mit. Dazu brauchen wir auf jeden Fall ein gerüttelt Maß an Zielorientierung:

Wir sind zielorientiert. Wir wissen, was wir wollen.

Liste B 2.3.2 Das Abenteuer – Held – Zielorientierung

„Wir sind zielorientiert."
(Diesen Teil des Statements entnehmen Sie bitte *Liste B 1.3.2**)*

„Wir wissen, was wir wollen."

Sie	sind	Ausdruck	(unserer)	entscheidungsorientierten(-r)	Ausrichtung
		Ergebnis		rationalen(-r)	Entscheidungsfindung
		Resultat		strategischen(-r)	Orientierung
				systematischen(-r)	Planung
				unternehmerischen(-r)	Willensbildung

und	bedingen
	beeinflussen
	entscheidend
	ursächlich
	verantwortlich

(für) unseren →Erfolg.

Varianten:
Unser →Erfolg beruht auf rationaler Entscheidungsfindung.

Hauen Sie auf die Pauke:
Entscheidungen sind so gut wie der Weg, der zu ihnen führt. →All unsere Aktivitäten (→Auftritte) orientieren sich streng/→exakt an den anspruchsvollen →Zielen, die wir uns setzen. Sie sind verbindlich für →alle Mitarbeiter.

Aber der versierte Entscheider weiß zu berichten: Ziele allein genügen nicht, Frau Sommer! Es gibt nichts Gutes, außer man tut es![3] Also sollten wir dem erlauchten Publikum mitteilen:

Wir sind aktiv. Handeln ist die halbe Miete.

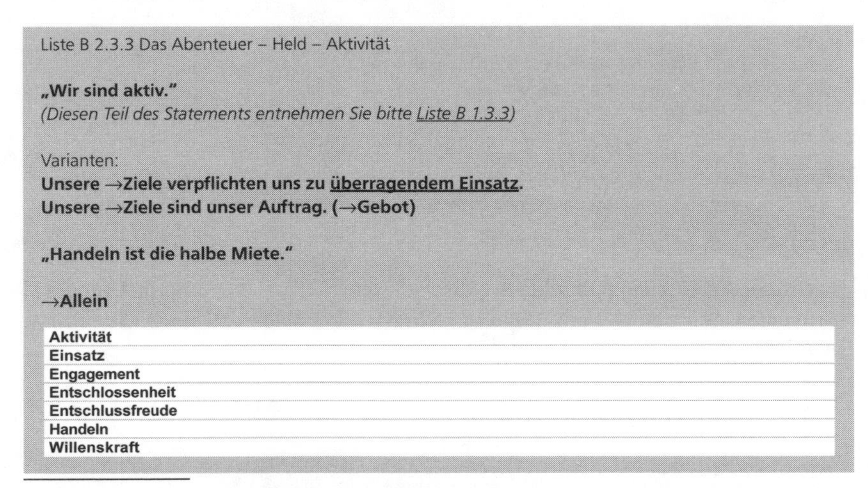

Liste B 2.3.3 Das Abenteuer – Held – Aktivität

„Wir sind aktiv."
(Diesen Teil des Statements entnehmen Sie bitte Liste B 1.3.3)

Varianten:
Unsere →Ziele verpflichten uns zu überragendem Einsatz.
Unsere →Ziele sind unser Auftrag. (→Gebot)

„Handeln ist die halbe Miete."

→Allein

Aktivität
Einsatz
Engagement
Entschlossenheit
Entschlussfreude
Handeln
Willenskraft

[3] All jenen, die sich daran erinnern, dass ich diesen Vers in Abschnitt A 3.7 arg kritisiert habe, sei versichert: Ich erinnere mich auch daran. Aber wie das immer so ist: Man zieht sich die Sachen so heran, wie man sie gerade braucht. Und hier passt es doch, Leser, oder?

ermöglicht die →Nutzung aller →Chancen.

Varianten:
Nur so können wir sie/unsere →Ziele erreichen.
Nur durch Entschlossenheit können wir unsere →Chancen wahren.

Hauen Sie auf die Pauke:
Ziele bestimmen die Richtung. Unsere Leistung entscheidet, wie gut wir unsere →Ziele erreichen. Wer den Markt aktiv gestalten will, kann sich nicht mit weniger als überragendem Engagement zufrieden geben. Wir haben außergewöhnliche Ziele. Wir stehen für außergewöhnliche Leistung/→Auftritt.

Sehr gut. Wir sind aber nicht nur irgendwelche Gschaftlhuber. Aktiv sind wir ja streng genommen schon dann, wenn wir Akten aus dem Nussbaumschrank in den Ebenholzschrank räumen. Das tun wir vielleicht zwischendurch auch, aber wir wagen uns natürlich vorrangig an die Aufgaben, bei denen die Mehrheit unserer Zeitgenossen lieber nur aus der Ferne zuschaut. Zu den kämpferischen Eigenschaften,[4] die uns auszeichnen, gehören *Mut* und *Kühnheit* (Tollkühnheit ist zwar auch ganz hübsch, wäre aber wahrscheinlich unseren Kapitalgebern nicht so ganz angenehm).

Wir sind furchtlos. Man darf sich nur nicht einschüchtern lassen.

Liste B 2.3.4 Das Abenteuer – Held – Furchtlosigkeit

„Wir sind furchtlos."
(Diesen Teil des Statements entnehmen Sie bitte Liste B 1.3.4.)

„Man darf sich nur nicht einschüchtern lassen."

Nur in der Auseinandersetzung (*vgl. Liste B 1.3.4*) **zeigt(-en) sich unser(e)**

Einzigartigkeit.
Format.
Konturen.
Profil.
Souveränität.
Stärke.
Überlegenheit.

Varianten:
Nur so können wir uns beweisen.
→Allein Konkurrenz heißt →Erfolg.

---

[4] Doktoranden, aufgemerkt: Wäre es nicht mal lohnend zu untersuchen, ob der dynamische Unternehmer im SCHUMPETERschen Sinne ein *Abenteurer*, *Rächer* oder *Rivale* ist? Promotionsthemen noch heute beim Verlag anfordern!

Hauen Sie auf die Pauke:
Nichts spielt sich im luftleeren Raum ab: Alles ist relativ. →Alle Eigenschaften und Fähigkeiten gewinnen erst in Bezug auf Umwelt, Partner und Konkurrenten an Bedeutung. Deswegen sagen wir: Überlegenheit fordert den Vergleich. Gewinnen kann nur, wer sich Tag für Tag neu dem Wettbewerb stellt. Wir wollen gewinnen. Wir suchen den Wettbewerb.

Vergiss die ganzen Esoterik-Heinis mit ihrem Selbstgenügsamkeitsgedöns. Man kann einem anderen nur dann ein Veilchen verpassen, wenn auch ein anderer da ist. Und das ist noch eine unserer leichteren Übungen. Keine Felsschlucht, über die wir nicht springen würden, nicht wahr? Vielleicht schreckt genau das aber den einen oder anderen Investor ab. Stellen wir unserem Mut als Korrektiv einen *realistischen* Sinn für das Machbare zur Seite:[5]

Wir sind realistisch. Wir wissen, welche Risiken wir eingehen können.

Liste B 2.3.5 Das Abenteuer – Held – Realitätssinn

„Wir sind realistisch."

Wir	**agieren**	**realistisch.**
	arbeiten	**realitätsnah.**
	bleiben	**überlegt.**
	gehen (...) vor	**umsichtig.**
	handeln	**vorausschauend.**
	verfahren	**weitsichtig.**
	verhalten uns	

Varianten:
Unser(e) →Ziele/→Auftritt (am Markt) ist von einem realistischen Sinn für das Machbare gekennzeichnet.
Bei der Entwicklung unserer →Ziele gehen wir realistisch vor/orientieren wir uns am Erreichbaren.
Trotz anspruchsvoller → Ziele sind wir realistisch geblieben.

„Wir wissen, welche Risiken wir eingehen können."

Das →exakte

Aufspüren
Definieren
Entdecken
Erkennen
Identifizieren
Lokalisieren
Orten
Sondieren

[5] Bis hierher waren wir bei allen Unterschieden in den Nuancen dem *Sucher* recht ähnlich. An dieser Stelle folgen nun einige spezifische Eigenschaften, die dem *Abenteurer* in speziellen Gefahren- oder Entscheidungssituationen von Nutzen sein könnten.

→lukrativer →Chancen beruht auf der →sachgemäßen

Analyse
Beurteilung
Bewertung
Einschätzung
Prüfung
Überprüfung
Würdigung

unserer(-s) →spezifischen

Fähigkeiten.
Kernkompetenzen.
Know-hows.
Kompetenzen.
Stärken.
Vorteile.
Wettbewerbsvorteile.

Varianten:
Wir kennen unsere Stärken.

Hauen Sie auf die Pauke:
Anspruchsvolle →Ziele in die Tat umzusetzen erfordert Intuition, Weitsicht und Selbstvertrauen. Verantwortung heißt: dabei nichts aufs Spiel zu setzen, wenn es darauf ankommt. Das sind wir uns, unseren Mitarbeitern und unseren Anteilseignern schuldig. Wir wissen, was wir können. Und genau das tun wir.

Recht so! Tue nichts, wofür dir die Bank kein Geld gibt! Und wenn du es doch tust, dann sag es ihr jedenfalls nicht.

Und schließlich, zu guter Letzt, da ein Abenteuer in aller Regel kräfteraubend ist, empfehle ich noch den *effektiven Mitteleinsatz* als kennzeichnende Eigenschaft. Wir knüpfen nahtlos an unsere spezifischen Kernkompetenzen an und behaupten, dass wir damit nicht sinnlos in der Gegend rumballern:

Wir setzen unsere Mittel effektiv ein. Wir verschießen nicht einfach nur unser ganzes Pulver.

Liste B 2.3.6 Das Abenteuer – Held – effektiver Mitteleinsatz

„Wir setzen unsere Mittel effektiv ein."

Wir setzen unsere →spezifischen Fähigkeiten gezielt/→systematisch ein.

„Wir verschießen nicht einfach nur unser ganzes Pulver."

Die Wahl der →sachgemäßen

Herangehensweise
Instrumente
Maßnahmen
Methoden

Mittel
Politik
Techniken
Vorgehensweise

ist →entscheidend für unseren →Erfolg.

Varianten:

Wir stehen für professionelles Handeln (einen →sachgemäßen →Auftritt).

Hauen Sie auf die Pauke:

Wir nutzen unsere Erfahrung. Sie lehrt uns Effektivität. Sie ist alles andere als Routine: Erfahrung heißt, in neuen Situationen Bekanntes entdecken zu können. Und entsprechend wirkungsvoll zu handeln. Unsere Fähigkeiten →exakt einzuschätzen und virtuos/→sachgemäß überall dort einzusetzen, wo sie ihre Wirkung voll entfalten, begreifen wir als eine unserer →spezifischen/→entscheidenden Stärken.

Spätestens jetzt weiß Ihr Publikum: Der hat's im Griff. Auch die werte Gattin lehnt sich entspannt zurück: Sie kann Sie weiterhin beruhigt morgens zur Arbeit gehen lassen und muss nicht alle fünf Minuten anrufen, ob Sie noch am Leben sind. Ein gewisses Maß an Respekt keimt neu in ihr auf. Allerdings hat sie noch nicht so ganz begriffen, wozu das alles gut sein soll. Wofür brauchen Sie diese wackeren Fähigkeiten denn? Nun, das wollten Sie ihr ja gerade erklären ...

2.4 Mission: Mehr Action unters Volk

Was wollen wir eigentlich? Sie erinnern sich, diese Frage wurde beim letzten Strategie-Meeting genau zu dem Zeitpunkt aufgeworfen, als sich gerade alle auf die neue Strategie geeinigt hatten. Als Abenteurer wäre Ihnen das nicht passiert, denn Sie wären gar nicht erst hingegangen. Für den Abenteurer ist die Aufgabe klar: Es gab ein auslösendes Ereignis für irgendeine Schieflage auf dem Markt und die müssen Sie jetzt wieder beseitigen. Da können Sie sich nicht auch noch auf Strategie-Meetings herumtreiben. Hat der Abenteurer übergeordnete, kulturell wertvolle Ziele? Im Wesentlichen nein. Marktanteil geklaut, Marktanteil zurückgeholt, fertig. Nichts Tiefschürfendes, aber Hauptsache, die Post geht ab.

Kommen wir zu unserer ersten Variante „Flöhe hüten“. Sie erinnern sich: Die Kunden machten sich selbstständig – nein, nein, nicht noch eine weitere Konkurrenzfirma quasi als Eigenbedarfsdeckungswirtschaft,[6] sondern mehr so bildlich

---

[6] Solche Begriffe, die nicht einmal die Word-Rechtschreibhilfe erkennt, denke ich mir natürlich nicht selbst aus! Ich verweise ob dieses Verdachts etwas verstimmt auf Koppelmann, Marketing, 1999, S. 7. Etwas konsterniert stelle ich in diesem Augenblick allerdings fest, dass die Word-Rechtschreibhilfe nicht einmal das Wort „Word-Rechtschreibhilfe“ erkennt, obwohl es sie doch gibt. Die Welt ist aus den Fugen, wirklich.

gesprochen. Es ist natürlich unser erklärtes Ziel, diese Kunden wieder zurückzuholen. Unsere einzigartige Erlebnisorientierung[7] muss sie einfach überzeugen. Warum sie bislang nichts davon mitbekommen haben? Leser, Leser, ich mache mir Sorgen ...

Wir wollen, dass die Kunden wieder zu uns kommen. Sie sollen erkennen, dass bei uns am meisten los ist.

Liste B 2.4.1 Das Abenteuer – Mission – Flöhe hüten

„Wir wollen, dass die Kunden wieder zu uns kommen."

Es ist unser →vorrangiges →Ziel, →Kunden mit →überlegenen →Produkten →nachhaltig

an	uns	(zu)	binden.
für			einzunehmen.
von			erobern.
			gewinnen.
			überzeugen.

„Sie sollen erkennen, dass bei uns am meisten los ist."

Die →relevante Kernzielgruppe der *überzeugten Singles und sporadischen Kinogänger** **soll unsere →Produkte als**
(Hier setzen Sie bitte ggf. Ihre Kernzielgruppe ein.)

alleinige(-n,-s)	Garant	für
ausschließliche(-n,-s)	Garantie	mit
exklusive(-n,-s)	Marke	
	Symbol	
	Synonym	

Abwechslung	und	Abenteuer
Einfallsreichtum		Action
Erlebnis		Freude
Erlebnisorientierung		Fun
Ideen		Lebensfreude
Ideenreichtum		Lebenslust
Ideenvielfalt		Spaß
Inspiration		Unbekümmertheit
Intuition		Unbeschwertheit
Kreativität		
Fantasie		
Sensation		
Vielfalt		

→beurteilen.

[7] Und Sport, Spiel, Spannung stecken selbst in bei oberflächlicher Betrachtung so unspektakulären Bereichen wie beispielsweise dem Handel mit Kaffee und allem, was sonst noch so nicht dazugehört. Wie erklärt uns das etwa die Firma Tchibo im Internet? So: „Die Tchibo Produktwelt ist mannigfaltig, aufregend und immer wieder neu." Jede Woche eine neue Welt! Man muss schon aufpassen, dass einem da nicht schwindlig wird.

Varianten:
Wir wollen in der Kernzielgruppe (...) als der Anbieter (→Unternehmen) gelten, der für (...) steht.

Drehen Sie auf:
Vielfalt heißt Individualität, <u>Abwechslung</u> und Unterhaltung. Unsere →Kunden lieben die Vielfalt. Sie erfahren sie täglich in ihrem Leben, sie ist längst zum zentralen Merkmal ihrer Konsumgewohnheiten geworden. Diese Vielfalt bieten wir ihnen. Täglich neu. Wir wollen in den relevanten Segmenten der bevorzugte Anbieter (→Unternehmen) für Erlebnis und Unbeschwertheit sein. Dafür stehen wir.

Von wegen „Spaß ist, was ihr draus macht“ (Fanta). Spaß ist, was *wir* draus machen! Oder, wie der unsterbliche Ed von Schleck in der noch unsterblicheren Langnese-Werbung der frühen Achtziger ganz, ganz unsterblich formulierte: „Schlecken, Schieben, Äcktschen – das bringt Sätisfäcktschen.“[8]

Die beiden anderen Varianten – „lauter zwielichtiges Gesindel“ und „heftige Ballerei“ – können wir bei der Mission wieder zusammenführen. Egal, ob die Wettbewerber nun mehr geworden sind oder lediglich mehr Krach schlagen, in die Pfanne hauen wollen wir sie so oder so. Unser Argument für die werte Kundschaft, warum sie bei uns und nicht beim Wettbewerb kaufen soll, ist grundsätzlich das Gleiche wie in der ersten Variante: Wir sind einfach mehr auf Zack, wenn es um Erlebnis und unbeschwerten Konsum geht. Wir formulieren das nur ein wenig mehr in Richtung Wettbewerb.

Wir machen unsere Gegner platt. Die Kunden sollen sehen, dass wir einfach besser sind.

Liste B 2.4.2 Das Abenteuer – Mission – lauter zwielichtiges Gesindel/heftige Ballerei

„Wir machen unsere Gegner platt.“

Es ist unser →vorrangiges →Ziel, als der/die →überlegene

Alternative
Anbieter
Erzeuger
Hersteller
Lieferant
Marke
Partner

auf dem Markt für *vitaminarmes Dosengemüse** **→beurteilt zu werden.**
** (Setzen Sie hier bitte Ihre bevorzugte Branchenbezeichnung ein.)*

„Die Kunden sollen sehen, dass wir einfach besser sind.“

---

[8] Zitiert nach HENSCHEID, 1985, S. 10.

Wir wollen in den →entscheidenden Zielgruppen/Märkten im direkten Vergleich zu unseren Wettbewerbern als die →überlegene Alternative →hinsichtlich Erlebnisorientierung und Spaß gelten.

Drehen Sie auf:

Vielfalt heißt Individualität, Abwechslung und Unterhaltung. Unsere →Kunden lieben die Vielfalt. Sie erfahren sie täglich in ihrem Leben, sie ist längst zum zentralen Merkmal ihrer Konsumgewohnheiten geworden. Diese Vielfalt bieten wir ihnen. Täglich neu. Mehr als andere. Besser als andere. Wir wollen in den zentralen Dimensionen Erlebnis und Unbeschwertheit die Nummer eins sein. An diesem Anspruch lassen wir uns messen.

Hey, Mann, hört sich doch gut an! Da kommt doch gleich mehr Stimmung in die Bude! Lassen Sie uns gleich mal schauen, wie es nach Beendigung Ihres Abenteuers aussehen wird ...

2.5 Vision: Bereit für das nächste Abenteuer

Eines Tages – und dieser Tag ist nicht mehr fern – werden wir die Halunken zur Strecke gebracht haben. „Oh happy day!" Von wegen „Wer sich in Gefahr begibt, kommt darin um." Ach, Volksmund, was weißt du denn schon! „Gefahr wird nicht ohne Gefahr vertrieben." Okay, okay, ich nehme ja schon alles zurück. Jedenfalls, ab diesem Tag unseres Erfolgs ist wieder Ruhe im Karton und alle werden friedlich ihren Zielen nachgehen können. „Bis zum nächsten Mal ... ", ergänzen wir in Gedanken heimlich, denn als echte Haudegen alten Schlags sind wir natürlich weniger daran interessiert, einträchtig mit unseren Kunden bis ans Ende unserer Tage zu leben, als vielmehr das nächste Abenteuer zu erleben. Wie viele Folgen hatte noch mal die „Stirb langsam"-Reihe?

Wenn wir die Kunden wieder für uns erobert haben ... ,
Wenn wir es dem Wettbewerb mal so richtig gezeigt haben ... ,
kann das nächste Abenteuer ja kommen.

Liste B 2.5 Das Abenteuer – Vision – bis zum nächsten Mal ...

„Wenn wir die Kunden wieder für uns erobert haben ... ,"

Der/	Ausbau	aktueller	und	potenzieller
Die/	Bekräftigung	bestehender		anzubahnender
	Belebung	derzeitiger		kommender
	Bestätigung	gegenwärtiger		künftiger
	Festigung			zukünftiger
	Intensivierung			
	Konsolidierung			
	Sicherung			
	Vertiefung			

→Beziehungen

„Wenn wir es dem Wettbewerb mal so richtig gezeigt haben ... ,"

Die/Das/Unser(e) →exakte(s)

Position	am Markt
Positionierung	
Profil	
Profilierung	

„... kann das nächste Abenteuer ja kommen."

wird	*Firma**	und	ihre	Geschäftspartner
	uns		unsere	Kunden
	unser Unternehmen			Partner
	unsere Organisation			
	unsere Unternehmung			

**(Setzen Sie hier bitte Ihren Firmennamen ein.)*

für(die)	anstehende(n)	Aufgaben	der(-s)	Marktes
	bevorstehende(n)	Challenges		Zukunft
	folgende(n)	Herausforderungen		
	kommende(n)			
	nächste(n)			
	neue(n)			
	weitere(n)			
	zukünftige(n)			

bestens	einstellen.
hervorragend	einstimmen.
ideal	fit machen.
in idealer Weise	in die beste Position bringen.
optimal	rüsten.
vortrefflich	stärken.
vorzüglich	vorbereiten.
	wappnen.

Gemeinsam mit unseren →Kunden wollen wir unsere Vision verwirklichen:

Firma.*	Aktive	Produkte für	aktive	Kunden.
	Anregende		anregende	
	Aufregende		aufregende	
	Fesselnde		fesselnde	
	Mitreißende		mitreißende	
	Packende		packende	
	Spannende		spannende	

**(Setzen Sie hier bitte Ihren Firmennamen ein.)*

Machen Sie Dampf:
Wir können es kaum erwarten: Gemeinsam mit unseren →Kunden wollen wir die Herausforderungen des Marktes bewältigen. Wir wollen ihre Erwartungen mehr als erfüllen (→Bedürfnisse →befriedigen) und ihr Vertrauen →nachhaltig erwerben. Nicht ein für allemal. Aber immer wieder neu. Unsere Vision eint uns mit unseren →Kunden: „Mit uns kann man was erleben."

So wird es sein! Wir sehen unseren Helden und seine Gefährten vor uns. Sie schütteln sich den Staub der Wüste von den Hemden, verschmieren mit einem nicht mehr ganz sauberen Taschentuch das Blut aus den Mundwinkeln ins ganze Gesicht, strahlen sich an und sagen: „Nochmal!"

Aber natürlich. Lassen Sie mich bitte nur meinen geneigten Lesern erklären, was man denn als Abenteurer so alles treibt.

2.6 Aktionen: Mit dem Batmobil kreuz und quer durch die Gegend

Also, *Arnie*, wie gehen wir das Ding an? Eins ist klar: Wir werden immer auf die höchsten Berge klettern, die tiefsten Seen durchschwimmen und immer mit einem Aston Martin mit eingebautem Schleudersitz oder unserem Batmobil fahren.[9] Ich schlage also im Sinne einer höchstmöglichen Action vor, dass wir unser Equipment immer breit streuen (wir besitzen nicht nur ein Schweizer Taschenmesser, sondern auch eine praktische kleine Handfeuerwaffe) und dafür sorgen, dass es stets up to date ist.

Wir putzen täglich unsere neue Waffensammlung. Die Gegner werden uns nicht unvorbereitet antreffen.

Liste B 2.6.1 Das Abenteuer – Aktionen – Equipment

„Wir putzen täglich unsere neue Waffensammlung."

Abwechslung	und	Aktualität
Differenzierung		Fortschritt(lichkeit)
Diversifikation		Modernität
Individualität		Progressivität
Innovation		Relevanz
Reichtum		Zeitgemäßheit
Variation		
Vielfalt		

sind die →entscheidende →Basis unseres Angebots/unserer→Produkte.

„Die Gegner werden uns nicht unvorbereitet antreffen."

Wir	bestimmen	(die)	Akzente.
	machen		Entwicklung(en).
	setzen		Maßstäbe.
	weisen		Richtung.
			Trends.
			Zeichen.

Varianten:

<u>Abwechslung</u> und <u>Aktualität</u> sind (...) Wir →bieten unseren →Kunden →auf diese Weise →stets →attraktive und →überlegene →Produkte an.

[9] Und wenn uns am Wegrand gerade mal wirklich nur so eine alte Rostlaube zur Verfügung steht, dann müssen wir höllisch auf Zack sein, um unsere Verfolger trotzdem abhängen zu können. Was wir uns zutrauen können und was nicht, haben wir jedenfalls schon vorher bei den Eigenschaften unseres Helden geklärt: „Effektiver Mitteleinsatz" ist uns nicht fremd.

Gehen Sie in die Vollen:
Höchstes Erlebnis bedeutet ständige Innovation. Nur wer die Entwicklung vorantreibt, vermeidet Routine und Eintönigkeit. Wir pflegen unsere →Produkte, entwickeln sie ständig weiter und stellen sinnvolle und interessante Neuerungen bereit. Wir bringen Abwechslung ins Leben.

Es ist gut möglich, dass Sie im Team arbeiten. Neben uns im Batmobil sitzt *Robin*. Es ist völlig klar, dass Sie als Chef nach bestandenem Abenteuer ungefähr siebenmal so viel an Ruhm und Ehre abbekommen wie *Robin*, aber es ist auch klar, dass *Robin* das nur mitmacht, wenn er fair behandelt wird. Außerdem muss er über Ihre Operationen informiert sein, für den Fall, dass er Ihnen mal aus der Klemme helfen muss.

Wir behandeln unsere Verbündeten fair und halten sie auf dem Laufenden. Wir müssen im Ernstfall auch selbstständig und unabhängig voneinander operieren können.

Liste B 2.6.2 Das Abenteuer – Aktionen – Verbündete

„Wir behandeln unsere Verbündeten fair und halten sie auf dem Laufenden."

Beständigkeit	und	Aufrichtigkeit	gegenüber	unserem(-n)	Angestellten
Ehrlichkeit		Information	im Umgang mit		Mitarbeitern
Fairness		Klarheit	zu		Personal
Loyalität		Kommunikation			
Redlichkeit		Offenheit			
Verlässlichkeit		Transparenz			
Vertrauen					

sind uns →vorrangiges →Gebot.

„Wir müssen im Ernstfall auch selbstständig und unabhängig voneinander operieren können."

Ihr(e,-m,-n,-r)	Eigenständigkeit
	Eigenverantwortung
	Eigeninitiative
	Engagement
	Ethos
	Freiheit
	Freiräume(n)
	Gewissenhaftigkeit
	Glaubwürdigkeit
	Initiative
	Integrität
	Kreativität
	Mündigkeit
	Pflichtbewusstsein
	Pflichtgefühl
	Selbstverantwortung
	Selbstverwirklichung
	Verantwortlichkeit
	Verantwortung
	Zuverlässigkeit

→bewirkt/verdanken wir unseren →Erfolg.

Varianten:
Unsere Mitarbeiter sind unser Kapital. Loyalität und Transparenz sind die →entscheidenden Schwerpunkte unserer Zusammenarbeit. Ihre Kreativität und Initiative sind unsere größten Chancen.

Gehen Sie in die Vollen:
Wir haben wichtige Verbündete: unsere Mitarbeiter. Unser Engagement ist ihr Engagement. Unser →Erfolg ist ihr →Erfolg. Wir gehen fair und offen miteinander um. Nur so entsteht aus der Zusammenarbeit das einzigartige Erlebnis, an einem gemeinsamen →Ziel mitzuwirken.

Damit sind Sie und Ihr Team zunächst einmal bestens gerüstet. Dann kann es ja eigentlich schon losgehen mit Ihrem *Abenteuer*. Allerdings: Vielleicht haben wir daheim noch einige Angehörige. Die kranke Großmutter, der wir eigentlich nur Wein und Kuchen bringen wollten, als uns urplötzlich der schurkische Widersacher im Weg stand und wir ihm nachstellen mussten. Wir sollten ihr und allen anderen Wartenden eine Nachricht zukommen lassen, dass wir vielleicht länger unterwegs sind, weil uns unsere Reise in viele ferne Länder bringen kann. Den an strategischen Fragestellungen Interessierten unter unseren Lesern gibt eine solche Botschaft zu verstehen, dass wir mit allen Wassern gewaschen sind und nichts dagegen haben, die Kriegsschauplätze zu wechseln und mindestens so etwas wie Marktentwicklung zu betreiben. Und der einfach nur vergnügungssüchtige Leser freut sich, dass das Abenteuer heute hier und morgen dort stattfindet: in Australien einschlafen und in Alaska aufwachen – was für ein Leben![10]

Wenn es sein muss, gondeln wir kreuz und quer durch die Weltgeschichte. Wir bleiben dem Halunken in jedem Fall auf den Fersen.

Liste B 2.6.3 Das Abenteuer – Aktionen – Jagd über den gesamten Globus

„Wenn es sein muss, gondeln wir kreuz und quer durch die Weltgeschichte."

Wir	bauen (...) aus
	entwickeln
	erobern
	erschließen
	investieren in

→systematisch →lukrative

Märkte	der Zukunft.	
Potenziale	einer neuen	Ära.
Zielgruppen		Dimension.
		Generation.

[10] „Die Leser lieben die fremden Orte, an die sie in einer Abenteuergeschichte entführt werden, genauso wie die Heldentaten, die sie gemeinsam mit dem Protagonisten erleben." (TOBIAS, 1999, S. 104.)

„Wir bleiben dem Halunken in jedem Fall auf den Fersen."

→Erfolg bedeutet/→bewirkt

Ausdehnung.
Ausweitung.
Expansion.
Präsenz.
Wachstum.

Varianten:
Wir bauen →systematisch →lukrative Märkte (...). Wir nutzen unsere →Chancen. Überall.

Gehen Sie in die Vollen:
Wir sind ein dynamisches (*Liste B 2.2.1*) Team, dynamisch wie der Markt selbst. Wir sind begierig auf neue Erfahrungen. In neuen Kategorien wie in neuen Zielgruppen. Echte/→Wahre Innovation überschreitet die Grenzen des Bisherigen. Wir investieren →systematisch in den Ausbau neuer Märkte. Damit noch mehr Menschen uns erleben können. Damit wir noch mehr Menschen erleben können.

Da ziehen Sie also hin, neuen Abenteuern entgegen. Schalten Sie auch das nächste Mal wieder ein, wenn es heißt: „Der Marktanteil geht den Bach runter, wer schwimmt hinterher?"

3 Retter Sport – Unternehmensphilosophie für tapfere Helden

„Freunde in der Not,
Tausend auf ein Lot"
VOLKSMUND

Wie gewonnen, so zerronnen. Kaum haben Sie sich so richtig schön bei einem attraktiven Zielgruppensegment auf dem lukrativen Seniorenmarkt eingenistet, kommt doch tatsächlich so ein Nichtsnutz daher und schnappt sie Ihnen einfach wieder weg. Nötigt sie mit Kampfpreisangeboten in seine Höhle, wo sie fortan nur noch drittklassige Ware, so richtiges Wettbewerbszeugs, vorgesetzt bekommen. Lassen wir uns das bieten? I wo! Die holen wir uns wieder zurück! Wenn einer unseren Kunden drittklassige Ware ... – ähm, ich meine: Unsere Kunden sind unsere Kunden, wir haben da ja eine gewisse Verantwortung. Hier, Retter der gekidnappten Prinzessin, ist Ihre Philosophie:

[Präambel]
Feuerwehrjob
Unternehmertum ist Feuerwehrarbeit. Alle nasenlang passiert was und man muss ständig einsatzbereit sein.

[Schauplatz]
Räuberhöhle
Der Markt ist eine Räuberhöhle. Ständig kommt einer vorbei und schnappt einem entwicklungsfähige Kunden weg. Jetzt gerade ist es schon wieder passiert.

[Held]
Retter
Aber wir sind ja zuverlässige Seelen.
Wir mögen unsere Kunden nämlich. Wir denken Tag und Nacht an sie.
Wir sind hilfsbereit. Wenn etwas passiert, sind wir zur Stelle.
Wir sind mutig. Schließlich ist so eine Befreiung kein Pappenstiel.

[Mission]
Rettung
Wir wollen unsere Kunden für immer zurückhaben. Sie sollen bei uns das Gefühl der Geborgenheit erleben.

[Vision]
Wieder daheim
Wenn wir unseren Kunden gerettet haben, können wir ja vielleicht mal in Ruhe mit der Kundenpflege weitermachen.

[Aktionen 1]
Das Spielzeug der Prinzessin
Wir polieren täglich den goldenen Apfel der Prinzessin. Mit dem hat sie immer so gerne gespielt.

[Aktionen 2]
Fürsorge für die Bediensteten
Wir kümmern uns um das Personal. Die Prinzessin wird sich freuen, wieder in altbekannte Gesichter zu schauen.

3.1 Präambel: Ein Feuerwehrjob

Wie das immer so ist: Eigentlich wäre ja alles ganz prima, wäre da nur nicht dieser lausige Wettbewerb! Ständig scharwenzelt er um unsere Kunden herum, versucht sie abspenstig zu machen mit unseriösen Lockvogelangeboten und Nachahmerprodukten – wir waren doch die Ersten, oder? Und wenn schon, zumindest sind wir die Besseren![I]

Jedenfalls: Kaum ist der Kunde da, ist er auch schon wieder weg. Wie soll man da eine anständige Kundenpflege betreiben? Haben Sie Kinder oder kennen Sie wenigstens welche? Stellen Sie sich vor, Sie sitzen mit Ihrem dreijährigen Sprössling auf der Parkbank und könnten ihn jetzt eigentlich in aller Ruhe im Laufe der nächsten drei bis fünf Stunden in die Geheimnisse des Lebens einweihen, etwa warum die Milch weiß ist oder warum es auf den Bergen so kalt ist, obwohl sie doch der Sonne näher sind. Was? Wissen Sie auch nicht? Wie auch immer. Meinen Sie, der Knirps schenkt Ihnen auch nur fünf Minuten sein Ohr? Hier lockt ein drei Meter tiefer Teich, auf dem die Enten notorisch mit mindestens einem Meter Abstand zum Ufer herumschwimmen, oder da laden Kampfhunde zum Streicheln ein ... Der Wettbewerb um die Aufmerksamkeit unserer Kunden ist hart. Bitte, wir beklagen uns nicht, aber machen wir uns auch nichts vor: Ständig ist man im Einsatz!

[I] Wir erinnern uns an dieser Stelle gerne des ProMarkt-Slogans: „Wir sind die Guten." Kunden, erliegt nicht den oberflächlichen Verlockungen des Wettbewerbs, lasst es euch gesagt sein: Diese Halsabschneider wollen euch nur – etwas verkaufen!

Unternehmertum ist Feuerwehrarbeit.

Liste B 3.1.1 Die Rettung – Präambel – Basis-Statement

„Unternehmertum ist Feuerwehrarbeit."

Unternehmertum →besteht in

Abgrenzung.	**Bereitschaft.**	**Rettung.**	**Wachsamkeit.**
Aufmerksamkeit.	**Einsatz.**	**Schutz.**	
Befreiung.	**Einsatzbereitschaft.**	**Vorsicht.**	
Beistand.	**Hilfe.**	**Vorsorge.**	

Varianten:
→Alles →wahre Unternehmertum ist →grundsätzlich →nichts anderes als Wachsamkeit.
(Weitere Tipps in Abschnitt C 2.1)

Geben Sie Vollgas:
Wir setzen uns fortwährend mit unserer Umwelt auseinander. Der menschliche Geist ist →stets bemüht, so viel wie möglich aus seiner Umgebung zu erfassen, zu deuten und zu bewerten. Jeglicher Fortschritt beruht auf der Aufmerksamkeit des Menschen und seiner Fähigkeit, den Dingen einen Sinn zu geben. Sie schützt ihn zugleich vor Gefahren und Risiken, indem er sie rechtzeitig erkennen und Vorkehrungen treffen kann.
Auch →Unternehmen besitzen eine eigene Intelligenz. Information ist der Schlüsselfaktor, der über Erfolg und Misserfolg entscheidet und die Sicherung des Bestehenden wie die Planung von Neuem ermöglicht. →Alle Geschäftstätigkeit (→Unternehmertum) ist Wachsamkeit.

Wie das immer so ist: Passt man nicht auf, kriegt man nichts mit. Nicht umsonst gibt es Marketing- und sonstige Frühwarnsysteme, unternehmerische Alarmanlagen, die bereits dann auf Sturm läuten, wenn draußen nur mal ein Wettbewerber hustet. Man weiß ja auch nie, was es zu bedeuten hat. Das Publikum nickt beifällig. Alarmanlagen kennen sie. Für all jene, die noch nicht so viel zu schützen haben, bekräftigen wir:

Alle nasenlang passiert was und man muss ständig einsatzbereit sein.

Liste B 3.1.2 Die Rettung – Präambel – Ergänzungs-Statement

„Alle nasenlang passiert was und man muss ständig einsatzbereit sein."

Der/Die →außerordentliche

Fülle	**an**	**Markt-**	**beziehungen**	**bedingt**
Komplexität	**der**		**ereignisse(n)**	**erfordert**
Menge			**konstellationen**	**setzt (...) voraus**
Quantität			**phänomene(n)**	**verlangt**
Reichtum			**strukturen**	**(→ bewirkt)**
Vielfalt			**transaktionen**	
			verhältnisse(n)	

ein(e) →stets →sachgemäße(s)/→systematische(s)/→verstärkte(s)

Achtsamkeit.
Aufmerksamkeit.
Beobachtung.
Bereitschaft.
Einsatzbereitschaft.
Gegensteuern.
Reagieren.
Reaktionsbereitschaft.
Überblick.
Wachsamkeit.

Varianten:
→Systematische Aufmerksamkeit und Beobachtung der Marktkonstellationen ist die →entscheidende →Basis für einen erfolgreichen →Auftritt (am Markt).

Geben Sie Vollgas:
Schon Heraklit wusste: Alles fließt. Strukturen verändern sich, Proportionen verschieben sich, Interaktionen und Beziehungen entstehen und vergehen – unsere Umwelt ist dynamischer als je zuvor. Umso wichtiger wird es für jedes →Unternehmen, Entwicklungen zu erkennen und →sachgemäße Antworten bereitzuhalten.

Also, Augen auf im Warenverkehr! Denn unser Markt wird von veritablen Wegelagerern bevölkert ...

3.2 Schauplatz: Im Land der Räuber

Wir wollen uns nicht über mangelnden Polizeischutz beklagen, wenn uns jemand eine geschätzte Person, sagen wir mal einen Kunden, einfach so kidnappt – wir würden es zwar gerne, aber der Leser schätzt unser Lamento nicht sehr. Trotzdem müssen wir nüchtern feststellen, dass es auf unserem Markt wirklich drunter und drüber geht. Wir sollten aber bei den Formulierungen aufpassen, damit nicht einer unserer Zuhörer aufsteht und sagt: „Ja, warum sind Sie dann nicht Bäcker geworden, wenn Ihnen das hier nicht passt?“[2] Nicht, dass wir diesen Einwand billigen würden, denn auch und gerade als Bäcker kann einem die geliebte Laufkundschaft mal eben auf die Schnelle von einer neuen Kamps-Filiale um die Ecke geklaut werden. Wir sollten nur einem solchen Einwand vorbeugen, damit uns keiner für einen Jammerlappen hält. Greinen können wir abends im stillen Kämmerlein.

Wir stellen zunächst fest:

[2] Erinnern Sie sich noch? Früher musste man nur mal sagen: „Ich finde, es werden viel zu viele nutzlose Plüschfiguren angeboten“, oder, wenn man es ganz anders sah: „Ich finde, es werden überhaupt nicht genug nutzlose Plüschfiguren angeboten“, schon bekam man regelmäßig zu hören: „Dann geh‘ doch nach drüben!“ Das, Leser, machen unsere Zuhörer auch heute noch gerne. Der Satz heißt in unseren Kreisen eben nur: „Dann wechsle doch die Branche.“

Der Markt ist eine Räuberhöhle.

Liste B 3.2.1 Die Rettung – Schauplatz – Basis-Statement

Der Markt für *Mandelhörnchen** **ist ein →außerordentlich**
**(Setzen Sie hier bitte Ihre bevorzugte Branchenbezeichnung ein.)*

anfälliges	empfindliches	revolvierendes	wechselhaftes
bewegliches	fragiles	störanfälliges	wendiges
changierendes	instabiles	strukturschwaches	
dynamisches	labiles	unbeständiges	

→System.

Varianten:
Der Markt (...) ist ein Begriff für seine →außerordentlich dynamische(n) Entwicklung/Strukturen.
Der Markt (...) ist bekannt für seine →außerordentliche Dynamik.

Lassen Sie es krachen:
Auch und gerade moderne Märkte sind →außerordentlich bewegliche →Systeme. Rasanter Fortschritt und der Wandel der →Bedürfnisse/Bedürfnisstrukturen →bewirken eine ständige Verschiebung der Marktkonstellationen.

Falls jetzt jemand aufgeschreckt ist, weil er bei dem „revolvierenden System" an eine Handfeuerwaffe gedacht hat, geben wir noch einmal den Hinweis, dass es sich hierbei um nichts anderes als ein „Bäumchen-wechsle-dich-Spiel" handelt:

Ständig kommt einer vorbei und schnappt einem entwicklungsfähige Kunden weg.

Liste B 3.2.2 Die Rettung – Schauplatz – Ergänzungs-Statement

„Ständig kommt einer vorbei ...

Die /Der/Das/Sein(e) →außerordentlich

hohe(-r,-s)	Marktdynamik			
	Wettbewerbsdichte			
	Wettbewerbsdruck			
	Wettbewerbsintensität			
	Wettbewerbsvielfalt			
	Verdrängungswettbewerb			
	Aggressivität	des/der	Markt-	beziehungen
	Dynamik		Wettbewerbs-	ereignisse
	Frequenz			konstellationen
	Härte			phänomene
	Tempo			strukturen
	Unerbittlichkeit			transaktionen
				verhältnisse

begrenzten	Freiheitsgrade			
engen	Gestaltungsspielräume			
schmalen	Handlungsspielräume			
	Möglichkeiten			

... und schnappt einem entwicklungsfähige Kunden weg."

beeinträchtigen(-t)	Arrangement	und	Ausbau	dauerhafter
behindern(-t)	Aufbau		Betreuung	gefestigter
erschweren(-t)	Einrichtung		Entwicklung	intensiver
stören(-t)	Erschließung		Gestaltung	loyaler
vereiteln(-t)	Etablierung		Intensivierung	stabiler
	Gründung		Pflege	vertrauensvolle
	Realisierung		Stabilisierung	
	Verwirklichung			

(→nachhaltiger) →Beziehungen (zwischen →Kunden und →Unternehmen).

Varianten:
→Auf diese Weise geraten/werden Handlungsspielräume →tendenziell enger, was Aufbau und Pflege stabiler Kundenbeziehungen →systematisch beeinträchtigt.

Lassen Sie es krachen:
Steter Wandel belebt den Markt. Er sorgt für Innovation und treibt seine Entwicklung voran. →Gleichzeitig verändert er aber auch kontinuierlich/→systematisch die Perspektiven des →Unternehmens und erhöht →auf diese Weise das Risiko langfristiger Investitionen. Mangelnde Planbarkeit/Höhere Unsicherheit →bewirkt schmale Handlungsspielräume. Aufbau und Pflege stabiler/ →nachhaltiger Kundenbeziehungen werden so →tendenziell beeinträchtigt.

Huch! Ziemlich finstere Gegend, Ihr Markt, was? Gibt es feindliche Tendenzen beim Wettbewerb oder der übrigen Öffentlichkeit, die vielleicht sogar noch eine weitere Dramatisierung ermöglichen? Nur zu, bedienen Sie sich in Abschnitt C 2.2!

Da leben wir also in oder auf einem Markt, der mit Raubritterburgen nur so übersät ist. Es hilft ja alles nichts, in eine solche müssen wir hinein, wenn man uns den geschätzten Kunden entführt hat – und das ist bei diesem Plot natürlich immer der Fall: „Im ersten Akt kommt es zur Trennung."[3] Unser *katalytisches Ereignis* besteht darin, dass man uns den Kunden weggeschnappt hat. Vielleicht sollten wir das nicht so direkt sagen: Die Aktionäre würden uns in Scharen davonlaufen – aber eine Sauerei bleibt das ja nun trotzdem!

Nun, nach unserer bisherigen Schilderung war es auch nicht anders zu erwarten:

[3] Tobias, 1999, S. 131.

Jetzt gerade ist es schon wieder passiert.

Liste B 3.2.3 Die Rettung – Schauplatz – Entführung aus dem Serail

„Jetzt gerade ist es schon wieder passiert."

Auch	beständige
Selbst	bisherige
Sogar	erprobte
	langjährige
	loyale
	sichere
	stabile
	treue

Zielgruppen/→Kunden sind/erscheinen vor diesem Hintergrund als potenziell/→systematisch

bedroht.
gefährdet.
illoyal.
instabil.
kritisch.
riskant.
ungewiss.
unsicher.
wählerischer.
wechselhaft.
weniger treu.

Varianten:
Diese →systematische Entwicklung macht selbst vor (ehemals) loyalen/loyal geglaubten Zielgruppen nicht halt.

Lassen Sie es krachen:
Die organische Substanz eines →Unternehmens beruht nicht zuletzt auf seinen loyalen →Kunden (-gruppen). →Allein →nachhaltige →Beziehungen zwischen →Unternehmen und →Kunden zu beiderseitigem Vorteil →bewirken die →Chance auf höchste →Zufriedenheit und nachhaltige →Akzeptanz. Die Pflege dieser →Beziehungen rückt damit in den Mittelpunkt unternehmerischen Handelns (→Auftritt).

Wohl wahr, wohl wahr. Wenn selbst die treuesten Seelen gefährdet sind, muss man sie schützen. Falls sie nicht schon weg sind und man sie zurückholen muss. Schaffen Sie das auch?

3.3 Held: Verlässlicher Helfer

Wenden wir uns also dem zu, wovon wir am meisten verstehen: Autos. Nein, Scherz beiseite, Leser, es geht in diesem Abschnitt selbstverständlich um uns. Aber Hand aufs Herz: Wer versteht sich schon selbst?

Wir natürlich! Wir wissen, dass wir schön, prächtig, edel und gut sind und als Retter verloren gegangener Seelen stellen wir ohne Übertreibung fest:

Wir sind zuverlässige Seelen.

Liste B 3.3.1 Die Rettung – Held – zentrales Statement Retter

„Wir sind zuverlässige Seelen."

Wir sind	ein	aktives
		loyales
		treues
		verlässliches
		zuverlässiges

→Unternehmen.

Varianten:
Wir lassen unsere →Kunden nicht allein/im Stich.
Mit uns kann man rechnen.
Auf uns ist Verlass.

Hauen Sie auf die Pauke:
→Bedürfnisse ändern sich, Strukturen erfahren Verschiebungen, →Beziehungen werden aufgebaut und wieder beendet. Man kann das als den normalen Gang der Dinge ansehen. In gewisser Weise ist er das auch. Aber wir sind da trotzdem ein bisschen altmodisch. Die →Beziehungen zu unseren →Kunden sind uns etwas wert. Mehr wert, als sich in Euro und Cent ausdrücken lässt. Deswegen sind wir auch bereit, dafür zu kämpfen. Unsere →Kunden wissen: Wir sind ein verlässlicher Partner.

Hier klingt bereits etwas an, das Grundvoraussetzung für eine echte *Rettung* ist: Wir sollten über ein Mindestmaß an *Sympathie* für das Opfer verfügen – wir werden die Gattin vermutlich nur dann zurückholen, wenn wir sie lieben oder wenigstens noch in einigen wichtigen Punkten schätzen. Wir können also mit Fug und Recht von uns behaupten:

Wir mögen unsere Kunden. Wir denken Tag und Nacht an sie.

Liste B 3.3.2 Die Rettung – Held – Sympathie

„Wir mögen unsere Kunden."

Der/	Akzeptanz
Die/	Gunst
Das	Sympathie
	Treue
	Vertrauen
	Verantwortung für
	Wohlwollen

unserer →Kunden ist der/das →entscheidende

Ansporn
Antrieb
Motiv
Motor

unseres →Auftritts.

Varianten:
Die →Zufriedenheit unserer →Kunden ist die →entscheidende →Basis unseres →Erfolgs.
Die →Zufriedenheit unserer →Kunden ist unsere →Zufriedenheit.
Wir sind erst dann zufrieden, wenn unsere →Kunden es sind.

„Wir denken Tag und Nacht an sie."

→Alle

Bereiche	orientieren sich	ausnahmslos	an der
Einheiten	richten sich	ausschließlich	nach der
Einzelbereiche		ohne Ausnahme	
Geschäftseinheiten		primär	
Units			

Akzeptanz/→Zufriedenheit unserer →Kunden.

Varianten:
Wir messen/beurteilen den →Erfolg →aller Geschäftsbereiche an/nach der →Zufriedenheit ...

Hauen Sie auf die Pauke:
Alles Leben ist Austausch. Menschen, die sich gestern noch nicht kannten, werden heute zu Partnern und gehen →Beziehungen der verschiedensten Arten ein. Und aus nüchternen Transaktionen entsteht allmählich mehr: Vertrauen. Das ist es, was die →Beziehungen zu unseren →Kunden auszeichnet: Wir wollen mehr als nur ihre →Bedürfnisse →befriedigen. Wir wollen höchste →Zufriedenheit/Akzeptanz erzielen. An diesem hohen Anspruch messen wir →alle Bereiche unseres →Unternehmens.

Dies auch als kleiner Wink an die Damen der Telefonzentrale, zu Anrufern auch dann freundlich zu sein, wenn die gestrige Betriebsfeier mal wieder etwas länger gedauert hat und der intensive Genuss geistiger Getränke die Kondition etwas beeinträchtigt.

Aber retten wir mal weiter!

Wenn die Sympathie die Voraussetzung für die Rettung war, dann ist die zentrale Eigenschaft der *Hilfsbereitschaft* natürlich eines der konstituierenden Merkmale.

Wir sind hilfsbereit. Wenn etwas passiert, sind wir zur Stelle.

Liste B 3.3.3 Die Rettung – Held – Hilfsbereitschaft

„Wir sind hilfsbereit."

Wir	bemühen	(uns)	aktiv	für/	unsere	Kunden	(ein).
	engagieren		gezielt	um		Partner	
	setzen		nachdrücklich				
	stehen						
	treten						

Varianten:
Wir machen uns für unsere →Kunden stark.
Wir stehen unseren →Kunden zur Seite.

„Wenn etwas passiert, sind wir zur Stelle."

Unsere

individualisierten
individuellen
kundenorientierten
maßgeschneiderten
persönlichen
pragmatischen

→Produkte sind die ideale Antwort auf die →spezifischen→Bedürfnisse unserer →Kunden.

Varianten:
Wir kennen ihre Bedürfnisse. Und wir haben die Antwort/→Produkte.

Hauen Sie auf die Pauke:
Die →Zufriedenheit unserer →Kunden ist kein abstrakter Anspruch. Für uns ist sie konkretes Handlungsprogramm. Die Entwicklung unserer →Produkte orientiert sich streng an den Erwartungen/ →Bedürfnissen unserer →Kunden. Wir suchen den aktiven Dialog, um neue Ansprüche aufzuspüren und in maßgeschneiderte/→spezifische Antworten umzusetzen. Wir sind da, wenn Sie uns brauchen.

Sehr gut. Damit haben wir auch gleich zum Ausdruck gebracht, dass wir aktiv sind. Fehlt eigentlich nur noch der Hinweis darauf, dass wir nicht gleich beim ersten Hindernis verzagen werden. Prinzessinnen lieben es außerdem, von *Arnold Schwarzenegger* und nicht von *Woody Allen* befreit zu werden.

Wir sind mutig. Schließlich ist so eine Befreiung kein Pappenstiel.

Liste B 3.3.4 Die Rettung – Held – Furchtlosigkeit

„Wir sind mutig. Schließlich ist so eine Befreiung kein Pappenstiel."
(Nehmen Sie für dieses Statement bitte die Liste B 2.3.4.)

Wenn wir an dieser Stelle das Statement des *Abenteurers* übernehmen, deutet dies nicht zu Unrecht auf eine gewisse Parallele der beiden Plots hin. Allerdings steht beim *Retter* mehr die Gefühls-Komponente im Vordergrund und er ist auch nicht so routiniert:[4] Der Abenteurer stürzt sich gerne ins Getümmel, der Retter eher zwangsläufig.

So oder so, auch der Retter hat einen Auftrag und dem wenden wir uns jetzt zu.

[4] Deswegen übernehmen wir an dieser Stelle auch keine weiteren Eigenschaften des Abenteurers.

3.4 Mission: Schutz und Geborgenheit

Als Retter hat man's eigentlich leicht: keine Sinnkrise, man wird nicht zurückgeworfen auf die absurden Bedingungen menschlicher Existenz. „Die Moral des *Rettungs*-Plots entspricht im Allgemeinen einem einfachen Schwarz-Weiß-Prinzip.“[5] Tja, Prinzessin weg, Prinzessin zurückgeholt, Prinzessin wieder da.[6] Aber das Ziel ist natürlich trotzdem hehr – wer befreit heutzutage noch Prinzessinnen? – und sollte nicht unausgesprochen bleiben:[7]

Wir wollen unsere Kunden für immer zurückhaben. Sie sollen bei uns das Gefühl der Geborgenheit erleben.

Liste B 3.4 Die Rettung – Mission

„Wir wollen unsere Kunden für immer zurückhaben.“

Es ist unser →vorrangiges →Ziel, die →Beziehungen zu unseren →Kunden nachhaltig zu →verstärken.

„Sie sollen bei uns das Gefühl der Geborgenheit erleben.“

Wir	wollen
	beabsichtigen,
	streben an,
	streben danach,
	trachten danach,
	zielen an,

in der →entscheidenden/→relevanten Kernzielgruppe der *Senioren und Nichtschwimmer** **die →Produkte →an(zu)bieten, die**
(Hier setzen Sie bitte ggf. Ihre Kernzielgruppe ein.)

den/	beste(n)	Akzeptanz
die/	höchste(n)	Geborgenheit
das	höchstmögliche(n)	Gesichertheit
	stärkste(n)	Kontinuität
		Schutz
		Sicherheit
		Stabilität
		Verlässlichkeit
		Vertrauen
		Zuverlässigkeit

5 Tobias, 1999, S. 133.

6 Es hilft nicht – Sie werden mir das sicher bestätigen können – wie *Leonard Cohen* seinerzeit einfach nur zu singen „Lover, come back to me.“ Minnesang ist eher was für den Liebhaber. Wir Retter müssen die Prinzessin in jedem Fall aktiv aus der Räuberhöhle holen!

7 In unserem Sinne voll und ganz auf der Retter-Schiene ist die Firma Bosch Hausgeräte, die im World Wide Web bekennt: „Lieber Geld verlieren als Vertrauen.“ Das ist sicherlich löblich, weil hochgradig unternehmensphilosophisch. Der Leser möge allerdings für sich entscheiden, ob er dieses Statement auch aus betriebswirtschaftlicher Sicht ohne weitere Zusätze unterschreiben würde.

→bewirken.

Varianten:
Unsere →Produkte sollen als diejenigen →beurteilt werden, die für maximale Sicherheit stehen. Wir wollen als der Anbieter (→Unternehmen) →beurteilt werden, dessen →Produkte für maximale Sicherheit stehen.

Drehen Sie auf:
Menschen streben nach Geborgenheit. Bei aller Freude an der Abwechslung suchen sie im Neuen stets auch das Vertraute. Niemand weiß das so gut wie wir. Deswegen wollen wir unseren Kunden genau dieses zentrale/→relevante/→spezifische Gefühl der Kontinuität geben, das für eine vertrauensvolle →Beziehung →entscheidend ist: Wir wollen ihnen →Produkte höchster →Qualität →anbieten, die →außerordentliche Zuverlässigkeit bieten. Dafür stehen wir ein.

Es geht doch nichts über ein gesundes Sendungsbewusstsein! Edel sei der Unternehmer, hilfreich und gut! – und gewähre er heimelige Geborgenheit all seinen Kunden, die abends gerne noch mal vorbeikommen und sich in den Schaukelstuhl vor seinen Kamin setzen und einfach die angenehme Stimmung genießen. So wird's doch wohl sein, oder?

3.5 Vision: Wieder vereint

Schon bald werden wir die Prinzessin aus den Fängen des Monsters befreit haben. Da bist du ja wieder, Kunde, wir hatten dich so sehr vermisst! Wir schließen einander in die Arme und verdrücken die eine oder andere Träne der Freude und Rührung. Für den Fall, dass dieser oder jener Kunde gerade anfing, seine Entführer zu mögen und Verständnis für sie zu entwickeln („Die armen Kerle, sie hatten keine eigenen Kunden und mussten uns deshalb kidnappen – bedauernswerte Geschöpfe!"), hier noch einmal der entscheidende Grund, warum es daheim doch einfach am schönsten ist: Wir werden unsere gute Beziehung intensivieren und vertiefen können. Ganz im Gegensatz zum hinterhältigen Wettbewerb, der mit unseren Kunden eine gute Beziehung aufbauen, intensivieren und vertiefen will – ähm, der unsere Kunden, wenn er sie einmal hat, natürlich sträflich vernachlässigen wird.

Wenn wir unseren Kunden gerettet haben, können wir ja vielleicht mal in Ruhe mit der Kundenpflege weitermachen.

Liste B 3.5 Die Rettung – Vision – wieder daheim

„Wenn wir unseren Kunden gerettet haben, ... "

Betreuung	und	Ausbau
Gestaltung		Entwicklung
Pflege		Intensivierung
Stabilisierung		

der →Beziehungen zu unseren Partnern/→Kunden

„... können wir ja vielleicht mal in Ruhe mit der Kundenpflege weitermachen."

werden eine neue Ära des Miteinanders einleiten/→bewirken. Gemeinsam mit unseren →Kunden wollen wir in

beiderseitiger(-m)	dauerhafter(-m)	Achtung
gegenseitiger(-m)	enger(-m)	Anerkennung
wechselseitiger(-m)	intensiver(-m)	Aufmerksamkeit
	offener(-m)	Loyalität
	vertrauensvoller(-m)	Respekt

unsere Vision verwirklichen:

Mit Sicherheit	*Firma*.*	
	Firma.*	Hier bin ich zu Hause.
	Firma.*	Vertrauen durch Kontinuität.

**(Setzen Sie hier bitte Ihren Firmennamen ein.)*

Machen Sie Dampf:

Ohne Freunde geht nichts im Leben. →All unsere Erfahrungen und Erlebnisse gewinnen erst dadurch an Wert, dass wir sie mit anderen teilen können. Wir haben eine Vision: Wir glauben an die vertrauensvolle Freundschaft zu unseren →Kunden. Wann immer sie uns begegnen, werden sie sich heimisch fühlen und voller Überzeugung sagen können: „*Firma. Da bin ich mir sicher."**

Wenn das mal nicht schön ist. Doch, doch, Leser, weit von jeder Ironie entfernt, halte ich das tatsächlich für eine schöne Vorstellung. Allein schon die Vorstellung von Behaglichkeit lässt mich sämtliche Unbilden des Lebens vergessen. Nun gut, dafür kann ich vielleicht nicht ganz so gut flunkern, wie es manchmal nötig wäre, um seine Leser zu überzeugen, aber lassen Sie uns noch kurz einen Blick auf die Maßnahmen werfen, die nötig sind, um unsere Vision zu verwirklichen.

3.6 Aktionen: Bestandspflege

Man ist vielleicht spontan versucht, den Retter ähnlich auszustatten wie den Abenteurer und dies – wir sagten es bereits – nicht einmal ohne Grund: Auch der Retter durchlebt ein – sehr spezielles – Abenteuer. Allerdings müssen wir uns vor

Augen halten, dass der Retter oft genug Amateur ist. Wir waren mal eben in der Stadt, um unserer Prinzessin ein neues Spielzeug oder irgendwelche sündhaft teuren Klunker zu kaufen, und als wir wieder zurückkommen, stellen wir fest, dass irgend so ein Fiesling sie einfach geklaut hat. Da gehen wir natürlich sofort los und holen sie zurück – ohne dass wir auf ein professionelles Waffenlager wie der Abenteurer zurückgreifen könnten. Nötigenfalls bedienen wir uns unserer bloßen Fäuste, um die Prinzessin dem Unhold zu entreißen.

Was tun wir also? Wir werden unterwegs in den langen Nächten am Lagerfeuer[8] das Spielzeug der Prinzessin *pflegen*. Wir werden nicht viel Neues machen, vielleicht hie und da einmal die Flasche ihres Apfelshampoos etwas verändern, das sie immer so gerne benutzte, gegebenenfalls werden wir auch noch eine Pfirsichvariante zur Überraschung vorbereiten, aber das war's dann auch schon. Überlegen Sie, Leser, die Prinzessin soll sich wieder wie zu Hause fühlen, wenn sie zurückkommt. Das hat was mit Wiedererkennungseffekt zu tun! Keine Experimente! Wir werden den Teufel tun und irgendetwas unternehmen, was sie vielleicht verstören könnte. Denjenigen unter den Lesern, die jetzt etwas enttäuscht sagen werden: „So ein Mist! Ich dachte, ich könnte hier die Zukunft der Telekommunikation maßgeblich mit beeinflussen und prägen!", sei tröstend ins Stammbuch geschrieben: Marktdurchdringung ist durchaus eine anerkannte Strategie. Wer dennoch auf kühne Innovationen nicht verzichten will, sei auf Abschnitt C 2.7 verwiesen.

Wir polieren täglich den goldenen Apfel der Prinzessin. Mit dem hat sie immer so gerne gespielt.

Liste B 3.6.1 Die Rettung – Aktionen – der goldene Apfel der Prinzessin

„Wir polieren täglich den goldenen Apfel der Prinzessin."

Wir →befürworten die/den →systematische(n) und (→sachgemäß)

aufeinander abgestimmte(n)	Erhalt	und	den Ausbau
behutsame(n)	Pflege		die Entwicklung
eingehende(n)			die Optimierung
gründliche(n)			die Verbesserung
minutiöse(n)			die Weiterentwicklung
sorgfältige(n)			
systemische(n)			

unserer(-s) →Produkte/Programms.

[8] „Viele Geschichten bauen in diese Phase eine Lagerfeuerszene ein oder schaffen zumindest eine Lagerfeueratmosphäre: Der Held und seine Gefährten versammeln sich um das Feuer – oder was auch immer das Pendant sein mag – und lassen die jüngsten Erlebnisse noch einmal Revue passieren." (Vogler, 1999, S. 307.)

„Mit dem hat sie immer so gerne gespielt."

Wir →bieten

akzeptierte	Leistung
anerkannte	Qualität
bewährte	Premium-Qualität
erprobte	Spitzenleistung
gewohnte	
verlässliche	
zuverlässige	

für →nachhaltige →Akzeptanz/→Zufriedenheit.

Varianten:
Kunden in aller Welt schätzen die bewährte →Qualität und Zuverlässigkeit unserer Leistungen. Wir pflegen unsere Marken (→Produkte) und entwickeln sie →sachgemäß/→systematisch weiter zur dauernden →Zufriedenheit unserer →Kunden.

Gehen Sie in die Vollen:
Ganz ehrlich: Wir mögen unsere →Produkte selbst. Mit ihnen sind wir geworden, was wir heute sind. Das verbindet. Unsere →Kunden kennen das. Sie schätzen die bewährte hohe →Qualität unserer Leistungen und nehmen sie immer wieder gerne in Anspruch. Deswegen gehen wir sehr behutsam mit unseren →Produkten um. Wir stimmen sie sorgfältig aufeinander ab und entwickeln sie so weiter, dass sie ihren →spezifischen Charakter nicht verlieren. Das sind wir uns schuldig. Das sind wir unseren →Kunden schuldig. Und unseren Marken (→Produkten).

Glauben Sie mir, die Prinzessin wird entzückt sein. Und sie wird sich freuen, ihren Hofstaat wiederzusehen! Der Butler, die Köchin, all die bekannten Gesichter – und sie sind alle genauso freundlich, wie sie sie in Erinnerung behalten hat!

Wir kümmern uns um das Personal. Die Prinzessin wird sich freuen, wieder in altbekannte Gesichter zu schauen.

Liste 3.6.2 Die Rettung – Aktionen – Fürsorge für die Bediensteten

„Wir kümmern uns um das Personal."

Der/	Umgang	mit/	unseren(-m)	Mitarbeitern
Die/	Verhältnis	zu		Personal
Das	Zusammenarbeit			
Unser(e)				

ist	bestimmt	durch/	Achtung	und	Konstanz.
	gekennzeichnet	von	Anerkennung		Loyalität.
	geprägt		Aufrichtigkeit		Stabilität.
zeichnet sich (...) aus			Respekt		Verlässlichkeit.
			Vertrauen		

„Die Prinzessin wird sich freuen, wieder in altbekannte Gesichter zu schauen."

Die	Identifikation	unserer(-s)	Mitarbeiter	ist	die	Identifikation
	Loyalität		Personals			Loyalität
	Motivation					Motivation
	Zufriedenheit					Zufriedenheit

unserer →Kunden.

Varianten:
Vertrauen und Loyalität sind die →entscheidende →Basis/→vorrangiges →Gebot für das Verhältnis zu unseren Mitarbeitern.

Gehen Sie in die Vollen:
Loyalität und Verlässlichkeit sind tragende Säulen (→Basis) einer vertrauensvollen →Beziehung. Das gilt für alle Menschen, mit denen wir zu tun haben. Kunden. Und Mitarbeiter. Die →Qualität unserer →Produkte ist die Erfahrung unserer Mitarbeiter. Wir fördern Motivation und Identifikation, weil wir wissen: Ein organisches Team braucht Kontinuität. Für gewohnte Zuverlässigkeit. Für zufriedene Kunden.

Tja, und dann ist die Prinzessin auf einmal wieder daheim und der Vorhang fällt. Wer weiß, vielleicht wird sie ihren edlen Retter ja eines Tages mal heiraten, dann wird aus der ganzen Geschichte auch noch ein *Liebes*-Plot. Aber geben wir den beiden etwas Zeit. Während wir den Saal verlassen, erinnern wir uns noch einmal an all die aufregenden Erlebnisse und denken mit einem wohligen Gefühl der Behaglichkeit: Tatsächlich, es ist immer wieder schön, nach einem aufregenden Tag heimzukehren.

4 Rache ist Blutwurst – Unternehmensphilosophie für harte Jungs

„Wenn die Menschen plötzlich tugendhaft würden,
so müssten viele Tausende verhungern"
GEORG CHRISTOPH LICHTENBERG[1]

So, so, Sie schmieden also Rachepläne!? Die Welt ist manchmal ungerecht, schon die pure Existenz von Wettbewerb ist ja oft genug nicht gerade das reinste Zuckerschlecken. Irgendjemand hat Ihre Kunden mit einem billigen Nachahmerprodukt getäuscht? Ihre Bilanzierungstricks dem Finanzamt verraten? Nun, sofern wir die Uneigennützigkeit unseres Rachefeldzugs klar herausstellen können und unsere Methoden gesellschaftlich akzeptiert sind (was für die meisten Marketing-Maßnahmen unterstellt werden kann), sollten wir uns das nicht länger bieten lassen. Jetzt gibt's Saures! Hier, Frevler, dies erwartet dich:

[Präambel]
Recht und Ordnung

Unternehmertum ist Ausüben von Marktgerechtigkeit. Respekt vor der Ehre schutzbedürftiger Kunden gewährt ein höchstmögliches Maß an Ordnung.

[Schauplatz]
Schandfleck

Der Markt ist ein einziger Schandfleck. Ständig entehrt einer Kunden oder uns selbst und keiner sorgt für Ordnung. Soeben hat schon wieder einer die Ehre der Kunden besudelt.

[Held]
Rächer

Aber wir lassen uns das nicht bieten.
Wir haben einen stark ausgeprägten Gerechtigkeitssinn. Wir fühlen uns für unsere Kunden verantwortlich.
Wir sind aktiv. Wenn einer die Kunden entehrt, greifen wir ein.
Wir schrecken vor sehr wenig zurück. Man muss schließlich ein Exempel statuieren.

---

[1] LICHTENBERG, o. J., S. 95.

Wir befinden uns im Einklang mit den geltenden Normen. Wir wissen sehr wohl, dass man Unrecht nicht mit Unrecht vergelten kann.

[Mission]

Wiederherstellung der Ehre

Wir wollen die Ehre der Kunden wiederherstellen. Sie sollen sehen, dass wir uns für sie einsetzen.
Es soll wieder Gerechtigkeit herrschen im Lande.

[Vision]

Gerechtigkeit

Wenn wir Satisfaktion erlangt haben, kehrt ja vielleicht mal wieder Ruhe im Karton ein. Dann können wir uns weiter um unsere Kunden kümmern und unseren sonstigen Geschäften nachgehen.

[Aktionen 1]

Beschämen

Wir werden den Gegner mit überlegenen Angeboten beschämen. Er wird sehen, dass er kein Recht hat, mit seinen minderwertigen Ladenhütern unsere Kunden zu entehren. Unsere Kunden werden einmal mehr erleben, dass sie bei uns bestens aufgehoben sind.

[Aktionen 2]

Mit gleicher Münze

Wir werden in den Märkten des Frevlers wildern. Dann sieht er mal, wie das ist.

4.1 Präambel: Es gibt einen Ehrenkodex

Nennen wir die Dinge beim Namen: Der Markt ist nicht einfach nur ein Markt, wenn Sie wissen, was ich meine. Sie gehen da nicht einfach hin und verkaufen Ihr Angebot, um am Ende des Tages einen guten Schnitt erzielt zu haben. Beziehungsweise genau das tun Sie natürlich, aber von einer etwas höheren Betrachtungsebene aus (kommen Sie nur herauf zu mir!) ist der Einzelne grundsätzlich unerheblich. Denn wir erkennen ein Muster. Weiß die Ameise, was sie tut? Gleichgültig! Es entsteht ein Ameisenhügel. In diesem Sinne ist der Markt ein *ordnendes Prinzip*. Er gleicht aus. Er sorgt dafür, dass alle bekommen, was sie kriegen, Hausmeister wie Vorstand. Wenn nur jeder seine eigenen Ziele und Zwecke verfolgt, ergibt sich daraus schon automatisch ein höchstmögliches Maß an Versorgung, Glück, Wohlstand, Harmonie und ewiger Jugend.[2]

---

[2] In diese und ähnliche Kerben hauen jedenfalls die namhafteren Markttheoretiker von *Adam Smith* bis *Milton Friedman* oder *Margret Thatcher*.

Der Globus. Wir schreiben das Jahr 2003. Es gilt das Gesetz des Marktes. Genau jenes Gesetz, das uns bislang immer einen Marktanteil von satten 14,3 Prozent bescherte. Aber es gibt Wettbewerber. Sie wissen schon, diejenige Sorte Marktteilnehmer, die einem immer das Leben schwer macht. Sie bearbeiten nicht einfach ihre Zielgruppen, sondern fischen in fremden Gewässern. Sie stören die Ordnung. Und das hätten sie besser nicht tun sollen ...

Unternehmertum ist Ausüben von Marktgerechtigkeit.

Liste B 4.1.1 Die Rache – Präambel – Basis-Statement

„Unternehmertum ist Ausüben von Marktgerechtigkeit."

→Unternehmertum →besteht in

Ausgleich.	**Ethos.**	**Loyalität.**	**Redlichkeit.**
Ehrbarkeit.	**Konsequenz.**	**Marktgesetzlichkeit.**	**Respekt.**
Entschiedenheit.	**Korrektur.**	**Pflicht.**	**Verantwortung.**
Entschlossenheit.	**Legitimität.**	**Rechtschaffenheit.**	**Verpflichtung.**

Varianten:
→Alles →wahre →Unternehmertum ist →grundsätzlich →nichts anderes als Ethos.
(Weitere Tipps in Abschnitt C 2.1)

Geben Sie Vollgas:
Unser Handeln dient nicht nur unseren ureigensten Zwecken. Der Mensch lebt nicht allein. Jede seiner Tätigkeiten schafft Fakten des Zusammenlebens. Unser Umgang miteinander prägt das Bild unserer Gesellschaft. Das gilt für Einzelpersonen wie für Organisationen. Wir haben Verantwortung. Deswegen sagen wir: →Unternehmertum ist Ethos.

Das lässt den einen oder anderen natürlich schon schwer zusammenzucken. Und damit die Frevler keine Minute im Unklaren darüber bleiben, wo's ab sofort lang geht, werden wir gleich noch ein wenig deutlicher:

Respekt vor der Ehre schutzbedürftiger Kunden gewährt ein höchstmögliches Maß an Ordnung.

Liste B 4.1.2 Die Rache – Präambel – Ergänzungs-Statement

„Respekt vor der Ehre schutzbedürftiger Kunden gewährt ...

→Allein

die/	**Achtung**	**die/der/**
der	**Berücksichtigung**	**den**
	Wertschätzung	
	Verantwortung für	
	Respekt vor	

→Bedürfnisse der →Kunden →bewirkt

... ein höchstmögliches Maß an Ordnung."

ein(en)	ausgewogene(n,-s)	Ausmaß	an	Akzeptanz.
	gleichgewichtige(n,-s)	Maß	von	Bedürfnisbefriedigung.
	harmonische(n,-s)	Level		Customer Satisfaction.
	höchstmögliche(n,-s)	Niveau		Effektivität.
	optimale(n,-s)			Effizienz.
	zufriedenstellende(n,-s)			Kundenorientierung.
				Kundenzufriedenheit.
				Loyalität.
				Ordnung.
				Stabilität.
				Treue.
				Vertrauen.
				Zufriedenheit.
				Zustimmung.

Varianten:
Jedes Unternehmen ist für die →Zufriedenheit seiner →Kunden verantwortlich. →Allein der Respekt ...
Die →Zufriedenheit der →Kunden ist die →entscheidende →Basis jeder wirtschaftlichen Ordnung. →Allein der Respekt ...

Geben Sie Vollgas:
Für die Väter der Marktwirtschaft war der Begriff des Gleichgewichts von zentraler Bedeutung. Er drückte ein höchstmögliches Maß an harmonischem Ausgleich verschiedenster Interessen und Erwartungen aus. Diese Funktion der Steuerung und Ordnung durch Märkte ist bis heute unverändert geblieben. Ein Unternehmen folgt genau dann am besten auch seinen eigenen →Zielen, wenn es sich den →Bedürfnissen seiner →Kunden unterordnet.

„Oh – respect (just a little bit), respect (just a little bit)" – es wäre so wichtig, aber genau das gibt es auf unserem Markt, scheint's, überhaupt nicht. Lesen Sie selbst:

4.2 Schauplatz: Der Markt, ein Ort der Schande

Schweres Unrecht wurde begangen. Egal, ob Ihnen selbst die Marktführerschaft entrissen oder ob eine Ihrer Lieblingszielgruppen dadurch entehrt wurde, dass man ihr von dritter Seite ein Angebot gemacht hat – wir stellen schockiert fest:

Der Markt ist ein einziger Schandfleck.

Liste B 4.2.1 Die Rache – Schauplatz – Basis-Statement

„Der Markt ist ein einziger Schandfleck."

Der Markt für *umweltfreundliche Haushaltsgeräte** **ist ein →außerordentlich**
** (Setzen Sie hier bitte Ihre bevorzugte Branchenbezeichnung ein.)*

anarchisches	erratisches	instabiles	unbeständiges
anfälliges	fragiles	labiles	ungleichgewichtiges
chaotisches	fraktales	stochastisches	unorganisches
dysfunktionales	friktionales	störanfälliges	
entropisches	inhomogenes	unausgeglichenes	

→System.

Varianten:
Eines der kennzeichnenden Merkmale des Marktes (...) ist seine außerordentliche Instabilität.

Lassen Sie es krachen:
Märkte sind nicht statisch. Sie entwickeln sich entsprechend der sich wandelnden →Bedürfnisstruktur der verschiedensten Zielgruppen/→Kunden. Das Verschieben von Sättigungsgrenzen und die Stärkung endogener Wachstumskräfte durch qualitative Ausdifferenzierung muss nicht immer von Erfolg gekrönt sein. In diesem Sinne kann der Markt für (...) als ein →tendenziell entropisches →System bezeichnet werden.

Tja, ein entropisches System. Das wird sicherlich so sein. Wenn es daran geht, das Nullsummenspiel zu spielen, werden alle etwas hektischer als sonst. Etwas nervös könnte an dieser Stelle aber auch unser Publikum werden. Entropisch. Leichte Unruhe entsteht. Füße scharren. Aber wir lassen uns nicht aus der Fassung bringen. Wir sagen, was gesagt werden muss:

Ständig entehrt einer Kunden oder uns selbst und keiner sorgt für Ordnung.

Liste B 4.2.2 Die Rache – Schauplatz – Ergänzungs-Statement

„Ständig entehrt einer Kunden oder uns selbst ...

Angesichts	der	(nur)	begrenzten	Freiheitsgrade	zum(-r)	Abstimmung
Aufgrund	seiner		eingeschränkten	Instrumentarien	der(-s)	Ausgleich(s)
Wegen			engen	Instrumente		Austarierung
			fehlenden	Mechanismen		Balance
			mangelhaften	Möglichkeiten		Gleichgewicht(s)
			spärlichen	Regulative		Harmonisierung
			unzulänglichen	Rückkoppelungen		Regulierung
			unzureichenden	Spielräume		Selbstregulierung
						Selbststeuerung
						Stabilisierung
						Tarierung
						Vermittlung

... und keiner sorgt für Ordnung."

erscheint(-en)	(ein(e))	anorganische(s)	Dysfunktionalitäten	(als)	unabwendbar.
ist/sind		bedeutende(s)	Entwicklung		unausweichlich.
		dauerhafte(s)	Friktionen		unumgänglich.
		erhebliche(s)	Strukturbrüche		unvermeidlich.
		friktionale(s)	Tendenzen		zwangsläufig.
		ungleichgewichtige(s)	Ungleichgewicht		
			Verwerfungen		
			Wachstum		

Varianten:
Unzulängliche Instrumente für eine harmonische Stabilisierung lassen eine dauerhaft (→nachhaltig/ →systematisch) ungleichgewichtige Entwicklung erwarten.

Lassen Sie es krachen:
Die Konkurrenz um die Aufmerksamkeit der →Kunden verschärft sich zusehends. →Außerordentlich hohe Risiken der Investition verlangen vielfach den →Erfolg um jeden Preis. →Tendenziell stärker zugespitzte Positionierungen (→Auftritt) lassen anorganische Entwicklungen damit auf lange Zeit vorprogrammiert erscheinen.

So, das haben jetzt alle davon, die eventuell schon beim „entropischen System" nachfragen wollten. Erhebliche Dysfunktionalitäten drohen! Geschieht ihnen ganz recht! Falls es noch weiteres Schändliches über den Wettbewerb oder die Umwelt zu berichten gibt, überprüfen Sie doch bitte, ob Sie in Abschnitt C 2.2 fündig werden.

Aber wie geht's weiter? Es ist schon ziemlich bitter, in einem solchen moralischen Sumpf zu leben. Sie werden im zweiten Akt durch knietiefen Unrat waten, um den Täter ausfindig zu machen und zur Strecke zu bringen. Wir sollten aber zunächst den Schauplatz noch etwas genauer skizzieren und erklären, was es konkret heißt, dass einst blühende Landschaften nun weitgehend verödet sind: „Im ersten Erzählabschnitt geht es im Wesentlichen um das auslösende Verbrechen."[3] Was ist vorgefallen? Nun, es ist schon hier und da angeklungen: Der Wettbewerb hat unsere Kundschaft dadurch entehrt, dass er sein widerwärtiges Angebot auf den Markt geworfen hat. Das befleckt die Ehre unserer Kunden und damit auch unsere eigene in schändlichster Weise, wenn Sie verstehen. *Don Corleone*, formulieren Sie mal!

Soeben hat schon wieder einer die Ehre der Kunden besudelt.

Liste B 4.2.3 Die Rache – Schauplatz – Schimpf und Schande

„Soeben hat schon wieder einer die Ehre der Kunden besudelt."

Das →verstärkte Angebot an

dubiosen
erklärungsbedürftigen
fragwürdigen
komplexen
komplizierten
qualitativ minderwertigen
unklar positionierten
unklaren
unseriösen
unsicheren
zweifelhaften

3 TOBIAS, 1999, S. 146.

→Produkten →bewirkt ein(e) →außerordentliche(s) und →systematische(s)

Anspannung	(der/des)	bisheriger(-n)	Gewohnheiten.	
Atomisierung		gelernter(-n)	Kauf-	gewohnheiten.
Aufbrechen		gewohnter(-n)	Nutzungs-	muster.
Destabilisierung		herkömmlicher(-n)	Verhaltens-	patterns.
Fraktalisierung		stabilisierender(-n)	Verwendungs-	strukturen.
Überhitzung				verhaltens.
Überspannung				

Varianten:
... führt zu einer Irritation der →Kunden. (*Vgl. Abschnitt C 2.2.2*)

Lassen Sie es krachen:
Wir leben im Zeitalter der Informationsüberflutung. Wonach die Menschen verlangt, sind klare/→exakte Leistungsversprechen auch für →außerordentlich komplexe Leistungen. Nur so können wir das Vertrauen der →Kunden →nachhaltig gewinnen.

Die Situation ist zweifellos dramatisch. Falls es Ihrem Höflichkeitsinstinkt dennoch widersprechen sollte, die „unseriösen" oder „dubiosen" Angebote der Wettbewerber auch so zu nennen, sparen Sie sich diese Begriffe einfach für eine interne und vertrauliche Version Ihrer Philosophie und sprechen Sie in der Öffentlichkeit nur von den „komplexen" und „erklärungsbedürftigen" Leistungen oder den unklaren Positionierungen. Auch dann weiß sofort jeder: Wer kann schon der schändliche Verursacher gewesen sein, wenn nicht der Wettbewerb?

Aber er wird es mit uns zu tun bekommen! Gleich im nächsten Abschnitt.

4.3 Held: Einer, der für Ordnung sorgt

Der Rächer, so fehlgeleitet er dem kultivierten Feingeist mitunter auch erscheinen mag, ist im Tiefsten seiner Seele ein sensibler Mensch. Glaubt er doch an nichts Geringeres als Ehre und Gerechtigkeit.[4] Nun gut, verfügt der Mann über ein gewisses Amokpotenzial, rastet er natürlich leicht aus, wenn eine von beiden mal verletzt, befleckt oder besudelt ist.[5] Aber diesen finsteren Teil von uns werden wir bei den Aktionen weiter unten natürlich in Zaum halten. Wir stellen hier zunächst einmal kategorisch klar:

---

[4] Frenzel gesteht ihm deshalb auch nicht einmal ein eigenes Stichwort zu, sondern verweist gleich auf u. a. „Gattenehre, die verletzte" (vgl. Frenzel, 1999, S. 589).

[5] Diese Leute haben etwas von der „Ich bin o.k. – du bist nicht o.k."– Einstellung aus der Transaktionsanalyse: „Schuld haben immer ‚die andern'. Es sind überhaupt immer ‚die andern'. Unverbesserliche Kriminelle beharren auf dieser Einstellung." (Harris, 1990, S. 67.) Wir hingegen sind natürlich aufgeklärte Rächer, die nur mal korrigierend eingreifen wollen.

Wir lassen uns das nicht bieten.

Liste B 4.3.1 Die Rache – Held – zentrales Statement Rächer

„Wir lassen uns das nicht bieten."

Wir	sind	ein	aktiv gestaltendes
			aktives
			Akzente setzendes
			angesehenes
			aufrechtes
			aufrichtiges
			ehrenhaftes
			ehrwürdiges
			eingreifendes
			faires
			klar positioniertes
			loyales
			tätiges
			verlässliches

→Unternehmen.

Varianten:
Wir setzen Akzente.
Auf uns ist Verlass.
Mit uns kann man rechnen.
Wir brechen eine Lanze für unsere →Kunden.

Hauen Sie auf die Pauke:
Der Mensch liebt die Abwechslung. Die Entwicklung aller Märkte wird →entscheidend getrieben von sich ändernden →Bedürfnissen und dem ständigen Wunsch nach Neuerungen. Vielfalt braucht Eindeutigkeit. Wer den Überblick behalten will, muss den Durchblick behalten. Wir stehen für Klarheit und Verlässlichkeit unserer Leistungen. Dafür setzen wir uns ein. Das sind wir unseren →Kunden schuldig.

Jawohl, ein tätiges Unternehmen. Man kann schließlich nicht alles hinnehmen und schlucken. Um Missverständnisse zu vermeiden, betonen wir sogleich, dass die legitimen Wurzeln unserer Unduldsamkeit in unserem ausgeprägten *Gerechtigkeitssinn* liegen, der sich in unserem entsprechend uneingeschränkten Verantwortungsbewusstsein niederschlägt:

Wir haben einen stark ausgeprägten Gerechtigkeitssinn. Wir fühlen uns für unsere Kunden verantwortlich.

Liste B 4.3.2 Die Rache – Held – Gerechtigkeitssinn

„Wir haben einen stark ausgeprägten Gerechtigkeitssinn."

Gegenseitige(-r,-s)	Achtung
Gelebte(-r,-s)	Anerkennung
Wechselseitige(-r,-s)	Fairness

	Partnerschaft
	Respekt
	Vertrauen
	Wertschätzung

ist die →entscheidende →Basis →aller Kundenbeziehungen (→Beziehungen).

„Wir fühlen uns für unsere Kunden verantwortlich."

Die →spezifischen →Bedürfnisse unserer →Kunden sind uns →vorrangiges →Gebot.

Varianten:
Wir treffen die Erwartungen (→befriedigen die →Bedürfnisse) unserer →Kunden.
Wir betrachten die →Bedürfnisse unserer →Kunden als unsere eigenen.

Hauen Sie auf die Pauke:
Menschen haben die vielfältigsten Erwartungen (→Bedürfnisse). Und sie spüren, ob ihre Erwartungen geachtet werden. Respekt ist die entscheidende →Basis unserer Arbeit. Und unseres Erfolgs. Auf der ganzen Welt vertrauen Menschen der →Qualität unserer Leistungen. Weil sie genau wissen: Wir nehmen unsere →Kunden ernst.

Mensch, Leser, alter Rächer vor dem Herrn, das ist doch grundanständig! Jetzt sollten wir auch gleich damit drohen, dass mit uns nicht zu spaßen ist und wir nichts ungesühnt lassen:

Wir sind aktiv. Wenn einer die Kunden entehrt, greifen wir ein.

Liste B 4.3.3 Die Rache – Held – Aktivität

„Wir sind aktiv. Wenn einer die Kunden entehrt, greifen wir ein."

Wir handeln. Für unsere →Kunden

beziehen wir Stellung.		
engagieren wir uns.		
machen wir uns stark.		
nehmen wir Stellung.		
setzen wir uns ein.		
stehen wir ein.		
treten wir ein.		
sind wir bereit,	Außergewöhnliches	zu leisten.
	Außerordentliches	
	Beachtliches	
	Beeindruckendes	
	Bewundernswertes	
	Großartiges	
	Hervorragendes	
	Überragendes	
	Überraschendes	
	Überwältigendes	
	Ungewöhnliches	
	Vorbildliches	

Varianten:
Wir lassen keine Wünsche offen.
(Vgl. auch Liste B 3.3.3.)

Hauen Sie auf die Pauke:
Verantwortung ist kein abstrakter Anspruch. Sie ist immer nur gelebte Verantwortung und muss ständig neu bewiesen werden. Wir erwerben den Respekt der Menschen/unserer →Kunden nur, wenn wir ihnen selbst täglich mit Respekt begegnen. Indem wir ihnen →exakte Antworten auf ihre →Bedürfnisse →anbieten. Indem wir ihnen →außerordentliche →Qualität →anbieten. Für unsere →Kunden leisten wir Herausragendes. Immer wieder neu.

Klar, Mr. *Bronson*, genau das tun Sie. Und es ist auch klar, dass Sie dabei mit der nötigen Härte vorgehen. Das ist schon nicht mehr der Mut des Abenteurers, sondern die *Unerbittlichkeit* des Rächers.[6] Wenn es sein muss, erfinden Sie sogar überlegene Produkte!

Wir schrecken vor sehr wenig zurück. Man muss schließlich ein Exempel statuieren.

Liste B 4.3.4 Die Rache – Held – Unerbittlichkeit

„Wir schrecken vor sehr wenig zurück."

Wir	sind	entschlossen.
		konsequent.
		prinzipientreu.
		unbeirrt.
		unkonventionell.
		unserer Tradition verpflichtet.
		verlässlich.
		zielstrebig.

„Man muss schließlich ein Exempel statuieren."

Der	Markt	braucht	außergewöhnliche(n)
		dürstet nach	kreative(n)
		hungert nach	prägnante(n)
		verlangt nach	ungewöhnliche(n)
		wartet auf	unkonventionelle(n)

Lösungen (→Produkte).

Varianten:
Wir sind konsequent. Wir kennen die Ansprüche (→Bedürfnisse) unserer →Kunden. Daran halten wir uns.

[6] Man zuckt unwillkürlich zusammen, wenn etwa die Deutsche Bank auf ihrer Homepage konstatiert: „Der Kunde steht im Mittelpunkt aller unserer Aktivitäten. Wir orientieren uns kompromisslos an seinen Zielen und Wünschen." Erinnert man sich dann aber wieder beispielsweise an die Gebühren bei der Euro-Umstellung, stellt man erleichtert fest, dass aber auch wirklich nichts so heiß gegessen wird, wie es gekocht wurde.

Hauen Sie auf die Pauke:
→Qualität verpflichtet. Die →außerordentliche →Akzeptanz unserer →Produkte beruht auf der konsequenten/→systematischen Umsetzung von →Kunden→bedürfnissen in →außerordentliche →Produkte. Das ist der Anspruch, an dem wir uns messen lassen. Und wir weichen nicht davon ab. Wenn es um unsere →Kunden geht, machen wir keine Zugeständnisse.

Und schließlich, damit nicht Spezialeinheiten des Bundesgrenzschutzes schon mal vorsorglich unser Bürogebäude umstellen, sollten wir noch einmal betonen, dass sich unsere rächerische Gesinnung selbstverständlich im Einklang mit den geltenden gesellschaftlichen Normen befindet, auch wenn das einem originären Rächer im Zweifelsfalle völlig wurscht ist. Aber wir sind da ja ganz anders.

Wir befinden uns im Einklang mit den geltenden Normen. Wir wissen sehr wohl, dass man Unrecht nicht mit Unrecht vergelten kann.

Liste B 4.3.5 Die Rache – Held – keine Ächtung

„Wir befinden uns im Einklang mit den geltenden Normen."

Wir →befürworten

ausgewogene(s)	Dynamik
gleichgewichtige(s)	Entwicklung
harmonische(s)	Wachstum
nachhaltige(s)	Weiterentwicklung
organische(s)	

des Marktes

zum	beiderseitigen	Gewinn	aller	Beteiligten.
	gegenseitigen	Nutzen	der	Geschäftspartner.
	wechselseitigen	Vorteil	seiner	Marktpartner.
				Partner.

„Wir wissen sehr wohl, dass man Unrecht nicht mit Unrecht vergelten kann."

Unsere →Produkte

begreifen	wir	als	Ansporn	für	den/	gesamte(n)	Branche.
betrachten			Aushängeschild		die		Kategorie.
sehen			beispielhaft				Markt.
verstehen			mustergültig				
			Visitenkarte				
			vorbildlich				

Varianten:
Wir setzen Maßstäbe.
Wir treiben die Entwicklung voran.

Hauen Sie auf die Pauke:

Konsequenz heißt Ehrlichkeit. Unsere →Produkte sind die ehrliche Antwort auf die →Bedürfnisse unserer →Kunden. Damit leisten wir nicht nur →Entscheidendes für ihre →Zufriedenheit. Wir treiben die Branche voran. Unsere Leistungen verstehen wir →stets als beispielhaft für die gesamte Kategorie. Mit weniger geben wir uns nicht zufrieden.

Puh!, das ist ja noch mal gut gegangen! Falls jemand im Publikum zwischendurch schon befürchtet haben sollte, wir würden gleich nach dem Vortrag hinausgehen und ein grausiges Blutbad anrichten, erfährt er nun zu guter Letzt, dass wir natürlich die Musterknaben der Szene schlechthin sind. Unsere Mission ist absolut ehrenhaft und kann im folgenden Abschnitt von jedermann eingesehen werden.

4.4 Mission: Wiederherstellung der Ehre

Uns dürstet nach Satisfaktion! Wie bei der *Rettung* ist die Logik des Plots und damit auch die Mission des Helden ziemlich schnörkellos: Ehre befleckt, kein Schwein kümmert sich drum, also müssen wir mal wieder selbst ran. Und wir wollen nichts Geringeres als die Rückkehr zu den Tugenden des Marktes:

Wir wollen die Ehre der Kunden wiederherstellen. Sie sollen sehen, dass wir uns für sie einsetzen.

Liste 4.4.1 Die Rache – Mission

„Wir wollen die Ehre der Kunden wiederherstellen."

Es ist unser →vorrangiges →Ziel, unsere(n) →Kunden (mit)

ausgefeilte(n)
ausgereifte(n)
ausgewogene(n)
durchdachte(n)
gereifte(n)
kompetente(n)
seriöse(n)
überlegene(n)
überlegte(n)
überzeugende(n)
wohl überlegte(n)

→Produkte(n) (→nachhaltig)

(zu)	begleiten.
	Beistand zu leisten.
	beizustehen.
	helfen.
	stärken.
	unterstützen.
	zufrieden zu stellen.
	zur Seite zu stehen.
	(→anzubieten.)

„Sie sollen sehen, dass wir uns für sie einsetzen."

Die →relevante Kernzielgruppe der *ökologisch orientierten preisbewussten Hobbyköche** **soll unsere →Produkte als diejenigen →beurteilen, die**
**(Hier setzen Sie bitte ggf. Ihre Kernzielgruppe ein.)*

das/	höchstmögliche(-n,-s)	Eindruck	an/	Geborgenheit	geben.
den/	maximalen(-n,-s)	Erlebnis	der/	Heimat	vermitteln.
die		Gefühl	des/	Schutz(es)	
ein(en)		Überzeugung	von	Sicherheit	
				Zuflucht	
				Zuhause(s)	

Varianten:
Unsere →Produkte sollen den →Kunden das Gefühl geben,

beim Wort genommen	zu werden.
ernst genommen	
geachtet	
nicht im Stich gelassen	
respektiert	

Drehen Sie auf:
Menschen suchen nach Sicherheit. Je vielfältiger und unübersichtlicher das Angebot ist, umso wichtiger werden Klarheit und Eindeutigkeit der Leistungen. Darin besteht unser Auftrag. Wir wollen unseren →Kunden die Sicherheit geben, die die vertrauensvolle Entscheidung für unsere →Produkte erleichtert. Wir wollen mit →außergewöhnlicher →Qualität überzeugen und ein Höchstmaß an Geborgenheit geben. Dafür stehen wir ein.

Während der Retter aber völlig zufrieden damit ist, heute mal wieder die schöne Maid aus den Klauen des fiesen Unholds befreit und damit quasi nur einen operativen Betriebsunfall rückgängig gemacht zu haben, wird für den Rächer mit der Erfüllung seiner Mission ein Zustand hergestellt, in dem ein höherer Wert endlich wieder Geltung besitzt: Ehre und Gerechtigkeit. „Der Held braucht für seine Vergeltung eine moralische Rechtfertigung."[7] Zu dem ganzen Formalkram („diesen oder jenen Kunden rächen") nehmen wir als weitere Mission also mit ins Programm: „Gerechtigkeit wiederherstellen".[8] Macht sich doch gut, oder?

[7] Tobias, 1999, S. 157.

[8] Wir werden dieses Extra-Ziel dennoch nicht zum Anlass nehmen, dem Rächer eine spezifische Entwicklung zuzugestehen (die müssen Sie sich bei Bedarf wieder aus Teil C holen): Der Rächer erlangt nicht zwangsläufig eine neue Einsicht. Sein Anliegen ist allerdings so großartig („übergreifende Ordnung wiederherstellen"), dass es einer expliziten Erwähnung hier durchaus würdig ist.

Es soll wieder Gerechtigkeit herrschen im Lande.

Liste B 4.4.2 Die Rache – Mission – Bonuspunkte

„Es soll wieder Gerechtigkeit herrschen im Lande."

Wir	werden	dem/	Branche	ein(e)	neue(s)	Antlitz	geben.
	wollen	der	Kategorie			Gepräge	verleihen.
			Markt			Gesicht	
						Konturen	
						Prägung	
						Profil	

Varianten:
Wir stehen (→befürworten) für →Produkte einer neuen Generation.

Drehen Sie auf:
→Kunden wissen, wem sie vertrauen können. →Qualität gibt Sicherheit. Wir bieten →Qualität. Es ist unser →Ziel, als →überlegenes →Unternehmen →beurteilt zu werden, das die →entscheidenden Impulse setzt und Vorreiter auf dem Markt für (...) ist.

Wacker, wacker. Den Schutzbedürftigen Schutz geben und den kleinen Naschkatzen die Sicherheit einer bedeutenden Schokoladenmarke. Denn dergleichen Edelmut führt zu einem Zustand, der nicht weniger als höchstmögliche Marktharmonie gewährt, die dadurch definiert ist, dass alle zufrieden und glücklich bei uns einkaufen gehen.

4.5 Vision: In sicherer Obhut

Die ruchlose Tat ist meistens irreversibel. Nie wird der Kunde die Produkterfahrung mit den schändlichen Angeboten des Wettbewerbs vergessen. Tief sitzen auch bei uns die Wunden einer vergleichenden Werbekampagne des Wettbewerbs. Trotzdem, ist die Tat erst einmal gesühnt, werden wir allmählich wieder das Gefühl haben können, dass Recht und Ordnung zurückgekehrt sind. Wir können dann endlich wieder in Ruhe weiterleben:

Wenn wir Satisfaktion erlangt haben, kehrt ja vielleicht mal wieder Ruhe im Karton ein. Dann können wir uns weiter um unsere Kunden kümmern und unseren sonstigen Geschäften nachgehen.

Liste B 4.5.1 Die Rache – Vision – in sicherer Obhut

„Wenn wir Satisfaktion erlangt haben, kehrt ja vielleicht mal wieder Ruhe im Karton ein."

Respekt (*vgl.* Liste B 4.3.2) **vor unseren →Kunden und →systematische**

Ausrichtung auf
Fixierung auf
Fokussierung auf
Identifikation mit
Konzentration auf
Orientierung an
Positionierung nach

ihre(n) →Bedürfnisse(n) wird die →Beziehung zu unseren →Kunden vertiefen (→verstärken) und unsere →überlegene Position(ierung) gegenüber dem Wettbewerb deutlich herausstellen.

„Dann können wir uns weiter um unsere Kunden kümmern und unseren sonstigen Geschäften nachgehen."

Gemeinsam mit unseren →Kunden wollen wir in

beiderseitiger(-m)	dauerhafter(-m)	Achtung
gegenseitiger(-m)	enger(-m)	Anerkennung
wechselseitiger(-m)	intensiver(-m)	Aufmerksamkeit
	offener(-m)	Loyalität
	vertrauensvoller(-m)	Respekt

unsere Vision verwirklichen:

Firma.*	Glaubwürdigkeit	hat einen Namen.
	Sicherheit	
	Verantwortung	
	Vertrauen	
	Zuverlässigkeit	
**(Setzen Sie hier bitte Ihren Firmennamen ein.)*		

Varianten:
Partner für <u>Vertrauen</u>.

Machen Sie Dampf:
Engagement →bewirkt Vertrauen. Unsere →Kunden honorieren unseren täglichen Einsatz für sie mit Loyalität und Treue. Ihre höchste →Zufriedenheit ist unser ständiger Anspruch. So kommen wir unserer Vision Tag für Tag ein Stück näher: als Begleiter für Menschen, die <u>Zuverlässigkeit</u> suchen und bei uns finden. Die mit voller Überzeugung sagen können: „Da fühle ich mich gut aufgehoben."

Nun, wenn das so ist, werden unsere Kunden natürlich jederzeit gerne Schutzgelder, Verzeihung, Schutzgebühren für unsere außergewöhnlichen Leistungen zahlen, denn nichts anderes sind ja letzten Endes in diesem Plot unsere Preisforderungen. Nichts für ungut, aber wir müssen ja auch von etwas leben. Nichts ist umsonst.

4.6 Aktionen: Beschämen und heimzahlen

Die Anforderungen beim *Rache*-Plot sind klar: Der Missetäter muss Sühne leisten, und das geschieht genau dadurch, dass wir ihm einen gezielten Schlag versetzen;

da wird er seine Panel-Daten aber locker vier- bis fünfmal lesen, bevor er so richtig glauben kann, was ihm da passiert ist!

Unsere Produkte werden eine gewisse Überlegenheit ausstrahlen müssen, damit wir unsere Kunden wieder für uns gewinnen können. Sie sollten aber auch, damit bei ihm die nötige Reue einsetzt, den Schurken durch höchste Zuverlässigkeit beschämen: Wenn sein Angebot ehrlos war, soll unseres an Seriosität so eindrucksvoll sein, dass der Kerl in Tränen des Entsetzens über sich selbst ausbricht.

Wir werden den Gegner mit überlegenen Angeboten beschämen. Er wird sehen, dass er kein Recht hat, mit seinen minderwertigen Ladenhütern unsere Kunden zu entehren. Unsere Kunden werden einmal mehr erleben, dass sie bei uns bestens aufgehoben sind.

Liste B 4.6.1 Die Rache – Aktionen – den Wettbewerb beschämen

„Wir werden den Gegner mit überlegenen Angeboten beschämen. Er wird sehen, dass er kein Recht hat, mit seinen minderwertigen Ladenhütern unsere Kunden zu entehren."

Leistung	und	Kompetenz
Leistungsfähigkeit		Seriosität
Qualität		Verlässlichkeit
Souveränität		Zuverlässigkeit
Überlegenheit		

sind die →entscheidende →Basis für (die Wettbewerbsfähigkeit) unsere(r) →Produkte.

„Unsere Kunden werden einmal mehr erleben, dass sie bei uns bestens aufgehoben sind."

Ihre →Akzeptanz

bekundet	die	Geborgenheit,
belegt		Sicherheit,
beweist		Verlässlichkeit,
demonstriert		Zuverlässigkeit,
zeigt		

die sie unseren →Kunden bieten.

Varianten:
Wir entwickeln →überlegene →Produkte. Mit Leistung und Kompetenz stehen wir für →außerordentliche Zuverlässigkeit.

Gehen Sie in die Vollen:
→Überlegene →Qualität setzt sich durch. Unsere Kunden müssen nicht lange nach Zuverlässigkeit suchen: Sie finden sie bei uns. Durch Leistung und Kompetenz unterscheiden wir uns deutlich von anderen. Für uns ist das eine Selbstverständlichkeit. Und das wird auch in Zukunft so bleiben.

Wow! Gegen solches Kaliber kann der Wettbewerb schwerlich ankommen. Damit beschämen wir ihn nicht nur, sondern zahlen es ihm auch tüchtig heim.

Dieser Aspekt spielt auch eine Rolle, wenn wir uns erlauben, in fremden Gewässern zu fischen. Wir erinnern uns: Bevor die frevelhafte Untat begangen wurde, war vielleicht mal alles im Lot, aber dann kam dieser Kerl und machte sich an unseren Zielgruppen zu schaffen. Was läge näher, als es ihm mit gleicher Münze heimzuzahlen und sich umgekehrt auch auf seinen Märkten zu tummeln, die uns sonst vielleicht gar nicht interessiert hätten. Wir betreiben also Marktentwicklung, indem wir ihm nun umgekehrt seine Zielgruppen wegschnappen.

Wir werden in den Märkten des Frevlers wildern. Dann sieht er mal, wie das ist.

Liste B 4.6.2 Die Rache – Aktionen – mit gleicher Münze

„Wir werden in den Märkten des Frevlers wildern."

Wir	**bauen (...) aus**
	entwickeln
	erobern
	erschließen
	investieren in

→systematisch →lukrative

Märkte	**der Zukunft.**	
Potenziale	**einer neuen**	**Dimension.**
Zielgruppen		**Generation.**

„Dann sieht er mal, wie das ist."

Unsere →Produkte

eröffnen	**neue**	**Dimensionen.**
erschließen	**maßgebliche**	**Perspektiven.**
setzen		**Akzente.**
		Horizonte.
		Maßstäbe.
		Trends.

Varianten:
Wir forcieren Wachstum, indem wir →systematisch in neue Märkte der Zukunft investieren.

Gehen Sie in die Vollen:
Ein →überlegenes Angebot (→Produkte) gewinnt. Überall. Deswegen bauen wir zukunftsträchtige Märkte weiter aus. Damit noch mehr Menschen unsere →außerordentlichen Leistungen erleben können. Damit wir uns einmal mehr beweisen können.

Wunderbar, damit haben wir das dann auch erledigt.

Die Aktivitäten des Rächers sind naturgemäß eindeutig nach außen gerichtet, sofern wir uns nicht gerade an einem Kollegen rächen wollen, der uns im Meeting nicht rechtzeitig die Kaffeekanne rübergegeben hat. Außenorientierung heißt zwangsläufig, dass interne Maßnahmen wie zum Beispiel Personalentwicklung hier nicht zentrales Thema sind. Nicht, dass der Rächer mit so etwas nichts am Hut hat – er kann sich durchaus verantwortlich für seine Leute fühlen. Derlei Aktivitäten sind hier nur nicht von überragender Bedeutung hinsichtlich der Rache am Konkurrenten. Sollten Sie dennoch nicht darauf verzichten wollen, auch intern Gerechtigkeit walten zu lassen – kann ja sein, dass der eine oder andere Mitarbeiter Ihre Unternehmensphilosophie tatsächlich liest und nicht lediglich sein Pausenbrot darin einwickelt –, verweise ich Sie auf Abschnitt C 2.7.

Damit steht der Aktionsplan für unseren Rachefeldzug. Das Publikum bedenkt Sie mit herzlichem Applaus. Endlich mal einer, der sich für die wahren Interessen seiner Kundschaft einsetzt und dem Wettbewerb die Ohren lang zieht. Erschöpft, aber zufrieden schauen Sie Ihren Zuhörern nach. Noch während sie hinausgehen, beginnen sie eifrig zu diskutieren. Endlich mal jemand, der den moralischen Aspekt nicht vernachlässigt. So einer müsste aber wirklich auch mal bei uns ... oder nehmen wir das demnächst selbst in die Hand?

5 Wer hat an der Uhr gedreht? – Unternehmensphilosophie für Schlaumeier

„wie kam die amsel
in die boote
vor calais?"
H. C. ARTMANN[1]

Was sind denn nun die entscheidenden Kaufmotive bei Verbrauchern? Wir verfügen bestimmt über eine umfangreiche Markenwert-Datenbank, aber irgendwie passen die Daten mal wieder vorne und hinten nicht zusammen, wir haben lediglich den Befund: Sie haben's uns mal wieder nicht abgekauft. Oder wie hießen noch gleich die relevanten Wettbewerbsvorteile auf unserem Nischenmarkt? Hat da nun dieser *Porter* Recht oder reicht auch einfach die Matrix der *Boston Consulting Group*? Und wenn ja, auf welchem Feld welches Portfolios auch immer befinden wir uns überhaupt und wohin sollten wir? Wir wissen eigentlich nur mal wieder: Die anderen sind uns ein paar entscheidende Schritte voraus und wir kennen nicht mal die Richtung.

Das gehörte eigentlich alles mal so richtig aufgeklärt. Damit am Ende die Täter (die Wettbewerber) überführt und die Geheimnisse (das Kaufverhalten) gelüftet werden und wir endlich wieder erfolgreich weiterarbeiten können.

Columbo, erklären Sie mal kurz, wie's ausschaut:

[Präambel]
Detektivarbeit
Unternehmertum ist Detektivarbeit. Tagein, tagaus gibt es komplizierte Fälle zu lösen, sonst bist du raus aus dem Geschäft.

[Schauplatz]
Tatort
Der Markt ist ein Tatort. Ständig liegt irgendwo eine Leiche rum und keiner will's gewesen sein. Dieses Mal ist uns ein Kunde gekidnappt worden.

[Held]
Detektiv
Gott sei Dank sind wir schwer auf Zack.

[1] Aus „lancelot und gwynever" in: ARTMANN, 1978, S. 495.

Wir sind clever. Es braucht schon ungetrübtes Denkvermögen, um dem Täter auf die Schliche zu kommen.
Wir sind interessiert. Man muss auf jedes Detail achten, damit man eine Spur entdecken kann.
Wir sind offen. Wenn es sein muss, verwerfen wir natürlich falsche Theorien und Hypothesen.
Wir sind zielstrebig. Wir wissen, wohin wir wollen.
Wir sind hartnäckig. Wir lassen uns nicht so leicht abschütteln.

[Mission]

Lösen des Falls

Wir wollen den Fall lösen. Unsere Kunden sollen sehen, dass sie bei uns am besten aufgehoben sind.
Es soll wieder Gerechtigkeit herrschen im Lande.

[Vision]

Klarheit und Loyalität

Wenn wir die Sache geklärt haben, wissen wir mehr über die Motive unserer Kunden und die Strategien des Wettbewerbs und können unsere Kunden besser an uns binden.

[Entwicklung]

Allgemein gültiges Wissen

Der Fall wird definitiv in unserer Verbrecherkartei aktenkundig gemacht. Mithilfe von Datenbankwissen gewinnen wir allgemein gültige Erkenntnisse, die uns bei zukünftigen Akquisitionen hilfreich sein können.

[Aktionen 1]

Forschung und Entwicklung

Wir werden überall rumstöbern. Wir werden schon rauskriegen, womit man Kunden locken kann.

[Aktionen 2]

Köder auslegen

Wir werden überall Köder auslegen. Wenn wir den Wettbewerb erst mal mit neuen Produkten aus der Reserve locken, haben wir ihn.

[Aktionen 3]

Informanten anwerben

Wir werden unsere Informanten gut auswählen. Sie werden bekommen, was ihnen zusteht.

5.1 Präambel: Detektivjob

Als Unternehmer oder auch nur Manager[2] hat man es auch nicht immer leicht. Das ist ungefähr so, wie wenn Sie als Postbote ein Einschreiben abliefern sollen, aber die Adresse ist nicht auffindbar. Tja, nicht mal eine Benachrichtigung können Sie in den Briefkasten werfen. Und weil Sie natürlich nicht nur einen Kunden haben, sondern gleich Millionen, ist Ihre Aufgabe natürlich auch ungleich schwerer, nur um mal den Vergleich mit dem Zusteller wieder in die richtigen Proportionen zu bringen.

Unternehmertum ist Detektivarbeit.

Liste B 5.1.1 Das Rätsel – Präambel – Basis-Statement

„Unternehmertum ist Detektivarbeit."

→Unternehmertum →besteht in

Analyse.	Entschlüsselung.	Heuristik.	Recherche.
Aufklärung.	Erkennen.	Hinterfragen.	Sondieren.
Durchschauen.	Erklärung.	Identifizieren.	
Enträtselung.	Exploration.	Lösung.	

Varianten:
→Alles →wahre →Unternehmertum ist →grundsätzlich →nichts anderes als Analyse.
(Weitere Tipps in Abschnitt C 2.1)

Geben Sie Vollgas:
Unsere Welt wird immer komplexer. In allen Bereichen unseres Lebens haben die Möglichkeiten →beträchtlich zugenommen und entsprechend stark sind Ansprüche (→Bedürfnisse), Einstellungen und Motivationen angewachsen. Jeder sieht sich heutzutage vielfältigen Erwartungen ausgesetzt. Sie zu kennen heißt, seine →Ziele besser und schneller zu erreichen. Das ist für →Unternehmen nicht anders als für den Einzelnen. Und das meinen wir, wenn wir sagen: →Unternehmertum ist Analyse.

Alles Unternehmertum ist Analyse, sagt der gewiefte Hausdetektiv, und er meint damit:

[2] Ups! Was war das denn? „Oder auch nur Manager"? Sorry, werte Manager, aber, um der Gerechtigkeit Genüge zu tun: Es ist sehr wahrscheinlich, dass der klassische Eigentümer-Unternehmer noch mal aus einem ganz anderen Holze geschnitzt ist als ihr. Aber ihr seid ganz nah dran, ehrlich. Jedenfalls deutlich näher als die Kollegen aus eurer Hauspostabteilung. Und als kleiner Trost: Die Eigentümer-Unternehmer sitzen doch sowieso fast nur noch im Mittelstand. Überlegen Sie mal! Der Schreinermeister, der letztens die Holzvertäfelung Ihres Wohnzimmers versaubeutelt hat. Der verdient doch auch viel weniger als Sie, oder?

Tagein, tagaus gibt es komplizierte Fälle zu lösen, sonst bist du raus aus dem Geschäft.

Liste B 5.1.2 Das Rätsel – Präambel – Ergänzungs-Statement

„Tagein, tagaus gibt es komplizierte Fälle zu lösen, ... "

→Allein

die/	Aufspüren	der	Kauf-	gesetze(n)
das	Begreifen	in	Konsum-	gewohnheiten
	Einsicht	von	Markt-	muster(n)
	Erkennen		Nutzungs-	strukturen
	Ermitteln		Verhaltens-	
	Identifizieren			
	Lokalisieren			
	Orten			
	Sondieren			
	Verstehen			

„... sonst bist du raus aus dem Geschäft."

→bewirkt →nachhaltigen →Erfolg.

Varianten:
... das →exakte/→sachgemäße/→systematische Aufspüren der →exakten/→wahren →Bedürfnisse der →Kunden ...

Geben Sie Vollgas:
Nur wer die vielfältigen Erwartungen kennt, die an ihn gestellt werden, kann sich darauf einstellen und sein Handeln (→Auftritt) →exakt/→systematisch daran ausrichten. →Erfolg ist immer die →Zufriedenheit, die wir bei anderen erzielen. Der →Erfolg eines →Unternehmens hängt davon ab, wie gut es die komplexen Ansprüche (→Bedürfnisse) seiner aktuellen und potenziellen →Kunden einzuschätzen vermag. Wer sie verkennt, wird kein →nachhaltiges Vertrauen erzielen.

Meine Damen und Herren, ich frage Sie: Ist Management nicht vergleichbar mit einem gigantischen Puzzle-Spiel mit, sagen wir mal, zweitausend Teilen, wenn's denn reicht? Und wenn man das fehlende Teil nicht findet, bekommen wir auch kein schönes Bild von der Insel Mainau im Frühling, das wir uns so gerne an die Wand hängen würden? Ich danke Ihnen für Ihre verständnisvolle Zustimmung, denn dann können wir unsere tiefe Einsicht in die Zusammenhänge des Lebens gleich am Markt, quasi am lebenden Objekt, verifizieren.

5.2 Schauplatz: Mord und Totschlag

Ärger, nichts als Ärger. Da will man gerade mal in Ruhe seine Whisky-Sammlung sortieren, schon wird man wieder von seinem Assistent angerufen und muss erfahren, dass irgendwo eine Leiche herumliegt. Oder ein Kunde abgesprungen ist.

Fluchend knallen wir den Hörer auf die Gabel und fahren hin, um sogleich festzustellen:

Der Markt ist ein Tatort.

Liste B 5.2.1 – Das Rätsel – Schauplatz – Basis-Statement

„Der Markt ist ein Tatort."

Der Markt für *probiotische Spirituosen** **ist ein →außerordentlich**
**(Setzen Sie hier bitte Ihre bevorzugte Branchenbezeichnung ein.)*

amorphes
dynamisches
enigmatisches
fraktales
heterogenes
komplexes
offenes
unstrukturiertes
vieldimensionales

→System.

Varianten:
Komplexe Strukturen sind seit jeher kennzeichnendes Merkmal des Marktes.

Lassen Sie es krachen:
Märkte werden von Menschen gestaltet. Genauso vielfältig wie die Ansprüche (→Bedürfnisse) seiner Akteure sind die Strukturen eines Marktes. Und mit diesen ändern sie sich kontinuierlich. Unsere Vorstellungen und Meinungen über unsere Umwelt und alles, was uns wichtig ist, unterliegen stetem Wandel. Was gestern noch von Bedeutung war, ist morgen schon in Vergessenheit geraten. Auch auf dem Markt für (...) haben die Einstellungen der →Kunden eine rasante Entwicklung erlebt. Sie belebt den Markt und trägt zu seinem Facettenreichtum bei. Das macht ihn gleichzeitig zu einem →außerordentlich komplexen →System.

Tja, Leser, das mit dem enigmatischen System hätten wir uns beide nicht träumen lassen, was? Während nur wenige im Publikum bereits ins Grübeln geraten („Enigma? Gab's da nicht mal so eine Popgruppe?"), ist den meisten sonnenklar, was damit gemeint ist:

Ständig liegt irgendwo eine Leiche rum und keiner will's gewesen sein.

Liste B 5.2.2 – Das Rätsel – Schauplatz – Ergänzungs-Statement

„Ständig liegt irgendwo eine Leiche rum ... "

Disruptive	Entwicklungen
Dynamische	Konsumstrukturen
Erratische	Marktergebnisse

Heterogene	Prozesse
Stochastische	Tendenzen
Ungleichgewichtige	Transaktionen
Unorganische	Trends
	Wettbewerbsmuster

→verstärken seine

multidirektionale	Dynamik
turbulente	Entwicklung
uneinheitliche	Reifung
	Wachstum

„... und keiner will's gewesen sein."

und

beeinträchtigen
behindern
erschweren
stören
vereiteln

→sachgemäße/→systematische

Analysen.
Planungen.
Prognosen.
Strategien.

Varianten:
Seine dynamische Entwicklung erfordert flexible/→sachgemäße Planungen/erhöht das Risiko langfristiger Planungen.

Lassen Sie es krachen:
„Unser Wissen ist Stückwerk", wusste schon der Apostel Paulus. Wenn schon die derzeitigen Marktstrukturen mit erheblichen Unsicherheiten behaftet sind, so erst recht Annahmen über seine weitere Entwicklung. Niemand kann in die Zukunft sehen. Das Einzige, das wir mit Fug und Recht annehmen dürfen, ist eine Entwicklung zu noch mehr Vielgestaltigkeit und Differenzierung. Hier helfen starre Strategien nicht weiter.

Das ist doch das Schöne am *Rätsel*-Plot: Wenn wir nur apodiktisch genug (was war das noch gleich?) behaupten, dass das enigmatische System disruptiven Trends unterliegt, ist aber auch wirklich jedem klar, dass alles unklar ist. Man kommt sich hier ja vor wie im Film „Matrix", aber ich verspreche Ihnen: Wenn Sie das Ganze noch ein bisschen würzen mit schurkischen Wettbewerbern, desorientierten Verbrauchern oder einer argwöhnischen Öffentlichkeit – alle zu finden in Abschnitt C 2.2 –, ergibt Ihre Marktbeschreibung durchaus Hand und Fuß.

Was für ein schier undurchdringliches Dickicht also! Zwar konnten wir hier ja bislang ganz gut leben, aber nun zwingt uns ein Rätsel, die ganzen Puzzle-Teile zusammenzusetzen. Die Leiche in unserem Detektivspiel ist unser geschrumpfter Marktanteil. Wer war's? Der Kunde war's. Er hat unsere Spitzenprodukte nicht mehr so oft gekauft, die treulose Tomate. Stattdessen hat ihn der Wettbewerb entführt.

Nun, halten wir unser *katalytisches Ereignis* schon mal für unseren vorläufigen Polizeibericht fest:

Dieses Mal ist uns ein Kunde gekidnappt worden.

Liste B 5.2.3 Das Rätsel – Schauplatz – der Fall

„Dieses Mal ist uns ein Kunde gekidnappt worden."

Auch	**als sicher geltende**
Selbst	**beständige**
Sogar	**bisherige**
	bewährte
	langjährige
	loyale
	sichere
	stabile
	treue

Zielgruppen/→Kunden sind/erscheinen (→angesichts dieser Entwicklung) als →systematisch/ →tendenziell

bedroht.
gefährdet.
illoyal.
instabil.
kritisch.
riskant.
ungewiss.
unsicher.
wählerischer.
wechselhaft.
weniger treu.

Varianten:
Die →tendenzielle Gefährdung bislang stabiler Zielgruppen/→Kunden erfordert umso mehr einen umsichtigen und →sachgemäßen →Auftritt.

Lassen Sie es krachen:
Die Märkte von morgen werden eine weitere Spreizung der →Bedürfnisstrukturen erleben. Nur Vielfalt →bewirkt Individualität. Vielfalt der Möglichkeiten bedeutet nicht nur Vielfalt der Wahl, sondern auch des Wechsels zwischen verschiedensten Angeboten (→Produkte). Vieles spricht dafür, dass der →Kunde der Zukunft →tendenziell wählerischer und sein Verhalten entsprechend wechselhafter sein wird. Ein umsichtiger und →sachgemäßer →Auftritt verlangt daher viel Einfühlungsvermögen für die aktuellen und zukünftigen →Bedürfnisse unserer →Kunden.

Da kommt ja was auf uns zu. Uns wird die Teilnahme an Gruppendiskussionen über das Persönlichkeitsbild von Tiefkühlgemüse wohl kaum erspart bleiben. Aber auf genau so was sind wir doch scharf, nicht wahr?

5.3 Held: Ein Fuchs

Nun zu dir, *Bogey*. Deine Leser verlangen von dir nicht weniger, als dass du den Fall löst. Wenn hierfür etwas wichtig ist, dann zunächst einmal die kategorische Feststellung, dass du ziemlich auf Draht bist:

Gott sei Dank sind wir schwer auf Zack.

Liste B 5.3.1 Das Rätsel – Held – zentrales Statement Detektiv

„Gott sei Dank sind wir schwer auf Zack."

Wir	sind	ein	analytisches
			erfahrenes
			intelligentes
			tiefer blickendes
			umsichtiges
			weit blickendes

→Unternehmen.

Varianten:
Wir gehen den Dingen auf den Grund.
Wir blicken tiefer.

Hauen Sie auf die Pauke:
Wer Antworten gibt, muss die Frage kennen. Wer Antworten gibt, muss den Fragenden kennen. Wir kennen unsere →Kunden und wir kennen ihre →Bedürfnisse.[3] Wir wissen, was sie bewegt. Weil wir genauer hinsehen. Deswegen haben wir nicht nur Antworten für sie. Wir haben bessere Antworten.

Sehr gut, altes Adlerauge. Es reicht aber nicht nur, weiter und tiefer und genauer zu sehen, sondern auch zu verstehen. Was nutzt eine Sehschärfe von 100 Prozent bei einem IQ von, sagen wir mal, 80? Es bedarf also einer gewissen Klugheit. Aber die haben Sie ja:

Wir sind clever. Es braucht schon ungetrübtes Denkvermögen, um dem Täter auf die Schliche zu kommen.

Liste B 5.3.2 Das Rätsel – Held – Klugheit

„Wir sind clever."

3 Das klassische Bauknecht-Argument: „Bauknecht weiß, was Frauen wünschen." Nur schade eigentlich, dass man sich durch die Wahl des Produktprogramms ein wenig selbst disqualifiziert hat. Oder wünschen Frauen wirklich Waschmaschinen?

Wir	betrachten	den/	Angelegenheiten	aus der Kundenperspektive.
	bewältigen	die	Aufgabe(n)	ganzheitlich.
	deuten	unsere(n)	Dinge	holistisch.
	entscheiden		Herausforderungen	im Konnex.
	gehen (...) an		Markt	im Kontext.
	lösen		Probleme	im Zusammenhang.
	meistern			kontextuell.
	vollbringen			nicht nur partiell.
	überwinden			

Varianten:

Wir erkennen Zusammenhänge.
Wir sehen mit den Augen unserer →Kunden.

„Es braucht schon ungetrübtes Denkvermögen, ... "

→Allein die →eingehende/→sachgemäße/→systematische

datenbankgestützte	Analyse	aller	betreffenden	Chancen und Risiken
faktenbasierte	Bewertung	der/	gesamten	Entwicklungen
nüchterne	Beurteilung	des	integralen	Fragestellungen
objektive	Untersuchung		komplexen	Marktentwicklung
unvoreingenommene			verbundenen	Marktgeschehens
			zusammengehörigen	Marktreaktionen
				Marktverhaltens
				Probleme
				Tendenzen
				Trends
				Verbraucheransprüche

„... um dem Täter auf die Schliche zu kommen."

lässt uns die Ansprüche (→Bedürfnisse) unserer →Kunden →exakt treffen (→befriedigen).

Varianten:

Allein die →systematische Analyse (...) ist die →entscheidende →Basis für →nachhaltigen →Erfolg.
Allein die →systematische Analyse (...) bewirkt →Akzeptanz/→Zufriedenheit.

Hauen Sie auf die Pauke:

Die →Bedürfnisse unserer →Kunden sind oft alles andere als einfach. Das erwarten wir auch gar nicht anders. Eine komplexe Welt braucht komplexe Lösungen. Und wer umfassende Lösungen →anbieten will, muss den Überblick bewahren. Wir sehen Zusammenhänge. Und wir zählen eins und eins zusammen. Damit unsere →Kunden die ganze Antwort bekommen.

Fürwahr, fürwahr. Sie können die disruptiven Trends des enigmatischen Systems nur dann unterbinden, wenn Sie den komplexen Konnex aller Chancen und Risiken in seiner Totalität analysieren. Aber Vorsicht: Bitte nicht Disjunktes zusammenwürfeln!

Es wird in jedem Falle wichtig für Sie sein, Verbrauchermotive zu entschlüsseln, Tatwaffen zu identifizieren und dergleichen kriminalistischer Schnickschnack mehr. Sie wissen schon: War es das Lifestyle-Element in der Werbung oder das Exklusivitätsgefühl angesichts des Preises (und/oder der edlen Verarbeitung) und handelte es sich um die Dachmarkenkompetenz der Wettbewerbsmarke oder war es der ausgefeilte Service des Konkurrenten? Um diesen tatsächlich komplexen Konnex zu entwirren, müssen Sie wirklich clever sein, aber genauso wichtig ist: Angesichts der gepflegten Langeweile, die sich bei Normalsterblichen nach etwa einer halben Stunde der Beschäftigung mit Themen dieses Kalibers breit macht, ist es unabdingbar, dass Sie sich auch wirklich für diese Dinge interessieren. Wir teilen dem geneigten Publikum also mit:

Wir sind interessiert. Man muss auf jedes Detail achten, damit man eine Spur entdecken kann.

Liste B 5.3.3 Das Rätsel – Held – Interessiertheit

„Wir sind interessiert."

Wir	bemühen		(uns)	an
	haben ein offenes Ohr			auf
	interessieren			für
	sind	aufgeschlossen		um
		interessiert		
		neugierig		
		offen		

(die/den →Bedürfnisse(n)) unsere(r) →Kunden.

Varianten:
Je mehr wir von unseren →Kunden wissen, umso mehr wollen wir über sie erfahren.

„Man muss auf jedes Detail achten, damit man eine Spur entdecken kann."

Allein	der/	Einblick	(in)	der/	Anschauungen
Erst	die/	Einsicht	(um)	die	Ansichten
Nur	das	Erkenntnis			Auffassungen
		Kenntnis			Denkweise
		Wissen			Einstellungen
					Mentalität
					Perspektive
					Präferenzen
					Überzeugungen
					Vorstellungen
					Wertestrukturen
					Wertesystem

unserer →Kunden →bewirkt eine

adäquate	Ansprache.
angemessene	Antwort.
individuelle	Bearbeitung.
maßgeschneiderte	Betreuung.
optimal angepasste	Erschließung.
optimale	Pflege.
personalisierte	
persönliche	
zielgruppengerechte	

Varianten:
Unser Wissen ist ihre →Zufriedenheit.

Hauen Sie auf die Pauke:

Das Spannendste an unserem Geschäft sind unsere →Kunden. Sie sind vielseitig, anspruchsvoll – und immer wieder für eine Überraschung gut. Genauso ist unsere Arbeit für sie. Und wir können sie uns auch nicht anders vorstellen. Und weil das so ist, wollen wir täglich mehr über unsere Kunden erfahren. Damit das auch in Zukunft so bleibt.

Nur wenn ich jedes einzelne Detail der komplexen Psychostruktur meiner Abnehmer kenne, komme ich auch dahinter, warum sie bei den anderen und nicht bei mir kaufen.

Als Detektiv müssen wir allerdings auch bereit sein, lieb gewonnene Weltbilder aufzugeben, wenn sich bei unseren Nachforschungen eine völlig andere Datenlage ergibt. Sie kennen das: Da dachten wir immer, unsere Marke stehe für außergewöhnlichen Genuss, und dann ergibt eine Verbraucherstudie, dass wir, sagen wir mal, bestenfalls eine hübsche Verpackung haben. In diesem Fall: Nicht gleich aus lauter Wut oder spontanem Zweifel an den Daten das Marktforschungsinstitut wechseln[4], sondern einfach mal zuhören und sagen: „Holla!, da haben wir ja was Interessantes entdeckt." Wie lautet noch das *Francis Picabia* zugeschriebene geflügelte Wort: „Unser Kopf ist rund, damit das Denken die Richtung ändern kann." Nun denn. Wir bekennen nachdrücklich:

Wir sind offen. Wenn es sein muss, verwerfen wir natürlich falsche Theorien und Hypothesen.

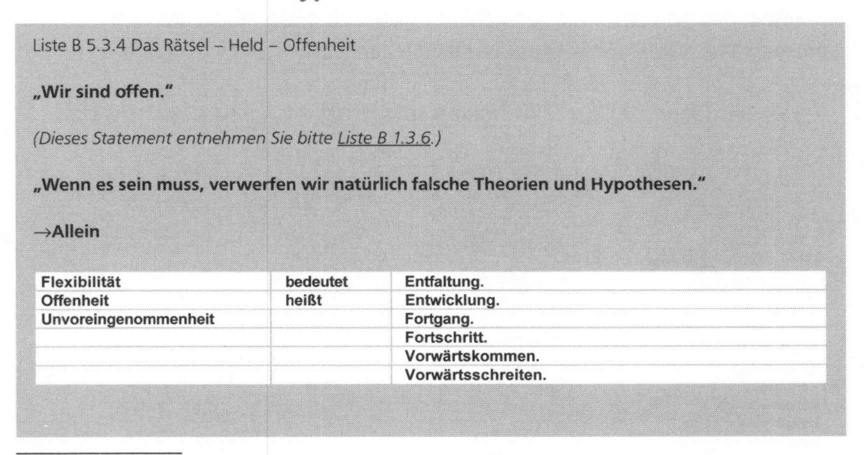

Liste B 5.3.4 Das Rätsel – Held – Offenheit

„Wir sind offen."

(Dieses Statement entnehmen Sie bitte Liste B 1.3.6.)

„Wenn es sein muss, verwerfen wir natürlich falsche Theorien und Hypothesen."

→Allein

Flexibilität	**bedeutet**	**Entfaltung.**
Offenheit	**heißt**	**Entwicklung.**
Unvoreingenommenheit		**Fortgang.**
		Fortschritt.
		Vorwärtskommen.
		Vorwärtsschreiten.

[4] Ich erwähnte ja bereits, dass ich sozusagen in einem Marktforschungsinstitut das Licht der beruflichen Welt erblickte. Nichts ist störender und quälender, als wenn während der Präsentation kühner halbstrategischer Gedankengänge ein Querulant die Hand hebt und fragt: „Ist das auch alles signifikant?" Glauben Sie mir, werter Freund: statistisch meistens nicht, existenziell meistens ja.

Varianten:
... →bewirkt →nachhaltige(n)/→systematische(n) Entfaltung/→Erfolg.

Hauen Sie auf die Pauke:
Wir haben jede Menge Ideen. Wir lassen uns immer wieder etwas Neues für Sie einfallen. Nur so können wir unserem hohen Anspruch gerecht werden, →außerordentliche →Zufriedenheit für außergewöhnliche →Kunden zu erreichen. Dabei lassen wir uns gerne inspirieren. Wir schauen über den Tellerrand. Und nehmen gerne Anregungen auf. Denn wir wissen: Die besten Ideen haben immer noch unsere →Kunden.

Und diese unsere geistige Reg- und Biegsamkeit – ganz im Dienste unserer Zielorientierung!

Wir sind zielstrebig. Wir wissen, wohin wir wollen.

Liste B 5.3.5 Das Rätsel – Held – Zielstrebigkeit

„Wir sind zielstrebig. Wir wissen, wohin wir wollen."

(Dieses Statement entnehmen Sie bitte Liste B 2.3.2)

Und schließlich, auch wenn der Begriff etwas unschön klingt: Es bedarf einer gewissen Wadenbeißermentalität, um in dem Job vorwärts zu kommen. Bei 50 Dollar pro Tag plus Spesen bzw. bei einer Umsatzrentabilität, für die mein Metzger nicht mal das Schlachtermesser heben würde – da muss man schon ein ganz bestimmter Typ sein, um das Ding durchzuziehen:[5]

Wir sind hartnäckig. Wir lassen uns nicht so leicht abschütteln.

Liste B 5.3.6 Das Rätsel – Held – Hartnäckigkeit

„Wir sind hartnäckig."

Wir verfolgen unsere →Ziele

ausdauernd.
beharrlich.
beständig.
konsequent.
konstant.
kontinuierlich.
langfristig.
standhaft.
stetig.

5 „‚Geht nicht', gibt's nicht", proklamiert selbstbewusst eine bekannte Baumarkt- und Heimwerkerkette und trifft damit den Nagel auf den Kopf. Nun, das sollte man in dieser Branche aber auch erwarten können.

unablässig.
unaufhaltsam.
unaufhörlich.
unbeirrt.
unermüdlich.
zielstrebig.

Varianten:
Wir haben unser →Ziel →stets vor Augen.
Wir lassen uns nicht unterkriegen.
Wir bleiben dran.
Was wir uns vornehmen, führen wir auch durch/zu Ende.

„Wir lassen uns nicht so leicht abschütteln."

Hindernisse	**sind dazu da,**	**(um)**	**bewältigt**	**(zu)**	**werden.**
Hürden	**verlangen danach,**		**gelöst**		
Probleme	**wollen**		**überwunden**		

Varianten:
Wir wachsen an unseren Aufgaben.
Es gibt keine Hindernisse. Es gibt nur Herausforderungen.

Hauen Sie auf die Pauke:
Wir glauben an unsere →Ziele. Wir sind überzeugt von unseren Ideen. Sonst hätten wir auch keinen →Erfolg damit. Nur wenn wir von unseren →Produkten überzeugt sind, können wir auch unsere →Kunden überzeugen. Das ist nicht immer leicht. Aber es lohnt sich. Für alle.

Damit sind wir also bestens gerüstet für unseren enigmatischen Markt. Wir haben den Durchblick. Und beste Absichten, natürlich. Sie müssen nur weiterlesen ...

5.4 Mission: Den Fall klären

Wie haben wir es doch besser als *Schimanski*! Während seine Leichen unwiderruflich liegen bleiben (zumindest während die Kamera läuft), kann bei uns der Marktanteil nach Lösung des Rätsels wieder in die Höhe schnellen: Wir wissen dann ja, woran's gelegen hat. Ah, tolle Aussicht! Also, wir wollen zunächst einmal eine saubere Aufklärung des Falls, die uns den Erfolg zurückbringt. Da es sich nicht ganz so gut macht, wenn wir in aller Öffentlichkeit behaupten „Wir wollen endlich wissen, was los ist", werden wir uns auf das vertiefte Verständnis für unsere Kunden berufen, das wir dazu nutzen wollen, sie beim nächsten Mal gleich dort abzuholen, wo sie uns erwarten: Wir wollen Kundenbedürfnisse antizipieren!

Wir wollen den Fall lösen. Die Kunden sehen, dass sie bei uns am besten aufgehoben sind.

Liste B 5.4.1 – Das Rätsel – Mission – Aufklärung

„Wir wollen den Fall lösen."

Es ist unser →vorrangiges →Ziel, die →Bedürfnisse unserer →Kunden

besser	zu	analysieren	und	antizipativ	(zu)	antizipieren.
eingehend		begreifen		vorausschauend		befriedigen.
intensiver		verstehen		vorbeugend		erfüllen.
noch besser				vorgreifend		vorauszuahnen.
umfänglich						vorwegzunehmen.
umfassend						zufrieden zu stellen.

„Unsere Kunden sollen sehen, ...

Unsere →Produkte sollen im →entscheidenden/→relevanten Segment der *gesundheitsbewussten Genießer** **als**

**(Hier setzen Sie bitte ggf. Ihre Kernzielgruppe ein.)*

dass sie bei uns am besten aufgehoben sind."

der/	adäquate	Antwort	(auf)	aktuelle(r)
die/	angemessene	Befriedigung	(zu)	auch ausgefallenste(r)
	ideale	Enträtselung		individuelle(r)
	individuelle	Erfüllung		relevante(r)
	maßgeschneiderte	Lösung		
	optimal angepasste	Schlüssel		
	optimale			
	personalisierte			
	persönliche			
	zielgruppengerechte			

→Bedürfnisse →beurteilt werden.

Varianten:
Menschen suchen Vielfalt und Abwechslung, →Qualität und Zuverlässigkeit. Vor allem aber suchen sie eines: Verständnis. Das beste Angebot (→Produkt) nützt nichts, wenn es an den →spezifischen →Bedürfnissen unserer →Kunden vorbeizielt. Unsere Aufgabe ist damit klar vorgezeichnet: Wir wollen unseren →Kunden der Anbieter (→Unternehmen) sein, der am besten auf ihre Erwartungen eingeht und ihren vielfältigen Wünschen nachkommt. Unsere →Produkte sollen zeigen, dass wir unsere →Kunden verstehen. Besser als jeder andere.

Während unserer aufreibenden Detektivarbeit wird sich allerdings neben unserer vertieften Kenntnis von Tätern, Opfern und deren Motiven sowie der daraus resultierenden noch souveräneren (!) Kundenbetreuung ein weiterer nicht zu verachtender Effekt einstellen: Recht und Ordnung werden wieder hergestellt sein.

Wie das immer so ist: Man schafft im Kleinen und geht seinen eigenen relativ unbedeutenden Zielen und Zwecken nach, und aus einer mehr übergeordneten Perspektive heraus entsteht eine globale Ordnung.[6]

Wenn wir also behaupten wollen, dass auch dies unsere Intention gewesen sei – nicht nur ein kleines Einfamilienhaus zu bauen, sondern an der großen Vision einer glücklichen Stadt zu arbeiten –, dann sollten wir das natürlich tun. Wie der Rächer behaupten wir:

Es soll wieder Gerechtigkeit herrschen im Lande.

Liste B 5.4.2 Das Rätsel – Mission – Bonuspunkte

„Es soll wieder Gerechtigkeit herrschen im Lande."
(Dieses Statement entnehmen Sie bitte Liste B 4.4.2.)

5.5 Vision: Mehr Einblick

Bingo! Dass wir darauf nicht früher gekommen sind! Der Gärtner war's. Schon bald werden wir zufrieden feststellen können, dass wir den Fall gelöst haben. Klarheit ist wieder in die Welt eingetreten. Und während wir noch einen Eintrag in die Referenzenliste unserer Detektei vornehmen („Mysteriöse Abwanderung von Stammkunden geklärt"), wird draußen das Leben schon wieder normal weitergehen.

Wir halten fest:

Wenn wir die Sache geklärt haben, wissen wir mehr über die Motive unserer Kunden und die Strategien des Wettbewerbs und können unsere Kunden besser an uns binden.

Liste B 5.5.1 Das Rätsel – Vision – Klarheit

„Wenn wir die Sache geklärt haben, wissen wir mehr über die Motive unserer Kunden und die Strategien des Wettbewerbs und können unsere Kunden besser an uns binden."

Unser(e) →exakte(r, -s)/→eingehende(r,-s)

[6] Wir verweisen in diesem Zusammenhang demütig auf den Großmeister der Theorie spontaner Ordnungen in freiheitlichen Gesellschaften: „Diese Geordnetheit kann nicht das Ergebnis einer einheitlichen Lenkung sein, wenn wir wollen, dass die Einzelnen ihre Handlungen den besonderen Umständen anpassen, die zum Großteil nur ihnen bekannt sind, und nie in ihrer Gesamtheit einem einzelnen Verstand bekannt sein können." (v. Hayek, 1991, S. 193.) Der einzelne Verstand kann dann aber wieder die Ordnung erkennen, vorausgesetzt, er hat das mal im Hauptseminar geübt. Allerdings könnte man auch einwenden: „Doch auch Friedrich August von Hayek hat die freie Wirtschaft nicht begriffen." (Martin, 1990, S. 344.)

Einblick	(für)	der/
Einsicht	(in)	den/
Kenntnis	(mit)	die
Verständnis		
Vertrautheit		

→Bedürfnisse(n) unserer →Kunden wird zu →außerordentlicher →Zufriedenheit führen. →Nachhaltig →verstärkte →Beziehungen mit/zu Partnern und →Kunden werden uns für neue Herausforderungen des Marktes rüsten. Gemeinsam mit unseren →Kunden wollen wir unsere Vision verwirklichen:

Firma.*	Besondere	Produkte	für	besondere	Ansprüche.
	Clevere			clevere	
	Individuelle			individuelle	
	Intelligente			intelligente	
	Da versteht man mich.				

**(Setzen Sie hier bitte Ihren Firmennamen ein.)*

Machen Sie Dampf:
Ein klares →Ziel zeichnet den Weg vor, den wir mit unseren →Kunden gehen wollen. Wir haben eine Vision: Unsere →Kunden erkennen in uns den Partner (→Unternehmen), der sie versteht und die passende Antwort für ihre Wünsche bereithält. Und sie werden voller Überzeugung sagen: „*Firma. Die kennen sich aus."**

5.6 Entwicklung: Ein noch größerer Fuchs

Der Detektiv ist ein potenzieller Kandidat für persönliche Weiterentwicklung. Bedenken Sie nur: Sie wissen mehr! Kaum auszudenken, was passiert, wenn Sie Ihr neu erworbenes Wissen auch noch systematisch nutzen ...

Der Fall wird definitiv in unserer Verbrecherkartei aktenkundig gemacht. Mithilfe von Datenbankwissen gewinnen wir allgemein gültige Erkenntnisse, die uns bei zukünftigen Akquisitionen hilfreich sein können.

Liste B 5.6 Das Rätsel – Bonuspunkte: noch mehr Cleverness

„Der Fall wird definitiv in unserer Verbrecherkartei aktenkundig gemacht."

Erfahrung	ist	unser(e)	Kapital.
Expertise			Stärke.
Intelligenz			Vorteil.
Know-how			Zukunft.
Kompetenz			
Qualifikation			
Wissen			

„Mithilfe von Datenbankwissen gewinnen wir allgemein gültige Erkenntnisse, die uns bei zukünftigen Akquisitionen hilfreich sein können."

Sie/Es →verstärkt unsere strategische Intelligenz (*vgl. Liste B 1.1.3*) **und sichert die Märkte der Zukunft.**

Starten Sie durch:
Wir alle wissen: Jede Begegnung macht uns reicher. Menschen lernen von ihren Partnern und sammeln Erfahrungen, über die sie vorher nicht verfügten. Das Gleiche gilt für Unternehmen. Jeder Kunde bedeutet eine neue Erfahrung. Wir haben schon viel Erfahrung gesammelt. Und wir werden es weiterhin tun. Denn aus Erfahrung entsteht Kompetenz. Kompetenz, die unseren →Kunden zugute kommt.

5.7 Aktionen: Intensive Forschung

Woran hat's gelegen? Gestern haben noch alle bei uns gekauft und heute: Futsch sind die Kunden! Einfach nur so ein Trend? Ein tief greifender Wertewandel vielleicht? Hat der Wettbewerb mit irgendeinem billigen Gimmick gelockt? Gab's beim Kauf von fünf Kisten Wettbewerbsbier einen halben Quadratmeter geretteten Regenwald mehr? Wir werden es herausfinden müssen, wenn wir unsere Vision umsetzen wollen.

Die Sache mit dem Herausfinden hat einen etwas technischen Aspekt, den wir schon beim *Suche*-Plot nicht so sehr in den Vordergrund stellen wollten: Eigentlich heißt herausfinden nichts anderes als – mehr Marktforschung betreiben. Das ist ja nun nichts Schlimmes – falls man nicht gerade allergisch gegen statistische Formeln ist –, aber unsere Leser werden denken: „Jetzt, wo das Kind in den Brunnen gefallen ist, da fangen sie an, ihre Hausaufgaben zu machen. Längst überfällig gewordene Positionierungsstudien in Auftrag geben – was für ein Verein von Schläfern!"

Da die Klärung des Falls aber die essenzielle Aufgabenstellung in unserem Plot ist, bleibt uns nichts anderes übrig, als hier in die Vollen zu gehen und unser Bemühen zu betonen, die Regungen des Verbrauchers nachempfinden zu wollen – nicht so sehr, damit wir überhaupt mal den Durchblick bekommen, sondern damit wir ihn auch in Zukunft behalten.

Wir werden überall rumstöbern. Wir werden schon rauskriegen, womit man Kunden locken kann.

Liste B 5.7.1 Das Rätsel – Aktionen – Nachforschungen

„Wir werden überall rumstöbern."

Wir	bauen auf
	betreiben
	fördern
	führen (...) durch
	investieren in
	leisten
	realisieren
	setzen auf
	treiben (...) voran

→eingehende Forschung und Entwicklung zur →systematischen

Abstimmung	eines	kundenorientierten	Angebots.
Erweiterung		kundenzentrierten	Sortiments.
Harmonisierung			
Optimierung			
Verbesserung			
Weiterentwicklung			

„Wir werden schon rauskriegen, womit man Kunden locken kann."

Die/Seine(n) →Kunden zu

begeistern	heißt,	ihn	zu	kennen.
binden		sie		verstehen.
überzeugen				

Varianten:
→Systematische Forschung ist das →entscheidende Fundament (→Basis) unserer Kundenorientierung.
Ständige Weiterentwicklung beruht auf ständiger Forschung.

Gehen Sie in die Vollen:
Verständnis für die Belange unserer →Kunden ist nicht lediglich ein abstrakter Anspruch. Dahinter steckt eine →systematische Forschungsstrategie, mit der wir gezielt unsere Angebote (→Produkte) optimieren und kontinuierlich auf sich weiterentwickelnde Ansprüche (→Bedürfnisse) abstimmen. →Auf diese Weise sind wir nicht nur →stets auf der Höhe der Zeit, sondern treiben die Entwicklung maßgeblich mit voran. Unsere →Kunden wissen das zu schätzen, denn →auf diese Weise bieten (→anbieten) wir ihnen ein Höchstmaß an Individualität und →Qualität.

Besser zu verstehen, wie der Kunde vom Wettbewerb gekidnappt werden konnte, ist eins. Damit haben wir den Täter sicher überführt, sind aber seiner noch lange nicht habhaft geworden. Es kann Sinn machen, den Halunken aus der Reserve zu locken, um ihn dann zu überwältigen. Ich schlage vor, wir legen Köder aus: viele innovative Produkte, auf die er reagieren muss. Und dann kommt unsere große Stunde, weil wir inzwischen die Seele des Kunden sehr viel besser kennen gelernt haben.

Wir werden überall Köder auslegen. Wenn wir den Wettbewerb erst mal mit neuen Produkten aus der Reserve locken, haben wir ihn.

Liste B 5.7.2 Das Rätsel – Aktionen – Köder auslegen

„Wir werden überall Köder auslegen."

Wir	geben	Impulse	mit	kreativen	Entwicklungen.
	setzen	Maßstäbe		ungewöhnlichen	Ideen.
		Trends		unkonventionellen	Innovationen.
		Zeichen			Neuerungen.
					Produkten.

„Wenn wir den Wettbewerb erst mal mit neuen Produkten aus der Reserve locken, haben wir ihn."

→Allein

aktive(s)	Antizipieren
initiative(s)	Erkennen
proaktive(s)	Vorwegnahme

neuer →Bedürfnisse →bewirkt →nachhaltigen →Erfolg/sichert die →Chancen der Zukunft.

Varianten:
Wir stehen für (→befürworten) kreative Innovationen.
Wir treiben den Markt voran. Mit kreativen Innovationen.

Gehen Sie in die Vollen:
Wir kennen nicht die Zukunft. Aber wir kennen unsere Stärken. Weil wir unsere →Kunden kennen. Mit kreativen Innovationen prägen wir maßgeblich die Entwicklung des Marktes. Wenn wir sie empfangen wollen, müssen wir →stets einen Schritt voraus sein.

Es ist einleuchtend, dass wir für unsere umfangreichen Recherchen auch gute Informanten brauchen. Leute, die wir in tiefster Nacht noch in ihren schummrig beleuchteten Büros aufsuchen können, um die entscheidenden Facts einzuholen. Wer hat den Kunden wann und wo zuletzt gesehen? Klar, dass wir für qualitativ hochwertige Informationen ein paar Scheine springen lassen:

Wir werden unsere Informanten gut auswählen. Sie werden bekommen, was ihnen zusteht.

Liste B 5.7.3 Das Rätsel – Aktionen – Informanten anwerben

Wir werden unsere Informanten gut auswählen.

Kompetenz	und	Kundennähe
Leistung		Kundenorientierung
Qualifikation		Marktkenntnis
		Know-how

sind die →entscheidende →Basis unserer Mitarbeiterführung.

Sie werden bekommen, was ihnen zusteht.

Die	individuelle	Leistung
	persönliche	Performance

jedes Einzelnen entscheidet über →Erfolg und Aufstiegsmöglichkeiten.

Varianten:
Wir setzen auf (→befürworten) Kompetenz und Kundennähe unserer Mitarbeiter.

Gehen Sie in die Vollen:
Unsere Kompetenz ist die Kompetenz unserer Mitarbeiter. Wir sind nur so gut wie sie. Deswegen fördern wir die persönliche und fachliche Qualifikation der Menschen, mit denen wir zusammenarbeiten. Das macht sie fit für unsere →Kunden. Und für ihre eigene Karriere in unserem →Unternehmen.

Got it? Sie entschuldigen mich jetzt. Ich schlüpfe in meinen Trenchcoat, ziehe den Hut tiefer in die Stirn, zünde mir eine filterlose Zigarette an – Sie wissen schon, das Ding, das ständig an meiner Unterlippe klebt – und begebe mich dann hinaus auf die regennasse Straße. Wenn Sie was wissen, rufen Sie mich an. Hier ist meine Karte ...

6 Komm raus, wenn Du kein Feigling bist – Unternehmensphilosophie für Kämpfer

„Frag dich: Wie groß ist mein Ehrgeiz, wie stark mein Biss?
Wenn dir diese beiden Begriffe fremd sind, bleib lieber auf dem Sofa."
DIETER BOHLEN[1]

Herzlichen Glückwunsch zu einem Selbstbild, das für Ihren Unternehmenserfolg unerlässlich ist![2] Beschleicht Sie nicht auch manchmal ein Gefühl, das sich mit dem schönen klassischen Satz „Dieser Markt ist zu klein für uns zwei?" hinreichend beschreiben lässt? Um Himmels willen nein, wir wollen keine Monopolisten werden, wir stehen voll und ganz auf dem Boden des Wettbewerbs, aber trotzdem, dieses eine Mal ist unser wichtigster Wettbewerber eindeutig zu weit gegangen. Vermutlich hat er uns einen Marktanteilsprozentpunkt abgejagt oder sich irgendein Gütesiegel des TÜV Rheinland unrechtmäßig erschlichen. Die Zeit ist reif. Wir treffen uns bei Morgengrauen. Waffengleichheit ist selbstverständlich. Und dann werden wir es dir zeigen, du Halunke! In der Zwischenzeit verteilen unsere PR-Agenten Handzettel an alle Haushalte:

[Präambel]
Kampf
Unternehmertum ist Kampf. Ständig muss man sich beweisen.

[Schauplatz]
Boxring
Der Markt ist ein Boxring. Der Kampf um den Titel ist noch nicht entschieden, und es gibt einen weiteren Favoriten. Der andere hat uns allerdings gerade ein Veilchen verpasst.

[Held]
Rivale
Aber wir sind auch nicht von Pappe.
Wir sind entschlossen. Wir werden das Ding in trockene Tücher bringen.
Wir sind stark. Wir brauchen uns vor dem Gegner nicht zu verstecken.
Wir sind stolz. Wir haben schon viel erreicht.

---

[1] „Dieters twenty tolle Thesen to Erfolg & Happiness", Nr. 2, in: BOHLEN, 2003, S. 302.
[2] „Solche ‚Feindbild-Visionen' sind für den Erfolg eines Unternehmens notwendig." (SIMON, 2002, S. 251.)

[Mission]
K.-o.-Sieg
Wir hauen den Burschen k.o. Die Kunden sollen sehen, dass wir die eindeutig Besseren sind.

[Vision]
Klare Verhältnisse
Wenn wir die Proportionen zurechtgerückt haben, wird das Publikum uns zujubeln und massenhaft in unseren Fanclub überlaufen.

[Aktionen 1]
Training
Wir trainieren täglich. Wir haben eine bestimmte Technik, und die verbessern wir ständig.

[Aktionen 2]
An jeder Litfaßsäule
Wir plakatieren flächendeckender und inhaltlich besser. Das Publikum wird mehrheitlich aus unseren Fans bestehen.

[Aktionen 3]
Crew
Wir arbeiten nur mit Profis. Wer nicht an uns glaubt, kann gleich zu Hause bleiben.

6.1 Präambel: Du oder ich?

Es geht schon morgens bei der Parkplatzsuche los. Es gibt in der Nähe der Firma immer nur noch eine einzige freie Parklücke. Wenn Sie Karriere machen wollen – um endlich mal einen eigenen Firmenparkplatz zu bekommen[3] –, müssen Sie immer ziemlich früh da sein. So wie der Kollege aus Ihrer Abteilung, der übrigens jeden Morgen um dieselbe Zeit wie Sie mit demselben Affenzahn wie Sie auf die Parklücke zurast. Den können Sie auch nicht damit besänftigen, dass, wenn Sie erst mal den Firmenparkplatz bekommen haben, er ja mühelos die freie Lücke nehmen kann. Der wird Ihnen was husten.

Wenn die Jungs vom Abschleppdienst ihre Arbeit erledigt haben und Sie endlich in Ihrem Büro hocken, stellen Sie fest: Draußen am Markt herrscht genau dieselbe Atmosphäre. Dass das mal klar ist: Wir sind nicht einfach hier, um uns

[3] Die wahren Motive können oft so trivial sein – natürlich auch dann, wenn etwas mehr auf dem Spiel steht als eine Parklücke.

auszutoben und unseren Spaß zu haben. Den können Sie im *Abenteuer*-Plot suchen. Wir sind keine leichtfertigen Hasardeure. Wir haben unsere Position erkämpft und wir werden sie verteidigen. Schließlich gilt:

Unternehmertum ist Kampf.

Liste B 6.1.1 Die Rivalität – Präambel – Basis-Statement

„Unternehmertum ist Kampf."

→Alles →Unternehmertum →besteht in

Auseinandersetzung.	Herausforderung.	Konkurrenz.	Vergleich.
Behauptung.	Kampf.	Positionierung.	Wettbewerb.
Durchsetzung.	Klarstellung.	Sieg.	Wettstreit.
Gegensatz.	Konfrontation.	Triumph.	

Varianten:
→Alles →wahre <u>Unternehmertum</u> ist →grundsätzlich →nichts anderes als <u>Kampf</u>.
(Weitere Tipps in Abschnitt C 2.1)

Geben Sie Vollgas:
Das alltägliche Leben beweist es →stets aufs Neue: →Erfolge fallen uns nicht einfach zu. Sie sind das Ergebnis harter Arbeit und fairer Auseinandersetzung. Wann immer wir etwas erreichen wollen, müssen wir uns dafür einsetzen und zur Erreichung unserer →Ziele in den Wettstreit mit anderen treten. Gewinnen kann immer nur einer. Das gilt auch für uns als →Unternehmen, das mit anderen um die Kaufentscheidung von →Kunden konkurriert: →Alles Unternehmertum ist Kampf.

Der Parklücken-Kollege im Publikum nickt widerwillig beifällig, soweit das sein Kopfverband zulässt. Ein paar Skeptiker sind zunächst noch etwas kritisch: Ist das nicht vielleicht zu sehr Schwarz-Weiß-Malerei? Bitte, wir schicken gerne noch eine Erläuterung hinterher – aber nicht zu ausführlich, wir müssen gleich wieder zum Training:

Ständig muss man sich beweisen.

Liste B 6.1.2 Die Rivalität – Präambel – Ergänzungs-Statement

„Ständig muss man sich beweisen."

→Allein

der/	Entscheid	des	Marktes	bestimmt
die/	Entscheidung			definiert
das	Ergebnis			entscheidet
	Stimme			misst
	Urteil			
	Votum			
	Wille			

(über) den →Erfolg eines →Unternehmens.

Varianten:
Über den →Erfolg eines →Unternehmens wird →allein am Markt entschieden.
Der →Erfolg eines →Unternehmens bemisst sich ausschließlich am Ergebnis des Marktes.

Geben Sie Vollgas:
Märkte sind →wahre Nullsummenspiele: Jede Entscheidung eines →Kunden ist die eindeutige (→exakte) Wahl einer Möglichkeit zu Lasten einer anderen. Sie ist unwiderruflich. Auch wenn zahlreiche gleichartige Entscheidungen wiederholt gefällt werden, bleibt jede einzelne von ihnen endgültig und definitiv. Genauso definitiv wie der Erfolg desjenigen →Unternehmens, das den →Kunden für sich gewinnen konnte. Märkte sind unbestechlich.

Während Sie weiterblättern, um dem geneigten Publikum Ihren spezifischen Markt etwas näher zu bringen, werfen Sie einen kurzen Blick aus dem Fenster: Da unten ist der Parkplatz. Sie haben Recht ...

6.2 Schauplatz: Der Markt, ein Boxring

Man könnte ja seine Ruhe haben. In aller Ruhe am heimischen Kamin sitzen und Pokale putzen. Aber immer wieder kommt da einer angedackelt und will einem vors Schienbein treten. Kann er ja mal versuchen. Aber das regeln wir fair und in offener Auseinandersetzung dort, wo alle sehen können, dass wir uns nicht verstecken müssen. Schließlich gilt:

Der Markt ist ein Boxring.

Liste B 6.2.1 Die Rivalität – Schauplatz – Basis-Statement

„Der Markt ist ein Boxring."

Der Markt für *nicht ständig abstürzende Computersysteme** **ist ein →außerordentlich**
**(Setzen Sie hier bitte Ihre bevorzugte Branchenbezeichnung ein.)*

auslesendes	dezisives	ergebnisorientiertes	zielgerichtetes
Auswahl-	effektives	faires	
auswählendes	effizientes	regulatives	
Belohnungs-	entscheidendes	regulierendes	

→System.

Varianten:
Der Markt für (...) reagiert →außerordentlich schnell/sensibel.

Lassen Sie es krachen:
Wir leben in der Informationsgesellschaft. Tag für Tag werden wir mit einer Fülle von Botschaften der verschiedensten Art konfrontiert. Viele davon erreichen unser Bewusstsein gar nicht mehr, andere nehmen wir wahr und lassen sie in unsere Entscheidungen einfließen. Auch auf

dem Markt für (...) begegnen Menschen/→Kunden tagtäglich vielerlei Signalen. Preise, Werbebotschaften, Testberichte stellen eine Vielzahl von Informationen dar, die verarbeitet werden wollen. Der Markt reagiert dabei →außerordentlich sensibel auf all diese Botschaften: Über den →Erfolg eines →Unternehmens wird ständig entschieden. Der Markt belohnt den Besseren schnell und effektiv.

Ein regulatives System, in der Tat. Wir haben einen Erzfeind, mit dem wir uns immer wieder mal ein bisschen in irgendwelchen schummrigen Hinterhöfen verprügelt haben. Mal blieb der eine etwas länger liegen, mal der andere. Umschreiben wir das mal so:

Der Kampf um den Titel ist noch nicht entschieden und es gibt einen weiteren Favoriten.

Liste B 6.2.2 Die Rivalität – Schauplatz – Ergänzungs-Statement

„Der Kampf um den Titel ist noch nicht entschieden ..."

Bei	bisher	mehrheitlich	ausgeglichenem(-n,-r)	Entfaltung
Trotz	bislang	notorisch	ausgewogenem(-n,-r)	Entwicklung
		tendenziell	balanciertem(-n,-r)	Wachstum(s)
		traditionell	diszipliniertem(-n,-r)	
		überwiegend	gleichgewichtigem(-n,-r)	
		weitgehend	gleichmäßigem(-n,-r)	
			organischem(-n,-r)	

„... und es gibt einen weiteren Favoriten."

darf	die	Entschlossenheit	der(-s)	Auseinandersetzung	nicht	ignoriert	werden.
		Härte		Konkurrenz		übersehen	
		Intensität		Vergleichs		unterbewertet	
		Kompromisslosigkeit		Wettbewerbs		unterschätzt	
		Rigidität				vernachlässigt	
		Stärke				zu gering eingeschätzt	
		Unnachgiebigkeit					

Varianten:

Eine ausgewogene Entwicklung wie bisher kann →angesichts der Entschlossenheit des Wettbewerbs nicht zwangsläufig erwartet werden.

Lassen Sie es krachen:

Seine →außerordentliche Reagibilität hat in der Vergangenheit zu einem weitgehend ausgewogenen Wachstum des Marktes geführt. Gerade diese Entwicklung lässt für die Zukunft stärkere Kundenbindungsmaßnahmen seitens aller Wettbewerber und im Zuge dessen eine Intensivierung des Wettbewerbs erwarten.

Okay, wir werden das regeln, Mann gegen Mann. Gibt es weitere Wettbewerber, die mit erwähnenswert unfairen Mitteln kämpfen, oder eine kritische Öffentlichkeit, die bereits Bürgerinitiativen gegen den Boxsport organisiert? In Abschnitt C 2.2 finden Sie weitere Widrigkeiten des Marktes, die sich für Ihre Zwecke vielleicht noch verwenden lassen, sofern sie nicht ohnehin gleich zum auslösenden Ereignis unseres Kampfes werden.

Fündig geworden? Sehr schön. Das Leben war zwar schon immer hart, aber aufgrund eines Gleichgewichts der Stärke wenigstens einigermaßen im Lot. Dieses Gleichgewicht wird nun empfindlich gestört: „Im ersten Erzählabschnitt gewinnt der Antagonist die Überhand, der Protagonist leidet unter den Taten des Antagonisten und ist ihm gegenüber im Nachteil."[4] Was hat er gemacht, der Antagonist? Was ist passiert? Ich schlage zur Auswahl vor:

- Unser Marktanteil sinkt. Der Kerl hat uns ein echtes Veilchen verpasst, vielleicht fast sogar zu Mus geschlagen. Man kennt das: Da denkt man, jetzt gibt's wieder eine von den Standardkeilereien, um noch mal kurz vor Jahresende an ein paar Nachkommastellen des Marktanteils zu drehen, da haut der Bursche auf einmal drauf los, als wolle er mal eben sein Lebenswerk definitiv krönen. Unsereiner war gar nicht drauf gefasst und wir wurden übel zugerichtet. Vorsicht, Bursche, demnächst gibt's Saures!
- Der Rivale macht die bessere Werbung. Oder zumindest die lautstärkere Werbung. Ein richtiger Prahlhans eben. Nun, eigentlich nichts so fürchterlich Schlimmes, meint der Laie, der sich an dieser wie so vielen anderen Stellen natürlich mal wieder schrecklich irrt. Stolz wie wir sind, können wir es natürlich nicht auf uns sitzen lassen, dass einer ständig mit dem Lautsprecherwagen durch die Gegend gondelt und verkündet, er wäre der Bessere. Wo das doch noch gar nicht entschieden ist. Das Publikum haben wir damit erst mal nicht mehr hinter uns, aber trotzdem: Wartet's bloß ab!
- Der Wettbewerb verfügt über neue oder bessere Produkte. Um es klar zu sagen: Er hat sich nagelneue Boxhandschuhe bei einem Voodoo-Priester gekauft und vor diesen Dingern muss man sich gewaltig in Acht nehmen. Auch wenn das Finale noch nicht gelaufen ist: Es ist nicht schön mit anzusehen, wie die Quoten gegen einen selbst stündlich ungünstiger stehen. Aber freu dich nicht zu früh!

Kommen wir gleich zur ersten Variante:

Der andere hat uns gerade ein Veilchen gehauen.

Liste B 6.2.3 Die Rivalität – Schauplatz – ernste Blessuren

„Der andere hat uns gerade ein Veilchen gehauen."

---

[4] Tobias, 1999, S. 185.

Die/ Das	Gefüge Gleichgewicht Proportionen Strukturen Verhältnisse	am/ des	Markt(es)	gerät/geraten wird/werden

dabei →tendenziell

disproportional.
instabiler.
labiler.
unberechenbarer.
unter Druck.
unvorhersehbarer.

Varianten:
Die Strukturen des Marktes geraten in Bewegung/treiben auseinander.

Lassen Sie es krachen:
→Kunden verarbeiten die Botschaften des Marktes schnell. Die/eine spürbare (→beträchtliche) Intensivierung des Wettbewerbs ist für sie ein untrügliches Signal, gewohnte Entscheidungen zu überdenken und →tendenziell mehr Vergleichsmöglichkeiten zu suchen. Die so entstehende stärkere Polarisierung des Marktes verlangt eine klare Profilierung unseres →Auftritts.

Hm, wie unschön, dies. Und auch die Großmaul-Variante ist nicht weniger schlimm, wenn auch nicht ganz so schmerzhaft. Das geht ja erst mal nur gegen die Ehre – aber trotzdem Vorsicht: Werbung soll ja bekanntlich wirken ...

Wir haben es mit einem echten Prahlhans zu tun, der das Publikum auf seine Seite zieht.

Liste B 6.2.4 Die Rivalität – Schauplatz – Großmaul

„Wir haben es mit einem echten Prahlhans zu tun, ... "

Aggressive	Auftritte
Kompetitive	Inszenierungen
Kompromisslose	Kampagnen
Pointierte	Kommunikation
Provokative	Markenauftritte
Radikale	Positionierungen
Spitze	Profilierungen

→bewirken dabei →außerordentliche

„... der das Publikum auf seine Seite zieht."

Irradiationen
Irritationen
Unruhe
Verunsicherungen
Verwirrung

der/bei den →Kunden.

Varianten:
Irritationen bei Verbrauchern (→Kunden) sind nur der Anfang einer Entwicklung, die von aggressiveren →Auftritten ausgelöst wird.
Intensivierung des Wettbewerbs bedeutet pointierte (Marken-/→Produkt-)Inszenierungen. Der Verbraucher antwortet mit hybriden Konsummustern (*vgl. Abschnitt C 2.2.2*)**.**

Lassen Sie es krachen:
Der Wettbewerb der Zukunft wird eine Entwicklung hin zu →tendenziell spitzeren Positionierungen fördern. Bereits jetzt lassen →außerordentlich kompetitive Inszenierungen die →Kunden aufhorchen. Die absehbare →beträchtliche Änderung der Konsumgewohnheiten verlangt eine klare Profilierung unseres →Auftritts.

Es wird hart auf hart kommen, so viel steht fest. Aber der Kerl hat's ja nicht anders gewollt. An uns soll es nicht liegen. Wir haben schon den Parkplatz gekriegt. Dann werden wir die erheblichen Irradiationen auch noch in den Griff bekommen, das verspreche ich Ihnen.

Werfen wir noch einen Blick auf die letzte Variante:

Der Bursche hat eine bessere Ausrüstung.

Liste B 6.2.5 Die Rivalität – Schauplatz – Voodoo-Boxhandschuhe

„Der Bursche hat eine bessere Ausrüstung."

Der/	Fülle	an	Ausdifferenzierungen
Die/	Reichtum		Differenzierungen
Ein(e)	Vielfalt		Diversifizierungen
	Vielzahl		Modifikationen
			Varianten
			Variationen
			Varietäten

verschiedenster →Produkte →bewirkt dabei eine →außerordentliche/→systematische Verwirrung der →Kunden.

Varianten:
Die Vielfalt an Ausdifferenzierungen führt zu hybriden Konsummustern (*vgl. Abschnitt C 2.2.2*)**.**

Lassen Sie es krachen:
Wettbewerb entscheidet sich →stets (→exakt) an der →Qualität des →Produkts. (Die) Vielfalt der Varianten und Ausdifferenzierungen beeinträchtigt →tendenziell die →Qualitätsbeurteilung durch die →Kunden. Vor diesem Hintergrund wird die →überlegene Positionierung eines →überlegenen Angebots (→Produkt) zur zentralen Aufgabe.

Endgültig vorbei ist die Zeit des Geplänkels. Wir werden die Entscheidung herbeiführen und sie wird endgültig sein. Und für uns ausfallen, versteht sich. Glauben Sie nicht? Kommen Sie mal zum Training vorbei und schauen Sie sich an, mit wem es unser Wettbewerber zu tun hat ...

6.3 Held: Ein Fighter-Typ

Kommen wir zu uns selbst (wann kommt man schon mal zu sich?). Wir fordern unseren Gegner zum finalen Kampf heraus, damit ein für allemal – oder auch nur bis zum nächsten Mal, wer weiß das schon immer so genau – klargestellt ist, wer hier das Sagen hat. Falls Ihnen das zwischendurch mal entfallen ist, Leser: Das sind wir natürlich. Wir sollten also vor allem feststellen, dass wir echte Kerle sind, die so leicht nichts umhauen kann:

Aber wir sind auch nicht von Pappe.

Liste B 6.3.1 Die Rivalität – Held – zentrales Statement Rivale

„Aber wir sind auch nicht von Pappe."

Wir	sind	ein	ambitioniertes
			ehrgeiziges
			leistungsstarkes
			tätiges

→Unternehmen.

Varianten:
Wir sind dabei.
Wir setzen Akzente.

Hauen Sie auf die Pauke:
Wer sich dem Wettbewerb stellt, will ihn gewinnen. Kein anderes Ziel drückt den Glauben an die eigene Sache so sehr aus als das, Erster zu sein. Wir können →Kunden nur dann überzeugen, wenn wir von uns selbst überzeugt sind. Natürlich muss auch die Leistung (→Produkt) stimmen: Wer sich dem Wettbewerb stellt, muss ihn gewinnen können. Unsere Kunden treffen ihre Entscheidungen für das →Produkt mit der →überlegenen →Qualität. Die finden sie bei uns. Deswegen entscheiden sie sich für uns. Deswegen entscheiden wir den Wettbewerb. Mit uns muss gerechnet werden.

Auf in den Kampf! Wir wollen es unserem Gegner aber mal so richtig zeigen! Eine unserer wichtigsten Eigenschaften ist dabei die *Entschlossenheit.*[5] Dieser Plot läuft von Anfang an auf das entscheidende Finale hinaus. Wir werden antreten. Wir sind kein zaghafter Riese. Soll noch mal einer wagen, uns dumm zu kommen!

---

[5] Mit der Entschlossenheit betrachte ich implizit auch die Eigenschaft des Mutes als erledigt. Dem *Rivalen* stellt sich die Frage nach dem Mut nicht so sehr: Wer von seiner Stärke überzeugt ist, braucht keine Angst zu überwinden – er will das Ding einfach in seinem Sinne schaukeln und fertig.

Wir sind entschlossen. Wir werden das Ding in trockene Tücher bringen.

Liste B 6.3.2 Die Rivalität – Held – Entschlossenheit

„Wir sind entschlossen. Wir werden ...

	Entschlossenheit
	Entschlusskraft
	Initiative
	Tatkraft
Der	Wille

ist die →entscheidende →Basis unseres →Erfolgs. Wir sind entschlossen,/Wir werden

„... das Ding in trockene Tücher bringen."

den/	Markt	aktiv	(für uns)	(zu)	bearbeiten.
dem/	Marktgeschehen	eindeutig	(in unserem Sinne)		beeinflussen.
das	Spiel der Marktkräfte	eindrücklich	(nach unseren Vorstellungen)		formen.
	Wettbewerb	klar			entscheiden.
		nachdrücklich			Gestalt (zu) verleihen.
		nachhaltig			gestalten.
		proaktiv			gewinnen.
					prägen.

Varianten:
Unsere Entschlossenheit ist unser →Erfolg.
Wir bewegen den Markt.
→Ziele zu haben heißt, →Ziele umzusetzen. Wir sind entschlossen, ...

Hauen Sie auf die Pauke:
Unsere →Ziele beruhen auf reiflicher Überlegung. Wir kennen uns. Wir kennen unsere Stärken. Deswegen wissen wir auch, was wir uns zutrauen können. Und dass es sich lohnt, an unseren Zielen festzuhalten. Wir sind entschlossen. Entschlossen, mit →überlegener →Qualität den Markt für uns zu entscheiden. Das sind wir uns schuldig. Das sind wir unseren →Kunden schuldig.

Natürlich, keine Frage – alle warten schon darauf, dass wir triumphieren und nicht irgend so ein Heini mit exakt demselben Angebot. Aber Vorsicht! Man sollte sich nur dann in den Kampf begeben, wenn man ihn auch gewinnen kann. Der Wettbewerb ist für uns immer nur dann gut, wenn wir auch über ein gehöriges Maß an *Stärke* verfügen.[6]

[6] Oder, wie es *O. W. Holmes* andersherum mit den unsterblichen Worten ausdrückte: „Ich hege keine Achtung für die Leidenschaft für Gleichheit, die mir nur eine Idealisierung des Neides scheint." (Zitiert nach v. HAYEK, 1991, S. 105.)

Wir sind stark. Wir brauchen uns vor dem Gegner nicht zu verstecken.

Liste B 6.3.3 Die Rivalität – Held – Stärke

„Wir sind stark."

Wir	bauen	auf	die/
	setzen		das
	vertrauen		

→außerordentliche

Attraktivität
Autorität
Format
Kraft
Leistungsstärke
Prävalenz
Qualifikation
Qualität
Stärke
Überlegenheit
Überzeugungskraft

unserer →Produkte.

„Wir brauchen uns vor dem Gegner nicht zu verstecken."

Sie eröffnen uns (→bewirken) die →außerordentliche →Chance, die →Zufriedenheit unserer →Kunden →nachhaltig zu gewinnen.

Varianten:
Sie gewähren die →Chance für unseren →nachhaltigen →Erfolg am Markt.

Hauen Sie auf die Pauke:
Unsere →Ziele sind anspruchsvoll. Aber sie sind erreichbar. Denn sie beruhen auf einer soliden Grundlage (→Basis): unseren →Produkten. Überall auf der ganzen Welt schätzen →Kunden die →außerordentliche Attraktivität/→Qualität unserer →Produkte. Die →überlegene Stärke unseres Angebots (→Produkte) verleiht unserer Entschlossenheit Substanz. Und sorgt für die tägliche →Zufriedenheit unserer →Kunden.

So können wir den Kampf gewinnen. Wir wissen, was wir wollen und können es uns leisten, die Muskeln spielen zu lassen. Ein Unternehmen mit dem Brustkorb des frühen *Schwarzenegger*. Nicht vielleicht des ganz frühen, aber auch nicht mehr des reifen, so er es je wurde. Sie wissen schon, ein Unternehmen, das beste Aussichten hat, auf dem Titel von „Men's Health" zu erscheinen.

Jetzt brauchen wir nur noch neben der Entschlossenheit, das Ding für uns zu entscheiden, eine stärkere innere Bereitschaft, sich für diesen Zweck aber auch wirklich auf jeden Handel einzulassen. Es gibt ja Zeitgenossen, die selbst bei den schwersten Diffamierungen einfach nur sagen würden: „Ach, geh weiter!“ oder „Hör mir doch mit dem Käse auf!“, aber zu denen gehören wir selbstverständlich nicht: Wir fühlen uns akkurat beleidigt und das hat natürlich mit unserem *Stolz* zu tun.

Wir sind stolz. Wir haben schon viel erreicht.

Liste B 6.3.4 Die Rivalität – Held – Stolz

„Wir sind stolz.“

Wir	sind	stolz	auf	unser(e)	bisher	Erfahrungen.
				das/	bisherige(n)	Erfolge.
				die		Erreichte(s).
						Firmengeschichte.
						Geschichte.
						Historie.
						Leistungen.
						Tradition.
						Vergangenheit.

„Wir haben schon viel erreicht.“

Unser(e)	Leistungsstärke	basiert	auf
	Leistungsvermögen	beruht	aus
	Performance	fußt	in
	Power	geht (...) zurück	
	Stärke	speist sich	
		wurzelt	

ihnen/ihr/sie.

Varianten:
Wir sind uns unserer Tradition bewusst.
Wir schreiben Geschichte.

Hauen Sie auf die Pauke:
Unsere Stärke ist das Ergebnis einer langen/→systematischen Entwicklung. Wir blicken stolz auf unsere Geschichte zurück. Wir haben im Laufe der Jahre viel erreicht. Das Bewusstsein unserer bisherigen Erfolge lässt uns zuversichtlich nach vorn blicken: Wir können noch mehr erreichen. Wir haben die Erfahrung, die uns stark macht. Und unseren →Kunden Sicherheit gibt.

Damit ist unser Weg auch gleich klar vorgezeichnet. Nur noch der Form halber, quasi als Anmeldeunterlagen für den Wettkampf, müssen wir im nächsten Abschnitt unser Mission Statement abgeben.

6.4 Mission: Ein klares und eindeutiges Ergebnis

Unser Ziel als *Rivale* ist klar. Die Zeichen stehen eindeutig auf Sieg.[7] Die Zeit der frommen Reden ist vorbei! Wir werden unserem Konkurrenten schon zeigen, wo der Hammer hängt. Und dann soll er sich verziehen!

[7] Obwohl wir bereits hörten, dass Feindbilder für den Erfolg notwendig sind – zumindest wenn

Wir hauen den Burschen k. o. Die Kunden sollen sehen, dass wir die eindeutig Besseren sind.

Liste B 6.4.1 Die Rivalität – Mission – ernste Blessuren

„Wir hauen den Burschen k. o."

Es ist unser →vorrangiges Ziel,

den/	Auseinandersetzung	mit unserem(-n)	Konkurrenten
die	Gegenüberstellung		Mitanbietern
	Konfrontation		Wettbewerb
	Vergleich		
	Wettbewerb		
	Wettstreit		

klar (→exakt) und →nachhaltig

(zu)	für uns zu entscheiden.
	gewinnen.
	in unserem Sinne zu entscheiden.

„Die Kunden sollen sehen, dass wir die eindeutig Besseren sind."

Die →relevante Kernzielgruppe der *kurz vor der Abhängigkeit stehenden Internet-Surfer** **soll unsere →Produkte als**

(Hier setzen Sie bitte ggf. Ihre Kernzielgruppe ein.)

allgemein	besser
ausnahmslos	gewinnend
bei weitem	konkurrenzlos
bezüglich aller Aspekte	leistungsstärker
durchgängig	stärker
eindeutig	überlegen
eineindeutig	unerreicht
generell	unübertroffen
in allen relevanten Dimensionen	unübertrefflich
in jederlei Hinsicht	
insgesamt	
umfassend	
universell	
zweifelsfrei	

man den richtigen Text des richtigen Autors zitiert – haben angeblich die wenigsten Unternehmen eins: „Doch nur 16 Prozent der Unternehmen und nur ein Viertel so genannter Vorbildfirmen pflegen eine aggressive Marktgegnerschaft." (Simon, 2002, S. 251.) Was gleich eine Fülle von Fragen aufwirft. Zum Beispiel was an Vorbildfirmen vorbildlich sein soll, wenn sie sich erfolgsnotwendigen Prinzipien verschließen, oder aber, ob die übrigen 84 Prozent allesamt keinen Erfolg hatten. Oder einfach auch nur, ob sich wirklich satte 16 Prozent der Unternehmen in die Karten gucken lassen oder ob das alles mal wieder einfach nur so eine Vermutung war. Wir jedenfalls zitieren als schönes Beispiel einer *Rivale*-Strategie den Buletten-Brater *Burger King*, dessen Slogan „Bigger. Better. Burger King." eindeutig auf gezielten Vergleich hinweist. Wie auch auf die extrem irrige Annahme, Größe und Qualität hätten auch nur irgendwie etwas miteinander zu tun.

→beurteilen.

Varianten:
Wir wollen die Nummer eins sein. Wir wollen als der Anbieter (→Unternehmen) gelten, der das ausnahmslos →überlegene Angebot (→Produkte) im Markt für (...) hat.

Drehen Sie auf:
Es kann immer nur einer Erster sein. Und das ist auch gut so. Nur →überlegene →Qualität hat das Recht, sich →nachhaltig durchzusetzen. Und dieses Recht nehmen wir für uns in Anspruch. Wir wollen die Nummer eins sein. Weil wir die Besten sind.

Rechter Haken, linker Haken und schon geht der Kerl zur Strecke. So schnell kann er dann gar nicht aus seinen verschwiemelten Augen gucken.

In der zweiten Variante, der Großmaul-Version, wollen wir mindestens für das geneigte Publikum klarstellen, dass es uns die Daumen zu drücken hat. Wenn er schon das Maul so weit aufreißt, soll es ihm vor Staunen gleich weit offen stehen bleiben:

Wir werden dem Kerl das Maul stopfen. Die Leute sollen sehen, dass wir das bessere Prestige haben.

Liste B 6.4.2 Die Rivalität – Mission – Großmaul

„Wir werden dem Kerl das Maul stopfen."

Es ist unser →vorrangiges →Ziel,

eine	einzigartige	Positionierung	(zu)	belegen.
	markante	Profilierung		besetzen.
	souveräne			einzunehmen.
	überlegene			erlangen.
	unvergleichliche			erobern.

„Die Leute sollen sehen, dass wir das bessere Prestige haben."
Statement wie 6.4.1 oder:

Unsere →Produkte sollen

aus dem Blickwinkel
aus der Perspektive
aus Sicht
im Urteil
in den Augen
nach Ansicht
nach Gesichtspunkten

unserer/ihrer →Kunden

beste	Leistung
höchste	Leistungsstärke
maximale	Premium-Qualität

optimale	Qualität
überlegene	
unerreichte	

bieten. (→anbieten.)

Varianten:

Wir wollen →überlegene Leistung mit einer →überlegenen Positionierung (→Auftritt) demonstrieren.
Wir wollen nicht nur →überlegene →Produkte →anbieten. Wir wollen im Urteil unserer →Kunden für die →attraktivste Positionierung stehen.

Drehen Sie auf:

Menschen suchen Orientierung. Sie erwarten nicht nur →außerordentliche →Qualität, sondern auch die Bestätigung, die richtige Wahl getroffen zu haben. Diese Zusicherung wollen wir ihnen geben. Wir streben nach bester →Qualität bei höchster →Akzeptanz unseres →Auftritts.

Natürlich. Wenn wir die Wahl haben zwischen Handzetteln, mit denen die Haushalte über den bevorstehenden Kampf informiert werden, und Großflächen-Plakaten, auf denen in goldenen Lettern unser Name steht, werden wir uns natürlich für die Plakate entscheiden. Es ist auch ziemlich klar, dass unser Erzfeind schon gar nicht mehr als „Gegner", sondern nur noch als „Opfer" in ziemlich kleiner Schrifttype am unteren Plakatrand, neben den Sponsoren-Logos kaum noch erkennbar, erscheinen wird.

Was aber, wenn der Kerl die berühmt-berüchtigten Boxhandschuhe seines Voodoo-Meisters anlegt? Dann bleibt uns eigentlich nichts anderes übrig, als eine Extra-Portion Mut nachzulegen und ansonsten unsere Mission aus Liste B 6.4.1 zu verkünden. Ob mit Zauberhandschuhen oder ohne, wir wollen dem Kerl ja in jedem Fall die Knochen brechen.

6.5 Vision: Jubelnde Massen

Können Sie sich das vorstellen? Der Kampf war hart und der Gegner hat es zwischendurch auch einmal mit ein paar taktischen Winkelzügen probiert, aber wir sind nicht darauf hereingefallen. Und schließlich liegt er dann da und muss sich vom Schiedsrichter auszählen lassen. Und während wir ihm noch einen letzten Blick schenken („Siehste!") – ein Blutstropfen fällt von unserer Nase auf den Fuß, mit dem er uns einmal sogar hat treten wollen, dazu Blitzlichtgewitter der Fotografen im Hintergrund –, kommt von hinten bereits einer mit dem Weltmeisterschaftsgürtel auf uns zu und dann recken wir auch schon jubelnd die Arme in die Höhe. Jawohl, jetzt ist alles wieder im Lot und wir werden mit Trainer, Manager und den treuesten Fans uns nachher am Stammtisch noch einmal die schönsten Szenen des Kampfes gegenseitig erzählen.

Für jede unserer Varianten gilt:

Wenn wir die Proportionen zurechtgerückt haben, wird das Publikum uns zujubeln und massenhaft in unseren Fanclub überlaufen.

Liste B 6.5 Die Rivalität – Vision – jubelnde Massen

„Wenn wir die Proportionen zurechtgerückt haben, ..."

Der/	**eindrucksvolle**	**Beleg**	**unserer(-s)**	**Leistungsbereitschaft**
Die/		**Beweis**		**Leistungsfähigkeit**
		Darstellung		**Leistungsstärke**
		Demonstration		**Leistungswillens**
		Nachweis		**Souveränität**
				Stärke
				Überlegenheit

„... wird das Publikum uns zujubeln und massenhaft in unseren Fanclub überlaufen."

wird die →nachhaltige →Akzeptanz unserer →Produkte noch →verstärken. Gemeinsam mit unseren →Kunden wollen wir unsere Vision verwirklichen:

Firma.*	**Starke**	**Produkte**	**für**	**starke**	**Kunden.**
	Leistung hat einen Namen.				
	Hier ist die Qualität.				

**(Setzen Sie hier bitte Ihren Firmennamen ein.)*

Machen Sie Dampf:
Ein klares →Ziel ist der erste wichtige Schritt auf dem Weg zu seiner Erreichung. Wir wollen Menschen überzeugen. Wir wollen ihnen Sicherheit und Orientierung geben. Denn wir haben eine Vision: Wir sind die *Kategorie**. **Wenn unsere →Kunden an** *Kategorie** **denken, denken sie an uns. Und sie sagen: „Ein starker Partner!"**
**(Setzen Sie hier bitte Ihren Markt/Ihre Kategorie ein.)*

6.6 Aktionen: Draufhauen

Der *Rivalität*-Plot ist hinsichtlich der zu ergreifenden Maßnahmen eindeutig. Der Wettbewerber hat sich einen vorübergehenden Vorteil erkämpft? Nun, wir werden Überlegenheit demonstrieren. Das Ziel besteht nicht darin, lediglich gleichzuziehen, sondern den Gegner zu überwinden, in welcher Disziplin auch immer. Und dafür müssen wir natürlich viel trainieren:

Wir trainieren täglich. Wir haben eine bestimmte Technik und die verbessern wir ständig.

Liste B 6.6.1 Die Rivalität – Aktionen – Training

„Wir trainieren täglich."

Wir	betreiben
	engagieren uns für
	forcieren
	fördern
	investieren in
	treiben (...) voran
	treten für (...) ein
	unterstützen

die →systematische und →sachgemäße Pflege unserer(-s) →Produkte/Programms.

„Wir haben eine bestimmte Technik und die verbessern wir ständig."

Der/Die →nachhaltige

Ausbau	akzeptierter
Entwicklung	anerkannter
Optimierung	bewährter
Verbesserung	erprobter
Weiterentwicklung	gewohnter
	verlässlicher
	zuverlässiger

→Qualität →verstärkt die →Akzeptanz →überlegener →Produkte und (→verstärkt) die →Zufriedenheit unserer →Kunden.

Varianten:
Unsere Marken (→Produkte) sind unser →überlegenes Kapital. Wir pflegen sie →sachgemäß und entwickeln sie →systematisch weiter. Zur →nachhaltigen →Zufriedenheit unserer →Kunden.

Gehen Sie in die Vollen:
Unser →überlegenes Angebot ist die Quintessenz langjähriger Erfahrung und die →Basis unserer einmaligen (→außerordentlichen) Marktpräsenz. Unsere →Kunden schätzen unsere →Produkte, weil sie deren →Qualität schätzen. Darin liegt unsere Verpflichtung. Wir pflegen unsere →Produkte und entwickeln sie behutsam weiter. Für noch mehr →Qualität. Für noch mehr →Zufriedenheit.

Gut, so bleiben wir auf jeden Fall in Form! Damit aus unserem Titelkampf auch ein publikumswirksamer Event wird, sollten wir rechtzeitig darauf hinweisen und die Massen mobilisieren. Die Arena muss zum regelrechten Hexenkessel werden:

Wir plakatieren flächendeckender und inhaltlich besser. Das Publikum wird mehrheitlich aus unseren Fans bestehen.

Liste B 6.6.2 Die Rivalität – Aktionen – an allen Litfaßsäulen

„Wir plakatieren flächendeckender und inhaltlich besser."

Wir	befürworten	den/	aktive(n)	und	aufrichtige(n)	Austausch
	pflegen	die/	initiative(n)		ehrliche(n)	Dialog
	setzen auf	das	proaktive(n)		offene(n)	Diskurs
	stehen für	eine(n)			umfassende(n)	Diskussion
	treten für (...) ein				vertrauensvolle(n)	Gespräch
						Kommunikation

mit der Öffentlichkeit.

„Das Publikum wird mehrheitlich aus unseren Fans bestehen."

Aufrichtigkeit	schafft	Glaubwürdigkeit.
Ehrlichkeit		Loyalität.
Initiative		Vertrauen.
Offenheit		

Varianten:
Wir setzen auf Offenheit.
Offenheit überzeugt.

Gehen Sie in die Vollen:
Anspruch verpflichtet. Wir sind uns unserer Verantwortung bewusst. Und wir nehmen sie wahr. Deswegen suchen wir den ehrlichen Dialog mit der Öffentlichkeit. Aufrichtigkeit schafft Vertrauen. Wir schaffen Vertrauen.

Die PR-Maschinerie darf allerdings nicht in Gang gesetzt werden, bevor wir wirklich sicher sein können, dass wir über eine Top Crew verfügen. Trainer, Manager – einfach alle bis hin zum Catering müssen auf uns eingeschworen sein und ein unschlagbares Team abgeben:

Wir arbeiten nur mit Profis. Wer nicht an uns glaubt, kann gleich zu Hause bleiben.

Liste B 6.6.3 Die Rivalität – Aktionen – Crew

„Wir arbeiten nur mit Profis."

Know-how	und	Eigeninitiative
Kompetenz		Entscheidungsfreude
Professionalität		Entschlusskraft
Qualifikation		

sind die →Basis unserer Mitarbeiterführung.

„Wer nicht an uns glaubt, kann gleich zu Hause bleiben."

Identifikation	und	Leistung
Motivation		Performance

bestimmen ihren und unseren →Erfolg.

Varianten:
Wir fördern →systematisch die Qualifikation ...
Wir schaffen Freiräume und ermuntern zur Eigeninitiative.

Gehen Sie in die Vollen:
Unsere Erstklassigkeit beruht auf der Erstklassigkeit unserer Mitarbeiter. Deswegen achten wir auf die →systematische Förderung ihrer fachlichen Qualifikation und persönlichen Eigeninitiative. Nur so erreichen wir höchste Identifikation für höchste Leistung. Denn mit weniger geben wir uns nicht zufrieden.

Und damit haben Sie Ihre Vorstellung beendet. Hat noch jemand Fragen, Anregungen oder gar Kritik? Nur zu, Sie wissen ja jetzt, mit wem Sie es zu tun haben ...

7 Fang mich doch! – Unternehmensphilosophie für Außenseiter

„Wer erfolgreich zu manövrieren versteht,
führt den Gegner in die Irre und zwingt ihn zu Umwegen."
SUN TZU[1]

Immer auf die Kleinen! So geht's ja nun nicht! Unsere Trüffel-Weinbrand-Pralinés wären um keinen Deut schlechter als die des Wettbewerbs, gäbe es da nur nicht diese unüberwindbar hohen Markteintrittsbarrieren in Form von Investitionen, für die die Bank mal wieder keinen roten Heller rausrückt. Wie sollen wir überhaupt als kleiner Spezialanbieter unsere Zielgruppe umwerben und damit bei der Stange halten, wenn wir unser Kommunikationsbudget nicht – wie der Wettbewerb – aus dem großen Topf der Einsparungen aufgrund von Kostendegressionen, aufgrund von Größeneffekten ..., ach, es ist einfach so ungerecht! Aber halt!, wir kennen ja immerhin diesen einen Redakteur bei diesem einen Wirtschaftsfachblatt, wenn wir das so hinkriegen, dass der uns eine gute PR macht, dann gäbe es vielleicht trotzdem eine Chance. Lassen Sie uns das noch mal gut überlegen, aber mit List und Tücke, mit Geduld und Spucke ... – konspirative Zwergensitzung heute Abend um halb acht, hinter vorgehaltener Hand weitersagen! Und hier, lesen Sie sich schon mal diesen Flyer durch:

[Präambel]
Kampf
Unternehmertum ist Kampf. Ständig muss man sich beweisen.

[Schauplatz]
Boxring für David und Goliath
Der Markt ist ein Boxring. Der Kampf um den Titel ist noch nicht entschieden, aber es gibt einen haushoch überlegenen Favoriten.

[Held]
Underdog
Aber dieses Mal zeigen wir's ihm.
Wir sind listig. Wir greifen an, wenn er es nicht erwartet und setzen Mittel ein, mit denen er nicht rechnet.

[1] In: KRAUSE, 2002, S. 74.

Wir sind flink und wendig. Wenn er zum Schlag ausholen will, ducken wir uns einfach.
Wir sind mutig. Wir lassen uns nicht einschüchtern.
Wir sind stolz. Wir sind klein, aber fein.
Und wir haben ein Gespür für Gerechtigkeit. Die Zeit ist einfach reif.

[Mission]
K.-o.-Sieg
Wir hauen den Kerl k.o. Die Kunden sollen sehen, dass wir es genauso gut, wenn nicht gar besser können.

[Vision]
Klare Verhältnisse und neue Proportionen
Das Publikum wird das staunend und mit einem Gefühl der Befreiung gerne zur Kenntnis nehmen. Jeder wird wissen, dass auch in Zukunft mit uns zu rechnen ist.

[Aktionen 1]
Boxhandschuhe
Wir haben Spezial-Handschuhe. So was kennt der gar nicht.

[Aktionen 2]
Spezielle Technik
Wir studieren die Kunst des Boxkampfes ziemlich intensiv. Dabei entwickeln wir laufend neue Techniken, von denen der arrogante Kerl sowieso noch nie was gehört hat.

7.1 Präambel: Sind wir nicht alle irgendwie Zwerge?

Völker, hört die Signale! Die Riege der notorisch unterschätzten Kleinunternehmer bläst zum Kampf. Wir haben keine anderen Werte als die Großen, wir finden nur, dass uns endlich die Anerkennung zuteil werden muss, die uns zusteht![2] Wir frischen deswegen lediglich die Präambel aus dem *Rivale*-Plot mit einigen aufmüpfigen Begriffen auf:

---

[2] Obwohl einem streng genommen ja nix zusteht im Leben, erst recht nicht im Wirtschaftsleben. Schon v. Hayek mahnte, dass „es in einem freien System weder wünschenswert noch durchführbar ist, dass die materielle Entlohnung allgemein dem entsprechen soll, was die Menschen als Verdienst ansehen, und dass es wesentlich für eine freie Gesellschaft ist, dass die Position des Einzelnen nicht notwendig von den Ansichten seiner Mitmenschen über seine Verdienste abhängt." (v. Hayek, 1991, S. 114.) Geschweige denn von den eigenen Ansichten. Tja, liebe *Underdogs*, wenn ihr bislang nicht den ersehnten Erfolg hattet: eigentlich Pech, mehr nicht. Aber trotzdem: Es ist so schön, als Zwerg den Laden mal so richtig aufzumischen, nicht wahr?

Unternehmertum ist Kampf.

Liste B 7.1.1 Der Underdog – Präambel – Basis-Statement

„Unternehmertum ist Kampf."

→Unternehmertum →besteht in

Auflehnung.	Erneuerung.	Polarisierung.	Veränderung.
Ausgleich.	Gewinnen.	Rebellion.	Wandel.
Begradigung.	Kontrastieren.	Richtigstellung.	Wende.
Behauptung.	Korrigieren.	Überwindung.	
Bereinigung.	Neugestaltung.	Umschwung.	

(Weitere Begriffe entnehmen Sie bitte Liste B 6.1.1.)
Varianten:
→Alles →wahre →Unternehmertum ist →grundsätzlich →nichts anderes als Kontrastieren.
(Weitere Tipps in Abschnitt C 2.1)

Geben Sie Vollgas:
Das alltägliche Leben beweist es →stets aufs Neue: →Erfolge fallen uns nicht einfach zu. Sie sind das Ergebnis harter Arbeit und fairer Auseinandersetzung. Wann immer wir etwas erreichen wollen, müssen wir uns dafür einsetzen und zur Erreichung unserer →Ziele in den Wettstreit mit anderen treten. Das alltägliche Leben beweist aber auch: Verdienter →Erfolg lässt oft auf sich warten. Jeder von uns hat schon einmal erlebt, dass die Anerkennung ausblieb, obwohl das →Ziel erreicht wurde. Bestehende Strukturen sind meist träge. Dabei ist gerade der Sieg neuer und unkonventioneller Ideen wichtig für die weitere Entwicklung unserer Welt. Deswegen kann man mit Fug und Recht behaupten: →Unternehmertum heißt Kontraste setzen.

„Genau", ruft die empörte Menge aus, „so eine Schweinerei! Nie lassen uns die Großen richtig zum Zuge kommen!" So ist es also: Managen heißt Kontraste setzen. Was auch sonst, wenn man Aschenputtel heißt. Unseren Bundesgenossen müssen wir gar nicht näher erklären, was das im Kern bedeutet. Aber vielleicht gewinnen wir noch ein paar Außenstehende hinzu, wenn wir etwas näher erläutern, worum es geht, und dabei das Statement des *Rivalen* um die David-gegen-Goliath-Komponente anreichern:

Ständig muss man sich beweisen.

Liste B 7.1.2 Der Underdog – Präambel – Ergänzungs-Statement

„Ständig muss man sich beweisen."

→Allein

der/	Entscheid	des	Marktes	begradigt	Ametrien	und	bestimmt
die/	Entscheidung			beseitigt	Anomalien		definiert
das	Ergebnis			gleicht (...) aus	Deviationen		entscheidet
	Stimme			korrigiert	Differenzen		
	Urteil			rückt (...) zurecht	Disproportionen		

	Votum			verschiebt	Dysfunktionalitäten		
	Wille				Irregularitäten		
					Missverhältnisse		
					Ungleichgewichte		
					Unstimmigkeiten		
					Widrigkeiten		

(über) den →Erfolg eines Unternehmens.

Varianten:
<u>Disproportionen</u> können nur durch den <u>Entscheid</u> des Marktes <u>ausgeglichen</u> werden.
Nur der Markt sorgt für den <u>Ausgleich</u> ...

Geben Sie Vollgas:
Märkte sind →wahre Nullsummenspiele: Jede Entscheidung eines →Kunden ist die eindeutige (→exakte) Wahl einer Möglichkeit zu Lasten einer anderen. Sie ist unwiderruflich. Und das ist auch gut so. Fortschritt entsteht →allein dadurch, dass Neues angenommen und Überkommenes definitiv zurückgelassen wird. In dieser wichtigen Funktion des Marktes gründet unser Auftrag.

„Recht so!", kräht ein Zwerg aufgeregt dazwischen. „Das lassen wir uns nicht länger bieten!", brüllt ein anderer. Wild fuchteln sie alle mit den Armen und machen ihrem Unmut Luft. Und wenn wir jetzt die empörenden Zustände auf unserem Markt schildern, wird das die Stimmung im Saal sicher noch weiter anheizen.

7.2 Schauplatz: Ein Boxring

Als *Underdog* akzeptieren wir durchaus das Recht des Stärkeren, das auf unserem Markt rücksichtslos Geltung verlangt. Rücksichtslos? Eben nicht. Auf uns nimmt man besondere Rücksicht, und zwar in der schändlichen Weise, dass man uns bislang nie so richtig ernst nahm. Dabei muss mit uns gerechnet werden, wir wollen in den Ring! Wir stellen zunächst einmal fest:

Liste B 7.2.1 Der Underdog – Schauplatz – Basis-Statement

Der Markt ist ein Boxring.

Unser Basis-Statement können wir unmittelbar aus dem *Rivale*-Plot übernehmen. Ich verweise den geneigten Leser zu diesem Zweck auf <u>*Liste B 6.2.1*</u>.

Allerdings müssen wir das ergänzende Statement grundsätzlich anders formulieren. Zwar ist hier wie dort der Titelkampf noch nicht gewonnen, aber in unserem Fall sieht es zunächst auch einmal so aus, als hätten wir ohnehin keine Chance. Haben Sie gemerkt, wie der Herr von der Jury bei unserer Anmeldung zum Titelkampf skeptisch die Stirn runzelte? Und nachdem er uns dann doch noch mit einem leichten Kopfschütteln zum Kampf zuließ, fragte er uns, wie unsere Quoten stehen, und wir mussten etwas zaghaft antworten: „Eins zu einer Million." Wir stellen also fest:

Der Kampf um den Titel ist noch nicht entschieden, aber es gibt einen haushoch überlegenen Favoriten.

Liste B 7.2.2 Der Underdog – Schauplatz – Ergänzungs-Statement

„Der Kampf um den Titel ist noch nicht entschieden, aber es gibt einen haushoch überlegenen Favoriten."

Im	Laufe	seiner(-s)	Entwicklung	haben sich	aber	disproportionale	Strukturen
	Verlauf		Fortschreitens		allerdings	einseitige	
	Zuge		Wachstums		jedoch	gestörte	
			Weiterentwicklung			herkömmliche	
						historische	
						konservative	
						rigide	
						schwerfällige	
						traditionelle	
						träge	
						überkommene	
						unausgewogene	
						undurchlässige	
						ungleichgewichtige	
						unorganische	

entfaltet,	die den/dem/der	aktuellen	Bedeutung	der	Anbieter
entwickelt,		gegenwärtigen	Gewicht		Kontrahenten
gefestigt,		tatsächlichen	Kräfteverhältnissen		Marktteilnehmer
herausgebildet,		wahren	Relevanz		Teilnehmer
stabilisiert,		wirklichen	Stärke		
verfestigt,					

nicht	länger		entsprechen.
nicht	annäherungsweise		gerecht werden.
nicht	mehr		widerspiegeln.
allenfalls		ansatzweise	wiedergeben.
bestenfalls		näherungsweise	
höchstens		unzureichend	
nur noch			
nur			

Varianten:

Seine aktuellen Strukturen entsprechen allerdings nicht mehr der tatsächlichen Bedeutung der Marktteilnehmer.

Lassen Sie es krachen:

Gerade in Zeiten des Umbruchs und der gezielten Weiterentwicklung ist die volle Funktionsfähigkeit des Marktes mehr denn je gefragt. Signale, die die →Unternehmen setzen, müssen vom →Kunden erkannt und umgesetzt werden. Wenn es darum geht, Neues durchzusetzen, ist das aus seiner Sicht oft mit einem Risiko verbunden. Hat er aber erkannt, dass damit gleichzeitig eine →Chance verbunden ist, deren →Nutzung ihm reale Vorteile verschafft, steht einer neu gestaltenden Entwicklung nichts mehr im Wege.

Damit haben wir auch schon implizit unser *katalytisches Ereignis* vorweggenommen: Der andere ist stärker. Dies ist das Kennzeichnende der Situation: Der Kerl ist stärker oder hat ein nach wie vor hohes Gewicht, aber diese Situation ist schon längst zum Anachronismus geworden. Jetzt wollen wir mal ran! Falls Sie trotzdem noch einen zusätzlichen Auslöser wollen, schauen Sie mal im *Rivale*-Kapitel nach. Und falls es weitere feindliche Tendenzen in Ihrer engeren oder weiteren Unternehmensumwelt gibt, versäumen Sie es auch bitte nicht, sich in Abschnitt C 2.2 entsprechend einzudecken. Unser Service-Team empfängt Sie gerne.

Lassen Sie uns sodann einander Mut machen und uns gegenseitig noch einmal erzählen, dass wir schwer auf Zack sind. Der eine oder andere alte Haudegen unter uns kann da noch diese oder jene Anekdote beisteuern: Damals, zu unserer Zeit, da gab es einen Riesen, den haben wir in die Falle gelockt und ihm dann ein Bein gestellt, dass er sich nie wieder in unserem Wald blicken ließ. Die Jüngeren gähnen vielleicht gelangweilt, denn das sind doch olle Kamellen und heute geht es um viel mehr, aber unabhängig davon: Wir stecken die Köpfe zusammen und geben einander Kraft.

7.3 Held: David, auf Goliath wartend

Der *Underdog*-Plot unterscheidet sich von dem *Rivale*-Plot natürlich durch das ungleiche Kräfteverhältnis. Das heißt, wir können hier die Eigenschaftsliste des Rivalen nicht 1:1 übernehmen, sondern müssen mindestens die „Stärke" fallen lassen. Trotzdem können wir das zentrale Statement übernehmen, weil es in unserem Kontext einen Sinneswandel erfährt.
Wir behaupten also:

Aber dieses Mal zeigen wir's ihm.

und verweisen für die folgende Liste

Liste B 7.3.1 Der Underdog – Held – zentrales Statement Underdog

auf den *Rivale*-Plot und die dortige Liste B 6.3.1.

Listen sind hier überhaupt das Stichwort: Wenn wir schon nicht mit unserer Stärke angeben können, weil derzeit der echte Favorit weit vor uns liegt, dann müssen wir eben vor allem *listenreich* sein.[3] Sind wir ja auch. Wir behaupten:

---

[3] Der gnädige Leser verzeihe mir diesen Kalauer. Ich hatte vor Beginn der Arbeiten zum vorliegenden Werk mit mir selbst gewettet, mindestens eine Platitüde unterzubringen. Und siehe da, spätestens hier habe ich doch gewonnen, oder?

Wir sind listig. Wir greifen an, wenn er es nicht erwartet, und setzen Mittel ein, mit denen er nicht rechnet.

Liste B 7.3.2 Der Underdog – Held – Listenreichtum

„Wir sind listig."

Aktiver Gestaltungswille	und	(ein(e,-n))	sichere(-r,-s)	Gefühl
Bessere Ideen			unbestechliche(-r,-s)	Gespür
Erfindungsreichtum			untrügliche(-n,-r,-s)	Intuition
Flexibilität				Sinn
Hellsichtigkeit				
Kreativität				
Originalität				
Umsicht				
Weitblick				

für →lukrative →Chancen sind die →entscheidende →Basis zur Erreichung unserer →Ziele.

„Wir greifen an, wenn er es nicht erwartet, und setzen Mittel ein, mit denen er nicht rechnet."

Exakte(s)	Terminierung	und	flexibles	Agieren	begünstigen
Geschickte(s)	Timing		geschicktes	Handeln	ebnen den Weg
Kluge(s)	Wahl des Zeitpunkts		kreatives	Verfahren	favorisieren
Überraschende(s)	zeitliche Platzierung		unkonventionelles	Vorgehen	fördern
					nützen
					unterstützen

(→verstärken) (für) unseren →Erfolg. (→Auftritt)

Varianten:
Wir haben/verfügen über aktiven Gestaltungswillen.
Durch unkonventionelles und kreatives Vorgehen (→Auftritt) sichern wir unseren →Erfolg.

Hauen Sie auf die Pauke:
Den Wettstreit/Markt für sich zu entscheiden, bedeutet immer einen Schritt voraus zu sein. Das erfordert Weitsicht und Fingerspitzengefühl. Unsere →entscheidenden Stärken →bestehen in der Kreativität und Originalität unserer Lösungen. Wir haben die Nase im Wind. Denn nur so kommen wir zu überzeugenden Ergebnissen, mit denen keiner gerechnet hat. Wir sind immer für eine Überraschung gut.

Eine List auszuhecken, ist das eine. Sie in die Tat umzusetzen, das andere. Wir benötigen natürlich die eine oder andere körperliche Fähigkeit, um unsere List auch erfolgreich anzuwenden. Leser, verfügen wir über diese Fähigkeit? Ich sehe Sie nicken. Danke. Wir verfügen darüber. Es ist allerdings, wir erwähnten es bereits, nicht Stärke, die uns unbedingt auszeichnet. Das würde der Grundstruktur der Geschichte widersprechen. Wir sind David, nicht Goliath. Unser Vorzug besteht in der Beweglichkeit. Wenn Sie jemanden flink über den Markt wieseln sehen, und kaum, dass er irgendwo angelangt ist, ist er schon wieder weg und anderswo: dann sind wir das.

Wir sind flink und wendig. Wenn er zum Schlag ausholen will, ducken wir uns einfach.

Liste B 7.3.3 Der Underdog – Held – Wendigkeit

„Wir sind flink und wendig."

Wir	sind	ein	anpassungsfähiges
			bewegliches
			flexibles
			geschmeidiges
			gewandtes
			reaktionsstarkes
			schnelles
			wendiges

→Unternehmen.

„Wenn er zum Schlag ausholen will, ducken wir uns einfach."

Die	Signale	der/des	Umwelt	setzen	wir	ohne Zögern	in	Aktionen	(um).
		unserer(-s)	Marktes	verarbeiten		synchron	zu	Entscheidungen	
				wandeln		umgehend		Handeln	

Varianten:
<u>Flexibilität</u> ist unsere Stärke.
Wir wissen, was zu tun ist.

Hauen Sie auf die Pauke:
→Erfolg hängt →grundsätzlich von der Fähigkeit ab, sich auf neue Situationen schnell und →sachgemäß einstellen zu können. Bei uns gibt es keine langen Entscheidungswege. Die →exakte Definition von Kompetenzen und Zuständigkeiten sorgt dafür, dass jeder in seinem Bereich die Maßnahmen ergreift, die er für notwendig hält. Das macht uns flexibel. Und freut den →Kunden.

Leser, was muss ich hören? Das mit „geschmeidig" finden Sie unpassend? Seien Sie lieber froh, dass ich nicht auch noch „gelenkig" hinzugenommen habe. Aber mal ehrlich: Hätten Sie vor zwanzig Jahren gedacht, dass der Begriff „schlank" je auf ein Unternehmen Anwendung findet? Sehen Sie. Setzen Sie Trends und nehmen Sie „geschmeidig"! Generationen von Nachahmern werden froh sein, ein gutes altes Wort für eine gute alte Tugend nun endlich auch für den Unternehmensbereich wieder neu entdeckt zu haben.

So dass wir uns lässig der nächsten essenziellen Eigenschaft zuwenden können. Leser, stellen Sie sich vor, Sie wären nur einsdreißig groß und alles in allem sowieso eher der schmächtige Typ und dann stehen Sie auf einmal vor einem Baum von einem Mann. Was brauchen wir, ich meine, Sie da? Richtig, List hin und Wendigkeit her, der Mut sollte uns nicht verlassen:

Wir sind mutig. Wir lassen uns nicht einschüchtern.

Liste B 7.3.4 Der Underdog – Held – Furchtlosigkeit

„Wir sind mutig. Wir lassen uns nicht einschüchtern."
(Dieses Statement entnehmen Sie bitte der Liste B 2.3.4.)

Und wir lassen uns nicht nur nicht einschüchtern, ganz selbstbewusst tragen wir unseren Stolz zur Schau. Das haben wir mit dem *Rivalen* gemeinsam. Allerdings ist der Inhalt unseres Stolzes ein anderer als bei ihm: Wir sind stolz darauf, so klein und trotzdem so schwer auf Draht zu sein, während der *Rivale* aus unserer Sicht eher die Selbstbeweihräucherung träger Masse betreibt.

Wir sind stolz. Wir sind klein, aber fein.

Liste B 7.3.5 Der Underdog – Held – Stolz

„Wir sind stolz."
(Dieses Statement entnehmen Sie bitte der Liste B 6.3.4.)

„Wir sind klein, aber fein."

Unser(e)	Ideen	ist/sind	unser(e)	Größe.
	Ideenreichtum			Kapital.
	Innovationsgeist			Kraft.
	Kreativität			Stärke.
	Originalität			
	Vision			

Varianten:
Unsere Stärke beziehen wir aus/wurzelt in unserer Kreativität.
Unsere Kreativität macht uns stark.

Hauen Sie auf die Pauke:
Wer clever ist, kann stolz auf sich sein. Wir sind stolz auf uns. Wir haben schon viel erreicht und wir werden noch viel mehr erreichen. Kreativität ist die Kraft, die uns antreibt. Und damit den Markt.

Wir müssen an dieser Stelle einmal mehr betonen, dass das ganze Spielchen übrigens nicht aus purem Eigennutz heraus veranstaltet wird. Eines der größten Missverständnisse der letzten Jahrtausende bestand doch immer darin, dass die Gemeinnützigkeit selbstständiger Erwerbstätigkeit nicht nur verkannt, sondern von interessierter Seite regelmäßig bestritten wurde. Dabei ist es doch so, dass gerade wir als *Underdog* auch dafür sorgen, dass wieder ein Stück mehr *Gerechtigkeit* in diese Welt zurückkehrt:

Und wir haben ein Gespür für Gerechtigkeit. Die Zeit ist einfach reif.

Liste B 7.3.6 Der Underdog – Held – Gerechtigkeitssinn

„Und wir haben ein Gespür für Gerechtigkeit."
(Dieses Statement entnehmen Sie bitte der Liste B 4.3.2.)

„Die Zeit ist einfach reif."

Dafür	arbeiten	wir	(uns).
Daran	engagieren		
	setzen (...) ein		
	stehen (...) ein		
	treten (...) ein		

Varianten:
Respekt vor unseren →Kunden ist unsere ständige Aufgabe.
Wir fühlen uns unseren →Kunden verpflichtet.

Hauen Sie auf die Pauke:
Wir sind gut. Weil unsere →Kunden gut sind. Für unsere →Kunden reißen wir uns das sprichwörtliche Bein aus. Weil es nur auf sie ankommt. Davor haben wir Respekt. Unsere →Kunden wissen das. Und danken es uns mit ihrer →Zufriedenheit und Treue. Für unseren →Erfolg.

Mein lieber Schwan, als echter *Underdog* muss man ja wohl so einiges auf dem Kasten haben, nicht wahr? Wir unterschlagen an dieser Stelle allerdings eine Eigenschaft, die zwar nicht notwendig ist, aber in aller Regel wenigstens kurz mal aufflackert, wenn am Ende des Finales der Favorit am Boden liegt: die *Schadenfreude*. Haben wir nicht alle kurz mal gekichert, als Red Bull mit seinem Energy Drink einen komplett neuen Markt aufzog und damit zum Beispiel die Kollegen von Coca-Cola bloßstellte, die es gründlich verschlafen hatten, selbst mal neue Impulse zu setzen? Doch, haben wir. Ich jedenfalls, Leser. Sorry, ich mache das manchmal. Sie nicht? Nun, wir lassen ja, wie gesagt, diese Eigenschaft ohnehin unerwähnt ...

7.4 Mission: Es mal allen so richtig zeigen

Zieht euch alle warm an! Vielleicht ist es sogar zu unserem Vorteil, wenn die Mehrheit uns unterschätzt. Unverhofft kommt oft und eine volle Rechte, ein kantiger Haken von einem Fliegengewicht, das locker dreißig Zentimeter kleiner ist als der Favorit – wer rechnet schon damit?

Wir wollen nicht nur gewinnen, wir wollen euch eine Lehre erteilen!

Wir hauen den Kerl k. o. Die Kunden sollen sehen, dass wir es genauso gut, wenn nicht gar besser können.

Wir verweisen auch hier wieder direkt auf die Liste B 6.4.1 des *Rivalen*.[4] Wir wollen einen K.-o.-Sieg, genau wie er. Ist das nicht riesig? An dieser Stelle werden Sie bereits wie ein vollwertiger Rivale behandelt, Leser, merken Sie das? Ach, Ihnen geht es doch richtig gut in diesem Buch!

7.5 Vision: Alle werden staunen

Ätsch! Was bei jedem anderen als Häme und Schadenfreude rüberkäme – bei uns ist es unser Erfolg selbst, der dem Wettbewerber die lange Nase zeigt. Damit hast du nicht gerechnet, du Verkörperung der Selbstherrlichkeit, was? Jahrelang die Nummer eins auf dem komplizierten Markt für Trockenfertiggerichte, aber heute haben wir dir mal gezeigt, wie man Nudeln mit Tomatenmark richtig verkauft. Und alle freuen sich diebisch, ein homogenes Standardprodukt endlich auch mal von uns kaufen zu können.

Das Publikum wird das staunend und mit einem Gefühl der Befreiung gerne zur Kenntnis nehmen. Jeder wird wissen, dass auch in Zukunft mit uns zu rechnen ist.

Liste B 7.5.1 Der Underdog – Vision – ungläubiges Staunen

„Das Publikum wird das staunend und mit einem Gefühl der Befreiung gerne zur Kenntnis nehmen."

Wir werden die →Bedürfnisse unserer →Kunden

mehr als	befriedigen.
nicht lediglich	erfüllen.
nicht nur	zufrieden stellen.

Wir werden unsere →Kunden

erstaunen.
in Staunen versetzen.
überraschen.

„Jeder wird wissen, dass auch in Zukunft mit uns zu rechnen ist."

[4] Zeihen Sie mich jetzt bloß nicht der Faulheit, Leser. Auch unsere willkürlich ausgewählte Autorität auf dem Gebiet des Geschichtenerzählens erklärt lapidar: „Die Erzählabschnitte folgen wie beim Rivalitäts-Plot den Machtkurven der Figuren." (Tobias, 1999, S. 195.) Soll ich mich etwa dagegen stellen? Ich bin doch kein *Underdog*, oder?

Alle.	Immer wieder.
Jeden Einzelnen.	Jeden Tag.
	Jeden Tag aufs Neue.
	Täglich neu.

Machen Sie Dampf:

→Überlegene →Qualität gewinnt. Daran glauben wir fest, und wir haben auch sehr genaue Vorstellungen darüber, wie wir unseren →Erfolg mit unseren →Kunden teilen – wir haben eine Vision: Unsere →Kunden sind unsere treuen Begleiter. Mit ihnen sind wir das, was wir für sie sind: die clevere Alternative, die →stets überrascht, weil sie stets eine Idee voraus ist. Denn wir wissen: Köpfchen muss man haben.

Ja, der *Underdog* ist eine echte Identifikationsfigur. Endlich zeigt einer mal den Großen, wo's langgeht. Schlägt ihnen ein Schnippchen. Wie macht man das? Nun, lesen Sie einfach weiter ...

7.6 Aktionen: Draufhauen, Beinchen stellen

Das werden wir als *Underdog* tun: Wir werden dem Riesen ein Bein stellen. Flink und wendig, wie wir sind, wieseln und wuseln wir um ihn herum, bis wir im entscheidenden Moment seiner Unachtsamkeit mal kräftig zulangen. Gut möglich, dass Sie für diesen Kampf schwer trainieren müssen. Wenn Sie das wollen, bedienen Sie sich in Liste B 6.6.1. Ich schlage allerdings vor, dass wir uns speziell für den Kampf rüsten und ein paar gute Gimmicks auf Lager haben:

Wir haben Spezial-Handschuhe. So was kennt der gar nicht.

Liste B 7.6.1 Der Underdog – Aktionen – Spezialisierung/Differenzierung

„Wir haben Spezial-Handschuhe."
Wir setzen auf (→befürworten)

Einzigartigkeit	und	Aktualität
Exklusivität		Fortschrittlichkeit
Individualität		Innovation
Uniqueness		Innovationskraft
Unnachahmlichkeit		Modernität
		Progressivität
		Reife

unserer →Produkte.

„So was kennt der gar nicht."

Mit ihnen	beschreiten	wir	neue Wege.
	erreichen		neue Dimensionen.
	setzen		Maßstäbe.

			Trends.
			Zeichen.
	sind		immer einen Schritt voraus.

Varianten:
Exklusivität und Fortschrittlichkeit unserer →Produkte sind die →Basis ihrer →Akzeptanz. Wir zeigen neue Wege auf.

Gehen Sie in die Vollen:
Wer Erfolg haben will, muss in Vorleistung gehen. →Allein mit interessanten und kreativen Ideen kann man Menschen für sich gewinnen und →Zufriedenheit →bewirken. Genau das tun wir. Unsere Produkte sind einzigartig und sie sind innovativ. Wann immer wir neue →Produkte konzipieren und realisieren, achten wir darauf, dass sie dem Markt eine erfrischend neue und →entscheidende zusätzliche Dimension verleihen. Das macht ihre →Akzeptanz aus. Und unseren →Erfolg.

Mein lieber Mann, das sind bestimmt die Voodoo-Boxhandschuhe, vor denen sich schon der *Rivale* in Acht nehmen musste. Weil Ihr Unternehmen noch ein Zwerg ist, müssen Sie diese Handschuhe natürlich in mühsamer Kleinarbeit selbst entwickeln, wie Sie sich überhaupt intensiv dem Studium der gesamten Boxkunst widmen müssen, um technisch fit zu sein. Es würde mich nicht wundern, wenn Sie daheim so etwas wie die „Geschichte des Boxkampfes im Laufe der letzten 4000 Jahre" als circa fünfundzwanzigteilige Videodokumentation von *Time Life* zu Hause hätten. Geben Sie's ruhig zu. Jedenfalls, das machen Sie:

Wir studieren die Kunst des Boxkampfes ziemlich intensiv. Dabei entwickeln wir laufend neue Techniken, von denen der arrogante Kerl sowieso noch nie was gehört hat.

Liste B 7.6.2 Der Underdog – Aktionen – Forschung und Entwicklung

„Wir studieren die Kunst des Boxkampfes ziemlich intensiv."

Wir investieren (*Liste B 7.6.1*) →systematisch in Forschung und Entwicklung.

„Dabei entwickeln wir laufend neue Techniken, von denen der arrogante Kerl sowieso noch nie was gehört hat."

Sie sind die →entscheidende →Basis für die/den kontinuierliche(n) (→nachhaltige(n))

Aufbau	und	die	Entwicklung
Konzeption			Optimierung
Pflege			Verbesserung
			Weiterentwicklung

eines →überlegenen →Produktprogramms.

Varianten:
→Systematische Forschung und Entwicklung sind →entscheidend für die →überlegene →Qualität unserer →Produkte.

Gehen Sie in die Vollen:
Von nichts kommt nichts. Unsere kreativen Ideen fallen uns nicht einfach zu, sondern sind das Ergebnis intensiver Forschung. Nur wer ständig hinterfragt und sich mit dem Bestehenden nicht einfach zufrieden gibt, kann auf Dauer Spitzenleistungen erreichen und ein hohes Niveau halten. Das tun wir. Darum sind wir so erfolgreich.

Sie wissen genau, mit welchen tänzelnden Schritten Sie den Gegner völlig aus dem Konzept bringen, um zum entscheidenden Schlag ansetzen zu können. Es ist gut möglich, dass Sie all Ihre Künste wie der Rivale einem Team von Profis verdanken. Wenn Sie darauf hinweisen wollen, bedienen Sie sich bitte in Liste 6.6.3. Es ist genauso gut möglich, dass Ihre Mannschaft gerade mal aus einer Hand voll Idealisten besteht, die sich um die nötige Bauchpinselei des Personals erst dann Gedanken machen wird, wenn Sie Champion geworden sind. Sie wissen schon, dann fangen sie meistens an, Ihnen Prämien aus den Rippen zu leiern. Wenn das so ist, dann verzichten Sie auf deren explizite Erwähnung.

Und jetzt geht es auf in den Kampf. Die konspirative Zwergensitzung ist zu Ende und frohen Mutes eilen alle aus dem Raum. Wieder singt jemand: „Völker, hört die Signale!“ und sein Nachbar stubst ihn in die Seite: „Das war eigentlich der Song von den anderen!“ Hm? Welchen anderen? Egal. Gewinnen Sie erst mal den Fight ...

8 Nix is' fix – Unternehmensphilosophie für Evolutionäre

„Früher brgriff ich nicht, warum ich
auf meine Fragen keine Antwort bekam,
heute begreife ich nicht, wie ich glauben konnte, fragen zu können.
Aber ich glaubte ja gar nicht, ich fragte nur."
FRANZ KAFKA[1]

Moment mal, was ist da eigentlich passiert? Mal abgesehen davon, dass uns die Verbraucher gleich scharenweise weggelaufen sind. War nicht ein wichtiges Ergebnis der Usage&Attitude-Studie, dass unsere Zahncreme Streifen haben und nach Minze schmecken sollte? Und wir setzen trotzdem auf Punkte und Sauerampfer? Heißt das, wir hören nicht mehr richtig zu? Wenn mir nur wieder einfiele, was meine Frau erst gestern noch dazu gesagt hat! Oder gehen wir zu forsch auf den Markt zu und verunsichern Hilfe suchende Verbraucher? Müssen wir da nicht ein Stück weit, ich sage mal, überlegter werden? Oder noch spontaner? Fräulein Meier, wenn Sie mit dem Surfen fertig sind, können Sie dieses hier bitte heute noch an alle Mitarbeiter mailen:

[Präambel]
Entwicklung

Unternehmertum ist Entwicklung. Nur wer sich ständig verändert, bleibt sich treu. Stillstand heißt absterben.

[Schauplatz]
Nährboden

Der Markt ist doch ein regelrechter Nährboden. Egal was passiert, man kann bestens darüber grübeln und immer auch was für sich dabei herausholen. Die Abwanderung unserer Kunden zum Beispiel stimmt uns ziemlich nachdenklich.

[Held]
Lernender

Daraus können wir bestimmt was lernen.

[1] „KAFKA, Betrachtungen über Sünde, Leid, Hoffnung und den wahren Weg Nr. 30", in: KAFKA, 1976, S. 33.

Wir besitzen schließlich die Fähigkeit zu Einkehr und Introspektion. Wir wissen gut über uns Bescheid.
Wir belügen uns nicht. Nur Aufrichtigkeit im Umgang mit sich selbst führt zu echten Entwicklungen.

[Mission]
Erfolg durch tieferes Verständnis
Wir wollen natürlich die Kunden zurückholen. Sie sollen sehen, dass wir gelernt haben und die Verständnisvollsten sind.

[Vision]
Selbstentfaltung bis zum Abwinken
Wenn wir erst wieder eine vertrauensvolle Partnerschaft aufgebaut haben, werden wir in Zukunft einander besser verstehen. Wir werden unsere weitere Entfaltung wechselseitig beobachten und wohlwollend begleiten.

[Entwicklung]
Portionierte Selbsterkenntnis
Ständiges Lernen wird uns auch ideell reicher machen. Unsere Einsicht wird eine noch bessere Kundenbetreuung ermöglichen.

[Aktionen 1]
Gewissenserforschung
Wir horchen mal ganz tief in uns hinein, um zu sehen, wie wir entscheiden. Wir werden das nämlich besser auf die Kunden abstimmen.

[Aktionen 2]
Maßgeschneiderte Produkte
Wir werden aufgrund vertieften Verständnisses echte Produkte entwickeln, hinter denen wir stehen und die unsere Kunden brauchen.

8.1 Präambel: Alles entwickelt sich ständig weiter

Ja, so isser, der Markt. Getreu dem klassischen Marktlebenszyklus mit den Phasen Einführung, Wachstum, Reife, Sättigung und Degeneration – aber halt!, wenn man sich erst mal auf dem Markt befindet, denkt man nur ungern an den Kreislauf des Werdens und Vergehens. Für uns gibt es eigentlich nur den Kreislauf des Werdens. Wir sind die, die wir sind, aber wir werden ständig besser.[2] Armer

[2] Wie die Firma Miele, die auf ihrer Homepage freimütig bekennt, „immer besser" werden zu wollen. Wir wünschen ihr natürlich viel Glück dabei. Vielleicht klappt's ja.

Schmetterling, für den irgendwann mal Schluss ist mit der ständigen Rumverwandelei! Was dem zierlichen Insekt gerade mal Mittel zum Zweck ist, um über das Stadium eines mickrigen Falters letzten Endes doch nicht hinauszukommen, ist bei uns ständiges und wegweisendes Prinzip. Wie eindrucksvoll werden wir dereinst dastehen, wenn dieses Prinzip für die nächsten dreißig Jahre in unserer Unternehmensphilosophie festgeschrieben ist!

Unternehmertum ist Entwicklung.

Liste B 8.1.1 Die Verwandlung – Präambel – Basis-Statement

„Unternehmertum ist Entwicklung."

→Unternehmertum →besteht in

Ausweitung.	**Erfahrung.**	**Mündigkeit.**	**Verwandlung.**
Beginn.	**Evolution.**	**Reifung.**	**Wachsen.**
Diskurs.	**Feedback.**	**Rückkoppelung.**	**Wandel.**
Einsicht.	**Fortschreiten.**	**Transformation.**	**Werden.**
Entfaltung.	**Fortschritt.**	**Übergang.**	
Entwicklung.	**Lernen.**	**Veränderung.**	

Varianten:
→Alles →wahre →Unternehmertum ist →grundsätzlich →nichts anderes als <u>Transformation</u>.
(Weitere Tipps in Abschnitt C 2.1)

Geben Sie Vollgas:
Wir lernen ständig hinzu. Menschliche Tätigkeit resultiert aus Erfahrung. Unser erworbenes Wissen wird zu Plänen, die wir in Handlungen umsetzen. Das Ergebnis unseres Tuns ist neue Erfahrung, die uns zu neuen Menschen macht: Wir werden klüger und – weiser. Lernen heißt verändern. Für den einzelnen Menschen wie für Organisationen. Jedes →Unternehmen sammelt Erfahrungen am Markt und verändert sich →auf diese Weise kontinuierlich. →Unternehmertum ist fortwährende <u>Transformation</u>.

Gedankengänge, die unser Publikum nachdenklich stimmen, denen es gleichwohl die Zustimmung nicht verweigern kann. Jeder weiß von sich selbst: Wir verändern uns. Heute Morgen noch war ich müde, jetzt bin ich schon wieder *ziemlich* müde. All jenen, denen „Wirtschaften ist Werden" zu wuchtig wagnerianisch klingt, hier noch gleich einige passende, weitgehend alliterationsfreie Ergänzungen.

Nur wer sich ständig verändert, bleibt sich treu. Stillstand heißt absterben.

Liste B 8.1.2 Die Verwandlung – Präambel – Ergänzungs-Statement

„Nur wer sich ständig verändert, bleibt sich treu."

→Allein der/die

Bewegung	deckt (...) auf	das/	Beständige.
Entfaltung	entdeckt	den	Bleibende.
Entwicklung	enthüllt		Dauerhafte.
Fortschritt	lässt (...) sichtbar werden		Dauernde.
Übergang	offenbart		Kern.
Veränderung			Unvergängliche.
Wandel			Unwandelbare.
Wechsel			Währende.
			Wesentliche.

„Stillstand heißt absterben."

Nicht lernen	heißt	absterben.
Sich nicht entwickeln	ist	nichts bewirken.
Stillstand		sterben.
Verharren		verkümmern.
		verlieren.

Varianten:
Veränderung heißt Reifung.
Nur wer sich verändert, kann besser werden.

Geben Sie Vollgas:
Kontinuierlicher Wandel bietet beständig neue →Chancen. Nur wer sich verändert, erkennt das Unwandelbare: seine ureigensten Fähigkeiten und Stärken. Nur wer seine Stärken kennt, kann sie ausbauen und besser werden.

Leser, ich liebe solche Sätze. Sie auch? „Sich nicht entwickeln heißt, nichts bewirken" wird in seiner Sinnhaftigkeit eigentlich nur noch übertroffen von „Fehlende Bewegung heißt Stillstand" oder „Nur Bewegung bringt einen weiter." Aber es gibt Zirkel, in denen Sie das sagen können und dafür bewundernde Blicke ernten. Ich kann Sie beruhigen: nicht bei uns Betriebswirten.[3] Bei Soziologen vielleicht. Oder waren es – Juristen?

Wie auch immer! Unser Publikum nickt, weil wir noch nicht komplett tautologisch argumentieren, und so können wir uns in aller Ruhe dem Markt zuwenden, der uns Lernenden und Transformierenden ständig jede Menge Entwicklungsmöglichkeiten beschert.

8.2 Schauplatz: Der Markt, Ort des Lernens

Dann werfen wir doch mal einen Blick auf unseren Schauplatz. Die *Verwandlung* gehört zu jenen Plots, bei denen der Markt nicht a priori feindliches Gebiet ist. Der Markt ist, wie er ist. Ganz anders zum Beispiel im Plot der *Rettung*, bei der wir

[3] Ich kann es Ihnen an dieser Stelle ja verraten: Ich bin von Haus aus gar kein Betriebswirt. Aber das Leben ist eben ständiger Wandel hin zum Besseren, nicht wahr?

unsere Kunden aus den Fängen fieser schurkischer Wettbewerber befreien müssen. Bei der *Verwandlung* ist der Markt zunächst einfach mal so, wie er ist. Verringert das unsere Chancen auf Dramatik?

Kaum. Als rastlose Selbstzweifler erblicken wir in diesem Plot natürlich in jedem Detail gleich eine prima Möglichkeit, uns entwickeln und verbessern zu können. Der Dienstwagen versagt auf dem Weg zur Hauptversammlung? Wie töricht ist doch unser Streben, überall dabei sein zu wollen! Wir machen dieses Jahr Gewinn? Was ist das schon gegen die wahren Reichtümer des Lebens! Wir machen keinen Gewinn? Nun, wie ich schon sagte ...

Jedenfalls wissen wir um den wirklichen Wert der Dinge um uns herum. Aus allem können wir etwas mehr über uns lernen: aus unserem Umgang mit den Mitarbeitern, mit dem Wettbewerb ... Wir sitzen im wuchtigen Ledersessel in unserem holzgetäfelten Büro, der Blick fällt auf das Telefon und schon denken wir: Ist das Leben nicht wie ein Telefon? Nie ruft einer an, und wenn, will er nur wieder eine Gehaltserhöhung? Und warum schlage ich sie immer ab? Ertrage ich nicht das Leid anderer, in die Steuerprogressionszone zu rutschen? Muss ich da nicht ein bisschen härter werden, auch im Umgang mit mir selbst?

Wie auch immer, wenn unsere gesamte Umwelt dazu da ist, uns mit mehr Klarheit vollzupumpen, werden wir zweifellos feststellen können:

Der Markt ist ein Nährboden.

Liste B 8.2.1 Die Verwandlung – Schauplatz – Basis-Statement

„Der Markt ist ein Nährboden."

Der Markt für *hautverträgliche Anti-Aging-Cremes** **ist ein →außerordentlich**
**(Setzen Sie hier bitte Ihre bevorzugte Branchenbezeichnung ein.)*

analytisches	eutrophes	korrektives	prägendes
dechiffrierendes	formendes	lebendes	reflexives
deiktisches	gestaltendes	lernendes	veränderndes
Entwicklung förderndes	intelligentes	lernfähiges	
erkennendes	kathartisches	organisches	

→System.

Varianten:
Der Markt setzt <u>gestaltende</u> Impulse.
Der Markt hat eine <u>prägende</u> Wirkung.

Lassen Sie es krachen:
Märkte sind Informationssysteme. Tagtäglich verarbeiten Millionen von Menschen die vielfältigsten Signale, um Entscheidungen zu treffen. Preise, →Produkte, Botschaften – eine Fülle von Informationen geht von →allen →Unternehmen aus, um aktuelle und potenzielle →Kunden von ihrem Angebot (→Produkte) zu überzeugen. Aber der Informationsstrom verläuft nicht nur in

eine Richtung. Umgekehrt empfangen →Unternehmen eine Vielzahl von Rückmeldungen aus dem Markt. Verbraucherverhalten, Wettbewerbsreaktionen, Erwartungen (→Bedürfnisse) und Urteile – der Markt spricht eine deutliche Sprache. Das ist auf dem Markt für (...) nicht anders. Der Reichtum an Signalen und Impulsen gibt vielfältigen Anlass zu Lern- und Veränderungsprozessen aller Teilnehmer. In diesem Sinne kann der Markt als lernender Organismus begriffen werden.

Das ist also unser Markt. Am laufenden Band weist er uns auf alles Mögliche hin. Wenn man will, kann man ihn deiktisch nennen. Unser Publikum staunt hinter vorgehaltener Hand: „Tatsächlich? Deiktisch? Mein Gott! Unsereiner hätte glatt wieder nur Gewinn gemacht!" Wir nutzen dieses günstige Überraschungsmoment aus, indem wir geheimnisvoll fortfahren:

Egal, was passiert, man kann bestens darüber grübeln und immer auch was für sich dabei herausholen.

Liste B 8.2.2 Die Verwandlung – Schauplatz – Ergänzungs-Statement

„Egal, was passiert, man kann bestens darüber grübeln und immer auch was für sich dabei herausholen."

Seine	mannigfaltigen	Impulse
	unzähligen	Signale
	vielfältigen	Zeichen
	zahllosen	
	zahlreichen	

→bewirken vielfältige →Chancen des/der

Begreifens	und	des/	Entfaltung.
Einsicht		der	Entwicklung.
Lernens			Fortschritts.
Verstehens			Wachstums.
			Wandels.

Varianten:
Seine zahlreichen Signale steuern das Verhalten seiner Teilnehmer und lenken seine Entwicklung.

Lassen Sie es krachen:
Indem wir die Botschaften des Marktes aufgreifen, sammeln wir Erfahrung. Indem wir uns bei unseren Entscheidungen von Erfahrung leiten lassen, lernen wir. Der Markt gibt uns die Möglichkeit zur Veränderung. Wir müssen nur aufmerksam sein.

Da sind wir aber mit uns schon ganz schön im Reinen, was? Nun, wir sollten bei aller geistigen Größe nicht vergessen, dass wir eine Firma zu lenken haben, und auch wenn wir notorische Lerner sind, wäre es nicht gut, wenn ausgerechnet der Wettbewerb uns eine Lektion erteilen würde. Legen Sie mal kurz die Meditationsbrille ab und nehmen den betriebswirtschaftlichen Standpunkt ein. Vielleicht gibt es ja ein paar bedenkliche Tendenzen am Markt, die die ganze Situation ein bisschen dramatischer erscheinen lassen. Schauen Sie sich ein wenig in Abschnit C 2.2 um und kommen Sie dann wieder hierher zurück!

Na, fündig geworden? Wunderbar. Damit hätten wir den Markt beschrieben als Keimzelle für organische Entwicklung. Falls es bislang noch nichts gab, was uns in eine regelrechte Sinnkrise gestürzt hätte, kommt spätestens jetzt der Auslöser unserer Entwicklung: „Im ersten Erzählabschnitt findet das verändernde Ereignis statt, das den Protagonisten in eine Krise stürzt und den Anstoß zur Veränderung gibt."[4]

Was wird das an unserem Markt sein? Nun, vermutlich ein Misserfolg. Ein vorübergehender sicherlich, sozusagen ein kleiner Betriebsunfall. Um die Besinnlichkeit zum Jahreswechsel noch etwas anzuheizen, blättert man zu Silvester vielleicht noch einmal in den Unterlagen der Finanzbuchhaltung, um auf einmal festzustellen: ups!, da bahnt sich ja ein netter kleiner Millionenverlust an. Wir machen das auslösende Moment auf der Kunden- oder der Wettbewerbsseite fest:

- Kunden kaufen weniger als bisher oder wandern gar ab.
- Wettbewerber kommen neu hinzu oder verstärken ihre Aktivitäten.

Diese Auslöser können wir mehr oder weniger direkt beispielsweise aus dem *Abenteuer*-Plot entnehmen.[5] Das bedeutet nicht, dass wir insgeheim eigentlich doch ein Abenteuer erleben wollen. Nein, wir bleiben beim lernenden Unternehmen! Es ist nur so: Dieselben Auslöser, die den Abenteurer veranlassen, sich in den Trubel zu stürzen, stimmen uns hier eher nachdenklich. Im vorliegenden Fall der Veränderung kann allerdings als weiteres auslösendes Moment auch der Erfolg hinzukommen:

- Wir gewinnen am Markt.

Melancholische Grübler, die wir sind, kann uns das genauso gut betroffen machen und so wesentliche Fragen aufwerfen wie etwa: Haben wir das überhaupt verdient? Die schlichte Antwort zu guter Letzt wird natürlich lauten: ja. Allerdings können wir sie dann mit einem besseren Gefühl und frei von jeglicher moralischer Schuldenlast aussprechen.

Auf geht's!

---

[4] Tobias, 1999, S. 224.

[5] Wir haben hier die vom Wettbewerb ausgehenden Auslöser aus dem *Abenteuer*-Plot zusammengefasst. Dem *Abenteurer* kommt es darauf an, vielfältige Abenteuer zu erleben, im *Verwandlungs*-Plot konzentrieren wir uns dagegen mehr auf die charakterliche Veränderung des Helden.

Die Abwanderung unserer Kunden zum Beispiel stimmt uns ziemlich nachdenklich.

Liste B 8.2.3 Die Verwandlung – Schauplatz – Sinnkrise wegen Kundenzurückhaltung

„Die Abwanderung unserer Kunden zum Beispiel ... "

Die →systematisch

ansteigende	Fraktalisierung	der/	Konsummuster
anwachsende	Friktionalisierung	des	Kundenverhaltens
wachsende	Hybridität		Marktes
zunehmende	Multioptionalität		
	Sprunghaftigkeit		
	Unberechenbarkeit		
	Zwitterhaftigkeit		

stimmt uns ziemlich nachdenklich."

ist	dabei	(zum)	Anlass	für
gibt		(den)	Anstoß	zu
liefert			Ausgangspunkt	
wird			Gelegenheit	
			Grund	
			Motiv	
			Triebfeder	

ein(e,-m,-n,-r) →grundsätzliche(n) (→systematische(n))

Kurswechsel.
Neuausrichtung.
Neuorientierung.
Paradigmenwechsel.
Restrukturierung.
Umdenken.
Wertewandel.
Zielrevision.

Varianten.
Das Kundenverhalten (*siehe auch Abschnit C 2.2.2*) **wird/Die Entwicklung des Kundenverhaltens verläuft →tendenziell hybrid. Dies gibt Anlass ...**
Die zunehmende Hybridität des Kundenverhaltens veranlasst zu einem Kurswechsel/einer kontinuierlichen Neuorientierung.

Lassen Sie es krachen:
Erwartungen (→Bedürfnisse) und Verhalten von →Kunden werden mehr und mehr von Multioptionalität und Hybridität geprägt. Mehr Möglichkeiten bedeuten immer auch mehr wahrgenommene Möglichkeiten. Die Herausforderung der Zukunft →besteht in einem doppelten Erkennen: Unser vertieftes (→verstärktes/→eingehendes) Verständnis der →Bedürfnisse und Motive unserer →Kunden bedarf immer auch der ständigen Überprüfung unseres eigenen →Auftritts.

Stell dir vor, du hast Verkaufsräume und keiner geht hin. Das ist in der Tat Anlass genug, über einen Paradigmenwechsel nachzudenken, so viel steht fest.

Schlimm aber auch dies: Stell dir vor, du hast Verkaufsräume und dein Nachbar auch. Schwer schockiert stellen wir fest:

Die Intensität des Wettbewerbs zum Beispiel stimmt uns ziemlich nachdenklich.

Liste B 8.2.4 Die Verwandlung – Schauplatz – Sinnkrise wegen Wettbewerbsintensität

„Die Intensität des Wettbewerbs zum Beispiel ...

Die/Der →systematisch

ansteigende	Aggressivität	des/	Wettbewerbs
anwachsende	Dichte	der	Positionierungen
wachsende	Druck		Profilierungen
zunehmende	Heftigkeit		
	Intensität		
	Kompromisslosigkeit		
	Radikalität		
	Stärke		

stimmt uns ziemlich nachdenklich."
(Bitte aus Liste B 8.2.3 übernehmen.)

Varianten:
Die →Auftritte der Wettbewerber werden →tendenziell spitzer/aggressiver.
Selten zeichneten sich die →Auftritte der Wettbewerber durch eine solche Kompromisslosigkeit aus wie heute ...

Lassen Sie es krachen:
Der Wettbewerb ist →beträchtlich intensiver geworden. Die Grenzen des Marktes, breitere Substitutionsmöglichkeiten und hohe Risiken der Investition →bewirken kontinuierlich zugespitzte Positionierungen (→Auftritte). Die Aufgabe der Zukunft →besteht mehr denn je in der ständigen kritischen Überprüfung der Wettbewerbspositionen wie auch des eigenen →Auftritts. Flexibilität und Entwicklung sind die →entscheidende →Basis für unsere Profilierung (→Auftritt).

Ist es nicht schlimm? Alles ist Grund zum Nachdenken, alles. Auch der Erfolg! Stell dir vor, du bietest etwas an und jeder kauft's! Verunsichert das nicht total? Kann das denn ewig so weitergehen? Und hätten wir da nicht gleich was mit einer doppelt so hohen Umsatzrendite anbieten sollen?

Unser Erfolg zum Beispiel stimmt uns ziemlich nachdenklich.

Liste B 8.2.5 Die Verwandlung – Schauplatz – Sinnkrise wegen Erfolg

„Unser Erfolg zum Beispiel ...

Die/	bisher	Entwicklungen
Das	bisherige(n,-s)	Erreichte
Unser(e)		Errungenschaften
		Triumphe
		Wachstum

(Die bisherige →Akzeptanz/→Erfolge unserer →Produkte)

stimmt uns ziemlich nachdenklich."

modifiziert(-en)	die/	Ausgangssituation	für	die	nächsten Schritte.
variiert(-en)	das	Bezugssystem		unsere	weitere Unternehmenspoltik.
verändert(-n)		Eckwerte			Zukunft.
		Rahmendaten			
		Referenzsystem			

Varianten:
Unsere bisherigen →Erfolge verleihen unserem →Auftritt (der Zukunft) eine neue →Basis.

Lassen Sie es krachen:
Wir haben die vielfältigen Signale des Marktes in der Vergangenheit →stets zu deuten gewusst. Der →systematische Rückgriff auf einen breiten Erfahrungsschatz hat uns Hindernisse stets als Herausforderungen begreifen und bewältigen lassen. Es sind unsere →Erfolge, die uns auch zur zukünftigen Umsicht mahnen. Die erfolgreiche →Nutzung bisheriger →Chancen schärft den Blick für zukünftige Risiken.

Ach, Leser, ich kann mir schon vorstellen, wie das bei Ihnen abläuft: Kaum haben Sie einen neuen Großauftrag an Land gezogen, knallen natürlich auch bei Ihnen auf allen – oder doch fast allen erfolgsbeteiligten – Etagen die Sektkorken. Nur, während die Kollegen das Zeug mal wieder unmäßig runterschütten, nippen Sie gerade mal höflich an dem prickelnden Nass und lassen es nicht zu, dass der Hauch eines erleichterten Lächelns Ihre ernste Miene durchkreuzt. Sie sagen zwar nicht: „Das wird bös enden." – Sie dementieren aber auch nicht die Nachdenklichkeit, die Ihnen ins Gesicht geschrieben ist. Passen Sie bloß auf Ihre Bauchspeicheldrüse auf oder wie auch immer das zuständige Organ heißen mag, das zunächst alle Sorgen aufnimmt, bevor es auch nicht mehr kann ...

8.3 Held: Einer, der sich auch mal mit sich selbst unterhalten kann

Reden wir zur Abwechslung mal über uns selbst. Der *Verwandlungs*-Plot schreibt sehr wenig Eigenschaften des Helden zwingend vor. Er ist offen für die Person des Helden: Der Held muss zur Verwandlung fähig sein, aber das war's dann auch schon wieder. Von welchem Punkt aus er sich wohin entwickelt, steht nicht fest. Das heißt, hinsichtlich Ihrer individuellen Eigenschaften bedienen Sie sich bitte in Abschnitt C 2.3. Dort finden Sie eine Übersicht der in diesem Buch skizzierten Eigenschaften, aus denen Sie dann nach Belieben auswählen können. Ist doch schön, oder? Wann konnten Sie das letzte Mal Ihre persönlichen Eigenschaften frei von Sozialisation und Stammbaum wählen?

Wir nehmen unsere Nachdenklichkeit des letzten Abschnitts zum Anlass, um zunächst einmal pauschal festzustellen:

Daraus können wir bestimmt was lernen.

Liste B 8.3.1 Die Verwandlung – Held – zentrales Statement Wandlungsfähiger

„Daraus können wir bestimmt was lernen."

Wir	sind	ein	entwicklungsfähiges
			erkennendes
			intelligentes
			lernendes
			organisches
			sich entfaltendes
			sich entwickelndes

→Unternehmen.

Varianten:
Wir blicken durch.
Wir sehen weiter.
Wir bleiben nicht stehen.

Hauen Sie auf die Pauke:
Märkte sind in Bewegung. Wie sich die →Bedürfnisse und Einstellungen der →Kunden ändern, ändert sich auch ihr Verhalten. Wir sind aufmerksam. Wir erkennen die Anforderungen (→Bedürfnisse), die an uns gestellt werden. Und wir sind bereit zu handeln. Unsere Entwicklung ist die →Zufriedenheit unserer →Kunden. Nur wenn wir uns kontinuierlich verändern, verändern wir uns mit ihnen. Um sie stets dorthin zu begleiten, wo sie uns und unsere Dienste (→Produkte) brauchen.

Welche Eigenschaften benötigen wir nun mindestens, wenn wir uns verändern wollen? Da wird auf jeden Fall eine Fähigkeit zur *Introspektion* vorliegen müssen. Nicht alle sind sich über sich selbst so im Klaren wie wir! Unsere Controller sind auf Zack! Wir kennen unsere Star-Verkäufer und wir kennen auch unsere Pappenheimer aus der Hausdruckerei. Nun gut, Letztere erwähnen wir natürlich nicht, sonst befürchten unsere Leser womöglich noch, sie bekommen die Einladung zur Hauptversammlung nicht rechtzeitig zugeschickt, und wir beschließen dann ohne sie, dass es wieder mal keine Dividende gibt. Wir stellen einfach nur dezent fest:

Wir besitzen schließlich die Fähigkeit zu Einkehr und Introspektion. Wir wissen gut über uns Bescheid.

Liste B 8.3.2 Die Verwandlung – Held – innere Einkehr

„Wir besitzen schließlich die Fähigkeit zu Einkehr und Introspektion."

Wir	analysieren.
	begnügen uns nicht mit dem Schein.
	bleiben nicht an der Oberfläche.

	denken weiter.
	fragen uns stets, wo wir noch besser werden können.
	geben uns mit dem Erreichten nicht zufrieden.
	gehen in die Tiefe.
	hinterfragen.
	hinterfragen Gewohnheiten.
	lassen uns an unseren Ansprüchen messen.
	messen uns an unseren eigenen Ansprüchen.
	richten unser Handeln an unseren Ansprüchen aus.
	sind kritisch.
	überprüfen.

„Wir wissen gut über uns Bescheid."

Die →Chancen des

Marktes	zu	begreifen	heißt	die/das	(eigene(-n,-s))	Bedeutung
Wettbewerbs		durchschauen		sein(e)		Fähigkeiten
		erfassen				Gewicht
		erkennen				Kompetenzen
		kennen				Kraft
		sehen				Leistungsfähigkeit
		verstehen				Möglichkeiten
						Position
						Rolle
						Stärken

zu begreifen.

Varianten:

Unsere Stärken sind unsere →Chancen. Sie zu kennen heißt, sie zu nutzen.

Hauen Sie auf die Pauke:

Wer lernen will, muss wissen, wo er steht. Nur wer sich selbst kennt, kennt auch den Ausgangspunkt seiner harmonischen/organischen Entwicklung und kann das Ziel bestimmen. Wir hinterfragen unsere Tätigkeit. Es gehört zu unserem ureigensten Selbstverständnis, Arbeitsabläufe und Entscheidungsprozesse kontinuierlich auf den Prüfstand zu stellen, um sie an veränderte Rahmenbedingungen anzupassen und zu optimieren. Für mehr →Qualität. Für mehr →Zufriedenheit.

Damit eine Veränderung auch wirklich eintreten kann, sollten wir uns nicht selbst belügen. Innere Einkehr halten kann zwar nicht jeder, aber schließlich doch so mancher. Trotzdem, Leser, überlegen Sie: Wie viele Zeitgenossen sagen sich und insbesondere auch anderen: „Nach reiflicher Überlegung komme ich zu dem Schluss, dass ich bereits optimal bin." Sorry, Sie sagen das auch immer? Das ist eine ziemlich lethargische Du-darfst-Mentalität, die Sie da an den Tag legen.[6]

[6] Wir stellen uns vor: In zweihundert Jahren hat die Evolution den Menschen mit bislang als „übersinnlich" geltenden Sensoren ausgestattet, die es uns ermöglichen, auch die Gedanken anderer zu lesen. Unser Körper hat sich zwecks erhöhter Anpassung an die Umwelt weitgehend dem einer gigantischen Amöbe oder Ähnlichem angenähert. Des Weiteren wird Nahrung nur noch in höchst effizienter Tablettenform eingenommen. Nur von zwei Frauen nicht, die immer noch irgendwo in Deutschland kichernd auf einem Sofa sitzen und sich gegenseitig vorsingen: „Ich will so bleiben, wie ich bin" oder meinetwegen auch: „Ich fühl mich gut, so wie ich bin." Leser, entscheiden Sie selbst: Ist das denn erstrebenswert?

Damit bringt man doch keine Veränderung zu Wege. Stellen Sie sich vor, die Neandertaler hätten das gesagt! Okay, ich räume ein: Das haben sie sich vermutlich gesagt, aber wir wissen ja auch um die Konsequenzen. Ich plädiere also eindringlich für die folgende Aussage:

Wir belügen uns nicht. Nur Aufrichtigkeit im Umgang mit sich selbst führt zu echten Entwicklungen.

Liste B 8.3.3 Die Verwandlung – Held – Aufrichtigkeit

„Wir belügen uns nicht."

Wir	sind	aufrichtig.
		kritisch.
		objektiv.
		rational.
		unbestechlich.

„Nur Aufrichtigkeit im Umgang mit sich selbst führt zu echten Entwicklungen."

→Allein

Kritikfähigkeit
Objektivität
Rationalität
Unbestechlichkeit
Unvoreingenommenheit

→bewirkt die →wahre →Chance, den/die

Bedarf	an/	Änderungen	(zu)	erkennen
Erfordernis	von	Entwicklungen		festzustellen
Notwendigkeit		Neuorientierungen		identifizieren
		Neupositionierungen		
		Veränderungen		
		Weiterentwicklungen		

und diese →sachgemäß

durchzuführen.
einzuleiten.
in die Wege zu leiten.
umzusetzen.

Varianten:
Wir machen uns nichts vor. Kontinuierliche Verbesserung braucht Objektivität.

Hauen Sie auf die Pauke:
Entwicklung und Optimierung benötigen eine unverstellte Sicht der Dinge. Nur wer Verbesserungspotenzial nicht nur erkennt, sondern auch eingesteht, kann handeln. Wir machen uns nichts vor. Für seine →Kunden ständig besser werden zu wollen, schließt das Erkennen und Benennen von Anspruchslücken ein. Wir müssten Arbeitsabläufe und Entscheidungsprozesse nicht

überprüfen, wenn wir keine Verbesserungsmöglichkeiten entdecken wollten. Wir sind da anders. Wir sagen ständig: „Hier kann noch etwas besser gemacht werden." Und das machen wir dann auch. Unsere →Kunden wissen das zu schätzen.

Damit haben wir das grundlegende Rüstzeug für die Verwandlung: Wir können ehrliche Selbstbeobachtung betreiben und daraus lernen. Mehr braucht's nicht. „Langweilig" höre ich da jemanden rufen? Ich bitte Sie! Die meisten Philosophen sind doch alte Langweiler. Stehen den ganzen Abend auf der Betriebsfeier rum, und wenn man sich mit ihnen über den aktuellen Stand der Bundesliga unterhalten will, lassen sie ihre einzige Äußerung des Abends fallen, die meistens: „Ich weiß, dass ich nichts weiß" oder ähnlich lautet, und das war's dann schon wieder. Dabei wissen sie vermutlich sogar viel, können in diesem Beispiel vielleicht sogar jede einzelne Spielminute aus der Karriere von, sagen wir mal, Miroslav Klose auf Zuruf minuziös schildern. Aber sie wissen eben insbesondere auch, dass ihr Wissen – würden sie nicht ständig dazulernen, die Bundesliga geht ja weiter – morgen schon wieder überholt ist. Also, warum überhaupt darüber reden? Warum sich über irgendwelche Eigenschaften unterhalten?

Falls Sie trotzdem an genau diesen interessiert sind: Erinnern Sie sich bitte, was ich zu Beginn dieses Abschnitts sagte: Stellen Sie sich doch selbst mal etwas zusammen. Der Rest meiner Leser folge mir bitte in den nächsten Abschnitt.

8.4 Mission: Lernen, um besser zu werden

Also, Leser, was wollen wir? Wir wollen uns verändern, sonst wären wir nicht in diesem Plot gelandet. Jeden noch so kleinen Pups gleich mal schnell zur kritischen Reflexion nutzen, um daraus für die Zukunft zu lernen. Das ist das zentrale Anliegen, das wir auf unsere *katalytischen Ereignisse* aus Abschnitt 8.2 anwenden. Kommen wir zunächst zur ersten Variante:

Wir wollen natürlich die Kunden zurückholen. Sie sollen sehen, dass wir die Verständnisvollsten sind.

Liste B 8.4.1 Die Verwandlung – Mission – Sinnkrise wegen Kundenzurückhaltung

„Wir wollen natürlich die Kunden zurückholen."

Es ist unser →vorrangiges Ziel, die →Beziehungen zu unseren →Kunden →nachhaltig zu

festigen.
intensivieren.
stabilisieren.
vertiefen.

„Sie sollen sehen, dass wir gelernt haben und die Verständnisvollsten sind."

Wir wollen in der →relevanten Kernzielgruppe der *jung gebliebenen vermögenden Mitvierziger** **als der**
(Hier setzen Sie bitte ggf. Ihre Kernzielgruppe ein.)

besonnene	Anbieter
einfühlsame	Begleiter
kluge	Berater
umsichtige	Freund
vernünftige	Gefährte
verständige	Partner
verständnisvolle	Ratgeber
weitblickende	

→beurteilt werden, der für

Aufgeschlossenheit	und	Aufrichtigkeit	steht.
Einfühlungsvermögen		Authentizität	
Interesse		Integrität	
Lernbereitschaft		Kompetenz	
Offenheit		Seriosität	
Verständnis		Verlässlichkeit	
		Vertrauenswürdigkeit	

Varianten:
Wir wollen der einfühlsame Berater sein. Die Kernzielgruppe soll uns als ausschließlichen Partner für Kompetenz →beurteilen.

Drehen Sie auf:
Motive und Erwartungen (→Bedürfnisse) sind vielfältig und ändern sich schnell. Eines aber bleibt bestehen: Menschen brauchen das Gefühl, verstanden zu werden. Hierin ist unsere Aufgabe begründet. Wir wollen unseren →Kunden der Partner sein, der sich ihrer Belange in besonderem Maße annimmt, ihre →Bedürfnisse versteht und kompetent (→sachgemäß) erfüllt (→befriedigt).

Unsere Mission im Falle der erhöhten Wettbewerbsintensität bzw. im Falle unseres rätselhaften Erfolgs wird darin bestehen, eine geläuterte Position zu beziehen: Wir werden in diesem Wettbewerb eine authentische Rolle ergreifen bzw. uns von unserem Erfolg nicht verbiegen lassen. Für diese beide Varianten „Wettbewerbsintensität" und „Erfolg" gilt zunächst einmal dieses Statement, das dann wieder ergänzt werden kann durch den zweiten Teil von Liste B 8.4.1: Die Kunden sollen sehen, dass wir lernen und deswegen ein vertrauenswürdiger Anbieter sind. Wir stellen also fest:

Wir wollen eine ehrenhafte Rolle am Markt spielen. Die Kunden sollen sehen, dass wir lernen und die Verständnisvollsten sind.

Liste B 8.4.2 Die Verwandlung – Mission – Sinnkrise wegen Wettbewerbsintensität/Erfolg

„Wir wollen eine ehrenhafte Rolle am Markt spielen."

Es ist unser →vorrangiges →Ziel, im Vergleich zum Wettbewerb

eine	Position	der	absoluten	Aufrichtigkeit	zu	belegen.
	Positionierung		alleinigen	Authentizität		besetzen.
	Profilierung		ausschließlichen	Integrität		einzunehmen.
			bedingungslosen	Kompetenz		erlangen.
			exklusiven	Seriosität		erobern.
			umfassenden	Verlässlichkeit		
			uneingeschränkten	Vertrauenswürdigkeit		

„Wir wollen eine ehrenhafte Rolle am Markt spielen. Die Kunden sollen sehen, dass wir lernen und die Verständnisvollsten sind."
(Vgl. Liste B 8.4.1, zweites Statement)

Varianten:
Unser →Auftritt soll im Vergleich zum relevanten Wettbewerb von uneingeschränkter Kompetenz geprägt sein.
Wir wollen aus der Sicht unserer →Kunden für uneingeschränkte Kompetenz stehen.

Drehen Sie auf:
Motive und Erwartungen (→Bedürfnisse) sind vielfältig und ändern sich schnell. Mehr Abwechslung braucht mehr Orientierung. Die Menschen/→Kunden erwarten von uns Einfühlungsvermögen und Kompetenz. Beides wollen wir ihnen geben. Darin wollen wir besser sein als unsere Wettbewerber.

Ein wahrlich edles Ziel. Und nicht weniger strahlend wird die Zukunft sein, wenn wir es erreicht haben ...

8.5 Vision: Immer mehr Verständnis

O segensreiche Einsicht! Die ja schon im Volksmund immer die halbe Miete in Sachen Besserung ist. Und wir werden nicht nur um eine Erfahrung reicher sein, wir werden regelrecht beflügelt und zu Höchstleistungen befähigt sein, die niemand für möglich gehalten hätte.[7]

[7] „One day soon I'm gonna run like the wind", weiß schon *Roger Chapman* auf *Mike Batts* „Tarot Suite".

Wenn wir erst wieder eine vertrauensvolle Partnerschaft aufgebaut haben, werden wir in Zukunft einander besser verstehen. Wir werden unsere weitere Entfaltung wechselseitig beobachten und wohlwollend begleiten.

Liste B 8.5.1 Die Verwandlung – Vision – immer mehr Verständnis

„Wenn wir erst wieder eine vertrauensvolle Partnerschaft aufgebaut haben, werden wir in Zukunft einander besser verstehen."

Unser(e) →verstärkte(r)

Einblick	(für)	der/
Einsicht	(in)	die
Kenntnis	(mit)	
Verständnis		
Vertrautheit		

→Bedürfnisse unserer →Kunden wird die →Qualität und →Akzeptanz unserer →Produkte kontinuierlich/ →systematisch →verstärken.

„Wir werden unsere weitere Entfaltung wechselseitig beobachten und wohlwollend begleiten."

Wir wollen von ihnen lernen und gemeinsam mit ihnen in

beiderseitiger(-m)	dauerhafter(-m)	Achtung
gegenseitiger(-m)	enger(-m)	Anerkennung
wechselseitiger(-m)	intensiver(-m)	Aufmerksamkeit
	offener(-m)	Loyalität
	vertrauensvoller(-m)	Respekt

unsere Vision verwirklichen:

*Firma**.	Wir werden immer besser.
	Die verstehen mich.
	Da versteht man mich.
	Erfahrung macht den Unterschied.
**(Setzen Sie hier bitte Ihren Firmennamen ein.)*	

Machen Sie Dampf:
Der Weg ist das Ziel. Lernen heißt kontinuierlich lernen. Wir können von unseren →Kunden nur lernen, wenn wir ständig von ihnen lernen. Um ständig für sie besser zu werden. Wir haben eine Vision: Wir sind der beratende Gefährte unserer →Kunden. Indem wir sie begleiten, erfahren wir mehr voneinander und teilen Erfahrungen. Und Kompetenz. Für mehr →Qualität. Für mehr →Zufriedenheit.

Das Leben wird eine lebenslange Schulbank sein! Und wir freuen uns auch noch darauf! Während andere verabscheuenswert faul in der Hängematte liegen und sich einen Piña Colada nach dem anderen genehmigen, sagen wir: „Ach nein, das ist uns dann doch zu nichtig. Ich lerne lieber noch ein bisschen was über mich."

Da haben Sie natürlich alle Chancen, sich prächtig weiterzuentwickeln, während die anderen einfach nur müßig sind. So bekommt jeder, was er verdient ...

8.6 Entwicklung: Einsicht ist der erste Schritt zur Einsicht

Glückwunsch, Leser, hier haben Sie mal wieder einen Plot gewählt, der Ihnen nicht nur jede Menge Geld auf dem Konto, sondern darüber hinaus auch noch einen Zugewinn an Charakter ermöglicht. Jeder, der hinzulernt, wird auch ideell reicher. Diese neu erworbene Weisheit können Sie natürlich zum Erwerb von noch mehr Geld einsetzen, Sie können sich aber auch einfach so an ihr erfreuen.

Wie äußert sich ihr ideeller „Windfall Profit"? Für ein generelles Statement zur Erhöhung Ihrer Unternehmenskompetenz greifen wir auf die Liste B 1.6 des *Suchers* zurück und nehmen nur eine kleine Modifikation vor:

Ständiges Lernen wird uns auch ideell reicher machen. Unsere Einsicht wird eine noch bessere Kundenbetreuung ermöglichen.

Liste B 8.6 Die Verwandlung –Entwicklung – vertiefte Einsicht

„Ständiges Lernen ...

Aufrichtigkeit	und	Einblick
Authentizität		Einsicht
Integrität		Kenntnis
Kompetenz		Verständnis
Seriosität		Vertrautheit
Verlässlichkeit		
Vertrauenswürdigkeit		

„... wird uns auch ideell reicher machen."

→verstärken (→bewirken) →nachhaltig unsere strategische Intelligenz. (*Vgl. Liste B 1.1.3.*)

„Unsere Einsicht wird eine noch bessere Kundenbetreuung ermöglichen."
(Dieses Statement entnehmen Sie bitte Liste B 1.6.)

So dass wir uns zuletzt eigentlich nur noch zu fragen haben, was wir als Helden eigentlich den ganzen Tag so tun und treiben, um unsere Bestimmung zu erlangen. Lesen wir weiter ...

8.7 Aktionen: Tägliche Gewissenserforschung

Auch wenn wir in diesem Plot die großen Denker sind, um ein paar Handlungen kommen wir nicht herum. Sorry, wenn Sie jetzt schon gehofft haben, dass es mit allabendlichen Meditationen auf dem Schaukelstuhl vor dem heimischen Kamin getan ist – damit ist es leider Essig.

Was werden wir also tun? Wir werden auf Feedback unserer Umwelt achten. Wir werden auf unsere innere Stimme hören. Nein, nein, nicht gleich jeden Vorschlag des Betriebsrats ungeprüft übernehmen, aber doch mal den einen oder anderen Eingang aus der Mailbox für betriebliches Vorschlagswesen wohlwollend prüfen. Und wenn uns ein Lieferant mal eben bei der Übergabe seiner Rechnung vertraulich zuflüstert, dass unsere Jungs aus dem Wareneingang immer so unfreundlich sind: Hören wir doch einfach mal zu und meckern nicht wie gewohnt sofort über den Rechnungsbetrag los.

Wir werden durch unsere Aufgeschlossenheit und Wandlungsfähigkeit dazu beitragen, dass die Zusammenarbeit mit uns zum unheimlich intensiven Erlebnis für alle Beteiligten wird.

Wir horchen mal ganz tief in uns hinein, um zu sehen, wie wir entscheiden. Wir werden das nämlich besser auf die Kunden abstimmen.

Liste B 8.7.1 Die Verwandlung – Aktionen – Gewissenserforschung

„Wir horchen mal ganz tief in uns hinein, um zu sehen, wie wir entscheiden."

Wir	setzen auf	den/	aufgeschlossene(n)	und	faire(n)	Austausch
	(→ befürworten)	die/	aufmerksame(n)		partnerschaftliche(n)	Beziehung
		das	interessierte(n)		vertrauensvolle(n)	Dialog
			kritische(n)			Gespräch
			offene(n)			Kommunikation
						Verhältnis

mit/zu unseren Mitarbeitern.

„Wir werden das nämlich besser auf die Kunden abstimmen."

Ihre	Aufmerksamkeit	an
	Ausrichtung	auf
	Nähe	für
	Orientierung	zu

unsere(n) →Kunden und ihre

Flexibilität
Identifikation
Initiative
Kreativität
Motivation

→bewirken die Individualität und →Akzeptanz unserer →Produkte.
Die Motivation unserer Mitarbeiter ist das Ergebnis eines fairen Dialogs. Sie →bewirkt eine noch stärkere Orientierung an unseren →Kunden und führt zu mehr →Zufriedenheit.

Varianten:
Fairer Dialog ist die →entscheidende →Basis unserer Mitarbeiterführung.

Gehen Sie in die Vollen:
Wer sich ständig verbessern will, muss zuhören können. Sowohl seinen →Kunden als auch seinen Mitarbeitern. Wir haben ein offenes Ohr für die Menschen, mit denen wir täglich zusammenarbeiten. Sie kennen die Sorgen und Nöte (→Bedürfnisse) unserer →Kunden aus der direkten Erfahrung ihres Arbeitsalltags. Sie sind die Experten. Aus ihrem Wissen wird unsere Leistung.

Nachdem uns also unsere Mitarbeiter erzählt haben, was wirklich an der Kundenfront abgeht, werden wir zunächst einmal neue und vor allem fähige Leute einstellen und – halt!, nein, Kommando zurück: werden wir natürlich zusammen mit ihnen, den Trägern dieses kostbaren Wissens, nach neuen Wegen suchen, diese unsere Einsichten in bessere Produkte und Leistungen – sprich: bare Münze – umzusetzen.

Wir werden aufgrund vertieften Verständnisses echte Produkte entwickeln, hinter denen wir stehen und die unsere Kunden brauchen.

Liste B 8.7.2 Die Verwandlung – Aktionen – maßgeschneiderte Produkte

„Wir werden aufgrund vertieften Verständnisses echte Produkte entwickeln, hinter denen wir stehen und die unsere Kunden brauchen."

Wir stehen für (→befürworten) die →Qualität/Kompetenz (*Liste B 8.4.2*) individueller (*Liste B 1.2.5*) →Produkte. Der →Erfolg unserer

Innovationen
Neuerungen

beruht auf unserem(-r) →eingehenden

Einfühlungsvermögen	**(für)**	**der/**
Einsicht	**(in)**	**den/**
Erfahrung	**(mit)**	**die**
Kenntnis	**(um)**	
Verständnis		
Wissen		

→Bedürfnisse unserer →Kunden.

Varianten:
Individualität und Kompetenz sind die Kennzeichen unserer →Produkte.

Einfühlungsvermögen und Erfahrung sind die →entscheidende →Basis für höchste Individualität und Kompetenz unserer →Produkte.

Gehen Sie in die Vollen:

Mehr wissen heißt, mehr können. Unsere Erfahrungen, die wir im offenen Dialog mit →Kunden und Mitarbeitern sammeln, setzen wir gezielt um. →Auf diese Weise treffen wir die →Bedürfnisse unserer →Kunden so exakt wie möglich. Die →außerordentliche →Qualität unserer →Produkte ist Ergebnis höchster Kongruenz mit den Wünschen (→Bedürfnissen) unserer →Kunden. Für noch mehr →Zufriedenheit. Tag für Tag.

Wir nehmen den Applaus dankend entgegen. Wir verstehen die Zeichen eines deiktischen Systems Tag für Tag. Tag für Tag besser. Und werden selbst immer besser. Wer im Publikum wäre nicht gerne wie wir? Danke, Ihr Beifall stimmt uns allerdings sehr nachdenklich. Vielleicht sollten wir nicht ganz so unbescheiden mit unserer Weisheit prahlen ... ?

9 Die Liebe ist ein seltsames Spiel – Unternehmensphilosophie für Schwärmer

„Es genügt ein sehr geringer Grad von Hoffnung
für die Entstehung der Liebe."
STENDHAL[1]

Wir begrüßen Sie im *Liebe*-Plot! Sie wollen also eine Liebesgeschichte mit Ihren Kunden erleben? Wunderbar! Auch Ihre aktuellen und zukünftigen Kunden sehnen sich nach Frieden und Geborgenheit, die Sie ihnen geben können. Die auf diesem Plot aufbauende Philosophie ist im Kern die am stärksten auf die Abnehmer Ihrer Produkte und Leistungen ausgerichtete. Wenn Marketing Kundenorientierung bedeutet, ist dann nicht das gesamte Marketing eine einzige Liebesgeschichte? Wer spricht denn hier vom plumpen Verkaufen – wir wollen das Vertrauen des Kunden erwerben, in guten wie in schlechten Zeiten füreinander da sein! Wie sagte schon der Dichter:

„Ich schnitzte es in Birkenrinden:
Ich will den Kunden an mich binden!"

Ja! So soll es sein, so wird es sein! Noch 'n Gedicht? Hier ist es:

[Präambel]
Liebe
Unternehmertum ist Liebe. Die Zuneigung zum Kunden lässt einen doch regelrecht aufblühen.

[Schauplatz]
Himmelbett
Der Markt ist ein Himmelbett. Wenn man erst mal so wie wir seinen Kunden gefunden hat, sind alle so richtig glücklich. Leider hat unsere Liebste Stress mit ihrem Über-Ich: Sie weiß nicht so recht, ob sie soll.

[Held]
Liebender
Aber schließlich sind wir ja schön und begehrenswert.
Wir lieben unsere Kunden. Nur wer liebt, bleibt auch selber liebenswert.

[1] STENDHAL, 1981, S. 37.

Wir sind sogar ziemlich leidenschaftlich. Für unsere Liebste reißen wir uns ein Bein aus.

[Mission]
Kundenbindung
Wir wollen unsere Liebste frei machen für eine unbeschwerte und glückliche Beziehung. Sie soll sehen, dass wir ideal zueinander passen und füreinander bestimmt sind.

[Vision]
Ewige Liebe
Wenn bei ihr dann der Groschen gefallen ist, werden wir uns lieben bis an das Ende unserer Tage.

[Aktionen 1]
Aufmerksamkeit
Wir werden unserer Liebsten jeden Wunsch von den Augen ablesen.

[Aktionen 2]
Jede Menge Geschenke
Wir werden unsere Liebste mit Geschenken nur so überhäufen. Sie soll staunen, welch schöne Produkte wir uns immer wieder für sie einfallen lassen.

[Aktionen 3]
Minnesang
Wir singen unserer Angebeteten Liebeslieder und schreiben ihr Gedichte. Sie wird hingerissen sein von so viel Wohlklang.

9.1 Präambel: All you need is love

Nun denn, so sei es. Der zentrale Wert, den wir in der Präambel unseres *Liebe-*Plots herausstellen wollen, ist natürlich die Liebe selbst. Wir hegen und pflegen unseren Kunden, und wenn wir gut drauf sind, tragen wir ihm – bildlich gesprochen – sogar schon mal den Müll runter oder stellen zumindest Rücknahmebehälter für Altbatterien auf. Wie sagte noch gleich Mary Roos: „Nur die Liebe lässt uns leben.“ Und die musste es ja nun wissen, oder?

Unternehmertum ist Liebe.

Liste B 9.1.1 Die Liebe – Präambel – Basis-Statement

„Unternehmertum ist Liebe."

→Unternehmertum →besteht in

Achtung.	Bund.	Hinwendung.	Verlässlichkeit.
Annäherung.	Einfühlungsvermögen.	Loyalität.	Verständnis.
Aufgeschlossenheit.	Empathie.	Partnerschaft.	Vertrauen.
Begeisterung.	Erfüllung.	Respekt.	Wertschätzung.
Bekenntnis.	Freundschaft.	Treue.	
Beziehung.	Harmonie.	Umsicht.	
Bindung.	Hingabe.	Verantwortung.	

Varianten:
→Alles →wahre →Unternehmertum ist →grundsätzlich →nichts anderes als Hinwendung.
(Weitere Tipps in Abschnitt C 2.1)

Geben Sie Vollgas:
Niemand lebt für sich. Menschen brauchen Beziehungen, um sich weiterentwickeln zu können. →Allein im Austausch mit anderen erfahren wir einander und können zu wahrer Größe heranwachsen. Freundschaften bereichern das Leben und lassen uns Höchstleistungen vollbringen. Freundschaften mit anderen Menschen. Freundschaften mit Marken (→Produkten). Menschen bauen Beziehungen nicht nur zu anderen Menschen auf, sondern zu allem, was sie umgibt. Seine Suche nach vertrauensvollen Bindungen ist Aufgabe und Verantwortung für jedes →Unternehmen. Die Sympathie unserer →Kunden ist ein wertvolles Geschenk. Wir müssen behutsam damit umgehen. →Unternehmertum ist Hinwendung.

Ist es nicht herrlich? „Alles Unternehmertum ist Hinwendung!" Wäre es zu Hause doch auch nur so schön wie im Büro! Lassen Sie Ihre werte Gattin bloß nicht die folgende Erläuterung lesen, denn die (die Erläuterung) bestätigt sie (die Gattin) nur in ihrer Eifersucht:

Die Zuneigung zum Kunden lässt einen doch regelrecht aufblühen.

Liste B 9.1.2 Die Liebe – Präambel – Ergänzungs-Statement

„Die Zuneigung zum Kunden ...

Allein	der/	Achtung	(für)
Erst	die/	Anerkennung	(vor)
Nur		Befriedigung	
		Berücksichtigung	
		Erfüllung	
		Respekt	
		Sympathie	
		Wertschätzung	

die/der (→Bedürfnisse(-n) der) →Kunden

„... lässt einen doch regelrecht aufblühen."

gewährt
gibt
verleiht

einem →Unternehmen →wahre

Bedeutung.
Format.
Gewicht.
Größe.
Substanz.
Würde.

Varianten:
Die einzige/→wahre Legitimation eines →Unternehmens →besteht in der Achtung der →Bedürfnisse seiner →Kunden.

Geben Sie Vollgas:
Hinwendung heißt, die →Bedürfnisse seiner →Kunden zu kennen. Wir müssen auf sie zugehen, wenn wir ihre Erwartungen kennen lernen wollen. Und wir müssen diese Erwartungen respektieren und in entsprechende Angebote (→Produkte) umsetzen. Wir müssen den Menschen das Gefühl geben, dass wir sie verstehen. Dass uns ihre Wünsche beeindrucken und anspornen. Wir müssen den Menschen das Gefühl geben, dass wir ihr Freund sind.

Hand in Hand mit unseren Kunden wollen wir über den Markt spazieren und – huch, nein, da könnten sie ja Wettbewerbsangebote kennen lernen! Ach was!, frisch Verliebte haben doch nur Augen füreinander! Oder?

9.2 Schauplatz: Das Paradies, mit Schlange

Ach, ihr Liebenden seid doch ein wirklich fürchterliches Völkchen! Den lieben langen Tag lungert ihr in der Nähe des geliebten Schnurzels umher, beglückt ihn mit kleinen Aufmerksamkeiten, die er auch dankbar annimmt: „Oh, eine Zugabe – wie süß! Heute mit 10 Prozent mehr Inhalt – wie aufmerksam!" Das geht die ganze Zeit so, und selbstvergessen, wie ihr dabei seid, braucht ihr natürlich überhaupt keine Philosophie! Macht euch doch nicht unglücklich damit, über euer Schicksal nachzudenken! Genießt es, solange ihr noch jung und glücklich seid!

Oder mal komplett anders gesagt: Natürlich braucht ihr eine Philosophie, denn ständig kommen die Nachbarn und andere Wettbewerber vorbei und fragen gedehnt: „Naaa? Wie geeeht's denn sooo?", da müsst ihr natürlich sagen: „Hach, wir fühlen uns so frisch verliebt wie am ersten Tag." Aber ich sage euch, eine langweilige Philosophie ist das für uns Außenstehende, außer es kracht auf einmal so richtig heftig im Gebälk und dafür muss dann weiter unten ja wohl unser *katalytisches Ereignis* sorgen.

Zunächst – ihr habt es ja nicht anders gewollt – halten wir aber erst einmal fest:

Der Markt ist ein Himmelbett.

Liste B 9.2.1 – Die Liebe – Schauplatz – Basis-Statement

„Der Markt ist ein Himmelbett."

Der Markt für *junges Gemüse** **ist ein →außerordentlich**
**(Setzen Sie hier bitte Ihre bevorzugte Branchenbezeichnung ein.)*

abgestimmtes	effizientes	homogenes	reifendes
ausgewogenes	einvernehmliches	homologes	reifes
balancierendes	förderndes	kongruentes	stabiles
blühendes	gleichgewichtiges	konvergentes	stimmiges
effektives	harmonisches	organisches	tarierendes

→System.

Varianten:
Die Entwicklung des Marktes verlief/verläuft →außerordentlich organisch.
Der Markt zeichnet sich durch organische Beziehungen der Marktpartner aus.

Lassen Sie es krachen:
Märkte sind Beziehungen zwischen Partnern. Sie funktionieren so gut, wie das Vertrauensverhältnis von →Kunden und →Unternehmen ist. Der Markt für (...) entwickelt sich in diesem Sinne →außerordentlich organisch: Eine hohe Kongruenz der gegenseitigen Erwartungen sorgt für ein außerordentliches Maß an →Zufriedenheit bei unseren →Kunden.

Ach, ihr Turteltäubchen, ein kongruentes System? Wir verstehen zwar das verstärkte Bedürfnis, immer dann, wenn die Hormone Betriebsfest feiern, bevorzugt Lyrisches zu Protokoll zu geben, aber könntet ihr das vielleicht noch ein wenig erläutern? Zum Beispiel anhand der folgenden Liste? Danke.

Wenn man erst mal so wie wir seinen Kunden gefunden hat, sind alle so richtig glücklich.

Liste B 9.2.2 – Die Liebe – Schauplatz – Ergänzungs-Statement

„Wenn man erst mal so wie wir seinen Kunden gefunden hat, ... "

Die	harmonische
	konstruktive
	loyale
	organische
	partnerschaftliche

	stabile
	verantwortungsvolle
	vertrauensvolle

→Beziehung der

Marktpartner
Marktseiten
Marktteilnehmer

„... sind alle so richtig glücklich."

→verstärkt die →Akzeptanz unserer →Produkte und den →Erfolg unserer(-s) Marken/→Unternehmens.

Varianten:

Die außerordentliche →Akzeptanz unserer →Produkte beruht auf der partnerschaftlichen Beziehung zu unseren →Kunden.
Die (→außerordentlich/→systematisch) partnerschaftliche Gestaltung der Beziehung zu unseren →Kunden →bewirkt eine hohe →Akzeptanz unserer →Produkte.

Lassen Sie es krachen:

Vertrauen ist die Grundlage funktionierender Beziehungen. Das gilt auch für das Verhältnis zu unseren →Kunden. Wir haben sie immer als gleichwertige Partner begriffen, deren →Bedürfnisse unser Auftrag waren. Das ist bis heute der Grundsatz einer vertrauensvollen Beziehung geblieben. Und wird es auch in Zukunft sein. Unser Respekt ist die →Zufriedenheit unserer →Kunden.

Ach ja, die Liebe! Ist es nicht schön? Aber wenn weiter nichts passiert, ist das Ganze relativ langweilig, peinlich vielleicht sogar. Wir erinnern uns an jene Abende, an denen unser bester Freund oder unsere beste Freundin mit einem taufrischen neuen Lebenspartner uns gegenüber am Kneipentisch saß, und wir nicht wussten, wohin wir noch schauen sollten, weil mit den beiden zu reden schlicht ein Ding der Unmöglichkeit war.

Vielleicht finden Sie ja in Abschnitt C 2.2 doch noch einige „erschröckliche" Dinge, die auf Ihre Wettbewerber oder die allgemeine Unternehmensumwelt zutreffen. Greifen Sie nur zu! Ansonsten entwickeln wir unser Liebes-Drama auch ohne diese Ingredienzien: In vielen *Liebe*-Plots stellt sich am Ende des ersten Akts den Liebenden ohnehin etwas in den Weg. Damit haben beide im zweiten Akt alle Hände voll zu tun, um wieder zusammenzukommen und im dritten Akt schließlich endgültig vereint zu sein. Hier meine Vorschläge für unser *katalytisches Ereignis*:

- Unsere Liebste bekommt Stress mit dem Elternhaus/sozialen Umfeld. „Was?", rufen die entsetzten, ökologisch orientierten Eltern entrüstet aus, „du willst mit so einem Dosenbohnensuppenhersteller durchbrennen? Kommt gar nicht in die Tüte!" Oder der geliebte Mensch hat als Tochter aus gutem Stofftaschentuchproduzentenhause[2] naturgemäß von sich aus Zweifel, ob es ganz korrekt ist, sich mit einem Papiertaschentuchhersteller wie uns einzulassen.

- Es kommt heraus, dass wir einen Fehltritt begangen haben: Ups!, kaum mal eine andere Zielgruppe angesprochen, schon gibt es Knatsch zu Hause. Das dumme Ding! Das ist doch keine Promiskuität, wir wollen nur unsere allumfassende Liebe reichlich verschenken!
- Es kommt heraus, dass unsere Liebste einen Fehltritt begangen hat. Da haben wir das Waschmittel mit der Riesenwaschkraft oder meinetwegen die längste Praline der Welt, und unsere Geliebte kauft zwischendurch mal bei der Konkurrenz – angeblich natürlich ganz arglos und aus dem unhaltbaren Grund, weil die Konkurrenzprodukte auch sauber waschen oder Schokolade enthalten. Na, warte!
- Unsere Liebste wird von einem Nebenbuhler umgarnt. Macht ihr etwas vor, der gerissene Hund. Fährt ständig im Cabrio vor ihrer Haustür auf und ab und erzählt was von kostenlosen Probefahrten im Mondenschein. Steig bloß nicht ein!

Na also, da passiert ja doch noch etwas mehr im *Liebe*-Plot als tagein, tagaus eitel Sonnenschein. Kommen wir gleich zu den Zweifeln unserer Liebsten:

Leider hat unsere Liebste Stress mit ihrem Über-Ich: Sie weiß nicht so recht, ob sie soll.

Liste B 9.2.3 Die Liebe – Schauplatz – soziale/psychologische Zwänge

„Die Geliebte stößt auf den Widerstand der Eltern/ihres Über-Ichs."

Angesichts
Gerade wegen
Trotz
Trotz und wegen

der hohen →Akzeptanz unserer →Produkte ist die/das →systematische

Abstimmung
Anpassung
Optimierung
Pflege
Reifung
Verbesserung

[2] Nur mal so am Rande: „Das längste moderne, in Gebrauch befindliche Wort stammt aus Schweden. Es (...) bedeutet Trambahnaktiengesellschaftsschienenreinigergewerkschaftsbekleidungsmagazinverwalter." (HAEFS, 1991, S. 56.) Da muss Herr KOPPELMANN (vgl. Fußnote 9, Seite 72) noch hart an sich arbeiten ...

Verfeinerung
Wachstum
Weiterentwicklung

unseres →Auftritts →nachhaltiges →Gebot.

Varianten:
Eine gleich bleibend hohe →Akzeptanz unserer →Produkte verlangt die kontinuierliche/→systematische <u>Pflege</u> unseres →Auftritts.

Lassen Sie es krachen:
Das Verhalten der Menschen ist das Ergebnis ihrer Überzeugungen und Werte. Einstellungen prägen unser Handeln. Diesen Einstellungen müssen wir begegnen. Wir nehmen die Menschen ernst, indem wir ihre Überzeugungen ernst nehmen. Und wir zeigen es ihnen, indem wir darauf eingehen.

Genau. Sonst bleibt die Ärmste am Ende noch auf ihren kognitiven Dissonanzen sitzen, und das wollen wir doch auch nicht, oder?

Schauen wir uns gleich die nächste Variante an.

Unglücklicherweise haben wir einen Fehltritt begangen.

Liste B 9.2.4 Die Liebe – Schauplatz – Fauxpas von uns

„Unglücklicherweise haben wir einen Fehltritt begangen."

Allerdings

bestätigt sich	**die**	**Abdeckung**	**(bei)**	**heterogenen(-r)**	**Segmente(n)**	**als**	**brisant**
erscheint		**Ansprache**	**(in)**	**inkompatiblen(-r)**	**Zielgruppen**		**diffizil**
erweist sich		**Eroberung**		**inkongruenten(-r)**			**Gratwanderung**
stellt sich (...) dar		**Erschließung**		**unterschiedlichen(-r)**			**heikel**
		Positionierung		**verschiedensten(-r)**			**irritierend**
		Profilierung		**vielfältigen(-r)**			**komplex**
							nicht unproblematisch
							problematisch
							riskant
							schwierig
							subtil

(für unsere Kernzielgruppen).

Varianten:
Dabei muss auch auf <u>heterogene</u> <u>Zielgruppen</u> (→Kunden)/die Heterogenität von Zielgruppen Rücksicht genommen werden.

Lassen Sie es krachen:
Menschen begeistern sich für Einzigartigkeit. Sie sind selbst einzigartig. Und verlangen unsere ausschließliche Aufmerksamkeit. Die Individualität einer universalen Marke (→Produkts) zu wahren, bleibt eines der →vorrangigen →Gebote der Zukunft.

Ist das nicht eine klasse Ausrede für zu Hause? „Ich wollte ja nur heterogene Segmente ansprechen ... " Probieren Sie's mal!

Der Rest der Leser und ich wenden uns derweil dem weitaus schwerer wiegenden Fehltritt des Partners zu:

Unglücklicherweise hat unsere Liebste einen Fehltritt begangen.

Liste B 9.2.5 Die Liebe – Schauplatz – Fauxpas des Partners

„Unglücklicherweise hat unsere Liebste einen Fehltritt begangen."

Allerdings	prägen sich (...) aus		differenzierte	Kaufmuster.
Dennoch	werden (...)	deutlich	hybride	Nutzungsgewohnheiten.
Jedoch		erkennbar	instabile	Verhaltensstrukturen.
		sichtbar	irrationale	
	zeichnen sich (...) ab		multioptionale	
			multiple	
			stochastische	

(Vgl. Abschnitt C 2.2.2)

Varianten:

Die →tendenzielle Differenzierung von Verhaltensstrukturen gewinnt dabei →systematisch an Bedeutung.

Lassen Sie es krachen:

Der Mensch liebt die Abwechslung. Vertrauen gewährt (→bewirkt) die nötige Stabilität und Sicherheit, um neue Eindrücke und Erfahrungen zu suchen. Diesem →tendenziell wachsenden Anspruch nach Differenzierung und kontinuierlicher/→systematischer Erneuerung stellen wir uns.

Oder ist es etwa nicht irrational, sich von uns abzuwenden? Doch, ist es. Danke.

Vielleicht ist dieses Malheur verursacht worden durch die schnöden Verlockungen des Wettbewerbs, der uns in der folgenden Variante begegnet:

Unsere Geliebte wird allerdings von einem Nebenbuhler umgarnt.

Liste B 9.2.6 Die Liebe – Schauplatz – Nebenbuhler

„Unsere Geliebte wird allerdings von einem Nebenbuhler umgarnt."

Allerdings	dürfen	die	Aktivitäten	des/	Mitanbieter	keinesfalls
Dennoch			Kompetenzen	der	Wettbewerbs	nicht
Jedoch			Maßnahmen	unserer(-s)		nicht im Geringsten
			Positionen			unter keinen Umständen
			Positionierungen			zu keiner Zeit
			Stärken			

gering eingeschätzt	werden.
ignoriert	
unterschätzt	
vernachlässigt	
zu gering veranschlagt	

Varianten:

Dennoch ist eine stetige/→systematische Überprüfung unseres →Auftritts gegen den Wettbewerb →vorrangiges →Gebot.

Lassen Sie es krachen:

Das Vertrauen unserer →Kunden ist ein wertvolles Gut. Sie schenken es uns, weil wir uns um sie bemühen. Das spüren sie. Und sie honorieren es mit ihrer Treue. Wir bewahren uns die Zuwendung unserer →Kunden, indem wir sie unablässig spüren lassen, dass wir uns für sie einsetzen. Mehr als andere. Besser als andere.

Mit diesen Varianten hätten wir also ein bisschen Leben in Ihre Verliebtheit gebracht. Sollte Ihre Liebe wirklich von keinem Wässerchen getrübt sein, wählen Sie als Mission trotzdem den Nebenbuhler. Wie ich Sie kenne, nächtelang im Büro hockend, um sich eine Unternehmensphilosophie zusammenzuschustern, wird der doch für Sie sowieso bald ein Thema sein, oder?

9.3 Held: Feuer und Flamme für den Kunden

Was wissen wir als Liebende über uns? Nun, Liebende wissen in der Regel überhaupt nichts über sich, weil ihnen normalerweise der überschwappende Hormonhaushalt vorübergehend die eine oder andere Hirnfunktion erschwert, die für das nüchterne Denken zuständig ist. Aber dafür gibt es ja auch uns, nicht wahr?

Mit der unbedarften Arglosigkeit des Liebenden stellen wir fest, dass wir höchstwahrscheinlich nicht für nichts und wieder nichts geliebt werden: Das muss ja nun seine Gründe haben!

Aber schließlich sind wir ja schön und begehrenswert.

Liste B 9.3.1 Die Liebe – Held –Zentrales Statement Liebender

„Aber schließlich sind wir sind ja schön und begehrenswert."

Wir	sind	ein	attraktives
			außergewöhnliches
			begeisterndes
			beliebtes
			erfolgreiches
			fesselndes
			gewinnendes
			markantes
			mitreißendes
			sympathisches
			zugkräftiges

→Unternehmen.

Varianten:
Wir können/verstehen zu begeistern/fesseln.[3]

Hauen Sie auf die Pauke:
„Von nichts kommt nichts." Die →Akzeptanz unserer →Produkte ist uns nicht in den Schoß gefallen. Wir haben sie uns hart erarbeitet. Nur wer sich stets aufs Neue um seine →Kunden bemüht, erlangt die →Chance, ihr Vertrauen zu gewinnen. Mit den richtigen →Produkten. Die haben wir. Die →Zufriedenheit unserer →Kunden beweist es. Es ist ein Dankeschön an sie, wenn wir sagen dürfen: Wir sind ein →attraktives →Unternehmen.

Und nicht nur das! Wir sind nicht nur liebenswert, sondern verstehen es auch selbst, diese Himmelsmacht gezielt einzusetzen! Wir sind *fähig zur Liebe*, ist das nicht wunderbar?

Wir lieben unsere Kunden. Nur wer liebt, bleibt auch selber liebenswert.

Liste B 9.3.2 Die Liebe – Held – Fähigkeit zur Liebe

„Wir lieben unsere Kunden."

Wir stellen den →Kunden in den/das

Fokus
Mittelpunkt
Zentrum

(→sämtlicher) unserer(-s)

Aktivitäten.
Bemühungen.
Handelns.
Maßnahmen.

„Nur wer liebt, bleibt auch selber liebenswert."

(Unser(e))	**Aufmerksamkeit**
	Bemühung
	Hilfsbereitschaft
	Interesse
	Konzentration
	Leistung
	Zuwendung

→bewirkt sein(e)

[3] Leser, *Liebe*-Plot hin oder her: Ihre Assoziationen ehren Sie nicht sehr ... Und kommen Sie mir bloß nicht damit, ich hätte Sie erst wieder drauf gebracht!

Loyalität.
Treue.
Vertrauen.

Varianten:
Für unsere →Kunden tun wir wirklich alles.
Unsere →Kunden gehen uns über alles.

Hauen Sie auf die Pauke:
Unseren →Erfolg verdanken wir unserer kompromisslosen Kundenorientierung. →Vorrangiges →Ziel eines jeden Unternehmensbereiches ist die →Zufriedenheit unserer →Kunden. Nur so schaffen wir es immer wieder, →überlegene →Produkte →anzubieten und weiterzuentwickeln. →Produkte, die Sie überzeugen. Und uns.

So ist es doch. Aufmerksamkeit schafft Vertrauen. Oder, wie der Volksmund sagt, „eine Hand wäscht die andere." Und wir lieben nicht nur, nein, wir lassen uns hinreißen! Wir sind *leidenschaftlich*, was sich konkret in unseren Bemühungen um den geliebten Partner äußert:

Wir sind sogar ziemlich leidenschaftlich. Für unsere Liebste reißen wir uns ein Bein aus.

Liste B 9.3.3 Die Liebe – Held – Leidenschaft

„Wir sind sogar ziemlich leidenschaftlich."

Für/Um unsere →Kunden

begeistern	wir	(uns).
bemühen		
engagieren		
machen (...) stark		
setzen (...) ein		
treten (...) ein		

„Für unsere Liebste reißen wir uns ein Bein aus."

Ihr(e)	Loyalität	animiert	uns	(zu)	Außerordentlichem(-s).
	Treue	beflügelt			Herausragendem(-s).
	Vertrauen	inspiriert			Höchstleistungen.
		ist (...) wert			Spitzenleistungen.
		lässt (...) vollbringen			
		spornt uns (...) an			

Varianten:
Unsere Begeisterung ist die Loyalität unserer →Kunden. Sie animiert uns zu →außerordentlichen Leistungen.

Hauen Sie auf die Pauke:
Wir wollen nicht einfach gut sein. Wir wollen überragend sein. Die Loyalität unserer →Kunden ist für uns nicht lediglich ein →Ziel – sie ist eine Sache der Begeisterung. Unserer Begeisterung. Die uns zu Höchstleistungen inspiriert. Immer wieder neu.

Sorry, Leser, ich bedauere es zutiefst, Ihnen an dieser Stelle mitteilen zu müssen, dass man als Liebender nicht mehr können muss als das, was wir soeben aufgelistet haben: Wir sind attraktiv, wir lieben, und in unserer Begeisterungsfähigkeit und Leidenschaft klingt an, dass wir nicht nur schwärmen, sondern durchaus gewisse Tätigkeiten und Bemühungen rund um den geliebten Kunden starten. Lieben kann halt jeder. Mehr schreibt der Plot nicht zwingend vor. Wenn es für Sie unerträglich ist, zunächst nichts weiter zu können,[4] informieren Sie sich bitte in Abschnitt C 2.3 über weitere Eigenschaften, über die Sie gerne verfügen würden. Nur zu, ich habe nichts dagegen.

9.4 Mission: Den Kunden umgarnen

Was will der Liebende? „Ich brauche Liebe! Liebe! Immerzu. Und ich will Liebe geben, weil ich zu viel davon habe. Niemand begreift, dass ich nichts anderes will, als mich zu verschwenden."[5] Aber ja doch. Wir begreifen das. Wir können es sogar noch ein wenig konkreter formulieren. In unserer Variante „psychologische Zwänge" ist es unser erklärtes Anliegen, die Geliebte von sämtlichen Zweifeln und Dissonanzen zu befreien. Dann wird sie einsehen, dass wir das ideale Paar sind:[6]

Wir wollen unsere Liebste frei machen für eine unbeschwerte und glückliche Beziehung. Sie soll sehen, dass wir ideal zueinander passen und füreinander bestimmt sind.

Liste B 9.4.1 Die Liebe – Mission – soziale/psychologische Zwänge

„Wir wollen unsere Liebste frei machen für eine unbeschwerte und glückliche Beziehung."

---

[4] Das muss Ihnen gar nicht peinlich sein: Andere werden berühmt mit dem Bekenntnis, über eine solide hormonelle Grundausstattung zu verfügen und im Übrigen nichts weiter auf der Pfanne zu haben. Wie sang noch gleich *Marlene Dietrich*: „... ja, das ist meine Welt, und sonst gar nichts."

[5] Kinski, 1975, Umschlagtext.

[6] Nur du, du allein ... – ist das nicht himmlisch? Oder wie heißt es bei Bertelsmann: „Der Kunde steht im Mittelpunkt unseres unternehmerischen Handelns. Für ihn entwickeln wir Produkte und erbringen Dienstleistungen." Klar, natürlich für den Kunden. Der *Bohlen* hört seine Platten doch auch nicht selbst.

Es ist unser →vorrangiges →Ziel, unseren →Kunden den/die

Genuss
Inanspruchnahme
Konsum
Nutzung
Verwendung

unserer →Produkte so

angenehm
behaglich
einfach
erfreulich
frei
gefällig
gemütlich
genussvoll
leicht
sorglos
unbeeinträchtigt
unbeschwert

wie möglich zu gestalten/→anzubieten.

„Sie soll sehen, dass wir ideal zueinander passen und füreinander bestimmt sind."

Wir wollen in der →relevanten Kernzielgruppe der *ambitionierten Salatesser** **als der**
(Hier setzen Sie bitte ggf. Ihre Kernzielgruppe ein.)

umsichtige	Anbieter
verständnisvolle	Begleiter
	Freund
	Gefährte
	Partner

→beurteilt werden, der für unbekümmerte(s)

Abschalten
Erholung
Entspannung
Relaxen

und →außerordentliche(-n,-s)

Ausgelassenheit
Entzücken
Freude
Fun
Genuss
Glück
Lebenslust
Lust
Spaß
Vergnügen

steht.

Varianten:
Wir sind die Nummer eins für unbeschwerten Genuss.
Wir bieten unserer Kernzielgruppe Entspannung und Genuss.

Drehen Sie auf:
Unzählige Tätigkeiten bestimmen unseren Alltag und die Zeit rast dahin. Die Dynamik unseres Lebens hat →beträchtlich zugenommen. Wir verstehen es als unsere Aufgabe, unseren Kunden das Leben so leicht wie möglich zu machen. Wir wollen ihnen →Produkte anbieten, zu denen sie immer wieder gerne greifen, weil sie ihnen ein Maximum an Entspannung und Genuss bieten. Dafür stehen wir ein. Mehr als andere. Besser als andere.

Mit den geeigneten Produkten oder Dienstleistungen kriegen Sie das sogar hin. Profis schaffen das bereits mit einer Halbfettmargarine.

Etwas komplexer ist die Situation bei der Variante „Fauxpas von uns". Wir sind als Unternehmer ja meistens arglos polygam, und wenn uns die jungen Zielgruppen vorwerfen, dass wir auch ihre Großeltern bedienen und umgekehrt, so schauen wir zunächst ganz erstaunt und fragen dann irritiert: „Wieso? Totalmarktabdeckung ist doch eine anerkannte Strategie?!"

Wenn nun aber unsere Geliebte schon sauer auf uns ist (wir erinnern uns an die „inkongruenten Segmente" aus Abschnitt 9.2) und wir umgekehrt nicht von unserer Strategie abweichen wollen, sollten wir ihr (der Geliebten) irgendetwas Beschwichtigendes sagen. So etwa in der Art, dass niemandem etwas vorenthalten wird und jeder von uns immer alles bekommt – also kein Grund zur Eifersucht besteht. Wir Schlawiner. Wir werden aber darauf achten, dass wir ein konsistentes Markenbild abgeben. Wenn uns unsere Geliebte schon nicht davon abbringen kann, polygam zu sein, so wollen wir es immerhin nur noch im engsten Kreis ihrer besten Freundinnen sein.[7] Wenn das erst mal geklärt ist, können wir wieder, wie schon in Liste 9.4.1, als Garant für unbeschwerten Genuss auftreten.

Wir wollen unsere Geliebte nicht über Gebühr eifersüchtig machen. Sie soll sehen, dass wir ideal zueinander passen und füreinander bestimmt sind.

---

[7] Leser! Ich muss an dieser Stelle darauf hinweisen, dass ich ein solches Vorgehen vom moralischen Standpunkt aus natürlich zutiefst verachte. Ich bin nicht so einer, klar? Ich lebe mein kleines, bürgerliches und aus meiner Sicht sogar rechtschaffenes Leben durchaus monogam. Aber andererseits. Glauben Sie etwa, ich will mir selbst die gesamte Betriebswirtschaftslehre auf den Hals hetzen mit der Behauptung, lediglich die Spezialisierung auf ein einziges Segment sei vom moralischen Standpunkt aus vertretbar? Ich finde das ja nun auch nicht so toll, dass die Managementlehre tendenziell eher promiskuitiv ist, aber ich habe sie nun wirklich nicht erfunden.

Liste B 9.4.2 Die Liebe – Mission – Fauxpas von uns

„Wir wollen unsere Geliebte nicht über Gebühr eifersüchtig machen."

Es ist unser →vorrangiges →Ziel, mit einem konsistenten →Auftritt ein(e) möglichst

breite(s)	**Bandbreite**	**an**	**Segmenten**		**anzusprechen.**
große(s)	**Spektrum**		**Zielgruppen**	**(zu)**	**erreichen.**
weite(s)	**Vielfalt**				**erschließen.**

„Sie soll sehen, dass wir ideal zueinander passen und füreinander bestimmt sind."
(Vgl. Liste B 9.4.1)

Ganz anders sieht es ja nun aus, wenn unsere Kunden sich mal einen Fehltritt erlauben. Das können wir natürlich nicht so ohne weiteres billigen. Höre ich da jemanden „Inkonsequent!" rufen? Ich sage Ihnen: Ja, genau das ist es. Und so ist die Welt, glauben Sie mir. Ich persönlich kenne ein halbes Dutzend Leute, die ihren Partnern genau diejenige Sorte Fehltritt nicht zugestehen, die sie für ihre eigene Entwicklung und Entfaltung als unerlässlich ansehen. Warum sollten ausgerechnet wir hier nun anfangen, die Mentalität der Gattung Mensch in Frage zu stellen?

Wir wollen unsere Geliebte enger an uns binden. Sie soll sehen, dass wir ideal zueinander passen und füreinander bestimmt sind.

Liste B 9.4.3 Die Liebe – Mission – Fauxpas unseres Partners

„Wir wollen unsere Geliebte enger an uns binden."

Es ist unser →vorrangiges →Ziel, für (→lukrative) →Kunden

alleinige(r)	**Anbieter**	**zu**	**sein.**
ausschließliche(r)	**Erzeuger**		**werden.**
beliebteste(r)	**Hersteller**		
bevorzugte(r)	**Lieferant**		
exklusive(r)	**Marke**		
hauptsächliche(r)	**Partner**		
präferierte(r)			
prävalente(r)			
verlässliche(r)			
vorrangige(r)			
wichtigste(r)			

„Sie soll sehen, dass wir ideal zueinander passen und füreinander bestimmt sind."
(Vgl. Liste B 9.4.1)

Und dieser Auftrag, die Liebste eng an uns zu binden, gilt natürlich genauso, wenn sie vom Wettbewerb umgarnt wird. Falls Sie sich also für die Nebenbuhler-Variante entschieden haben, wählen Sie als Mission guten Gewissens die Liste B 9.4.3.

9.5 Vision: Das Paradies, ohne Schlange

Alles wird gut. Missverständnisse werden aus dem Weg geräumt sein, wir werden in den Flitterwochen nach Venedig fahren – unser ganzes Leben lang sollen Flitterwochen sein –, und wir werden immer füreinander da sein: der Kunde, um uns sein Geld zu geben, und wir, um ihn dafür mit ständig neuen Überraschungen zu erfreuen! „Do you still need me, do you still feed me, when I'm sixty-four?" Aber natürlich! Und wir werden in unseren Nachkommen weiterleben. Auch sie werden dem Unternehmen ihr Geld geben, und wenn wir selbst schon längst nicht mehr Vorstand sind, wird das Unternehmen sie immer noch mit einer Extraportion Milch erfreuen. Eine wahrhaft persilmäßige Treue über viele, viele Generationen hinweg. Leser, beim Schreiben dieser Zeilen treten mir die Tränen der Rührung in die Augen. Lassen Sie uns für die Dauer eines Absatzes in Ehrfurcht vor dem großen Wunder der Liebe verharren.

Genug jetzt. Etwas salopp und für alle Varianten gültig formuliert:

Wenn bei ihr dann der Groschen gefallen ist, werden wir uns lieben bis an das Ende unserer Tage.

Liste B 9.5 Die Liebe – Vision – paradiesische Zustände

„Wenn bei ihr dann der Groschen gefallen ist, werden wir uns lieben bis an das Ende unserer Tage."

Die/Der →nachhaltige/→systematische

Ausbau
Bindung
Eroberung
Erschließung
Gewinnung

(→lukrativer) →Kunden →bewirkt

gleichberechtigte
partnerschaftliche
solidarische
vertrauensvolle

→Beziehungen zu

beiderseitigem	Gewinn.
gegenseitigem	Nutzen.
wechselseitigem	Vorteil.

Gemeinsam mit unseren →Kunden wollen wir in

beiderseitiger(-m)	dauerhafter(-m)	Achtung
gegenseitiger(-m)	enger(-m)	Anerkennung
wechselseitiger(-m)	intensiver(-m)	Aufmerksamkeit
	offener(-m)	Loyalität
	vertrauensvoller(-m)	Respekt

unsere Vision verwirklichen:

*Firma**.	Attraktivität	für	attraktive	Kunden.
	Begeisterung		begeisternde	
	(Einfach) charmant/entzückend.			
	Wir verwöhnen Sie.			
	Der siebte Himmel hat einen Namen.			

*(Setzen Sie hier bitte Ihren Firmennamen ein.)

Machen Sie Dampf:

Wir wollen unsere →Kunden für uns einnehmen. Sie sollen gerne an uns denken, so wie wir gerne an sie denken. Denn wir haben eine Vision: Wir sind der ständige Gefährte. Wir begleiten unsere →Kunden durch ihr Leben und geben ihnen die Annehmlichkeiten, die jeden Tag zu einem gelungenen Tag machen. Und sie werden sagen: „*Firma. Mehr als ein Freund."**

Ach, Leser, ich würde mich ja so für Sie freuen, wenn's klappte! Aber Sie müssen Ihr Glück natürlich schon selbst in die Hand nehmen, das wissen Sie? Na dann ...

9.6 Aktionen: Ich bau dir ein Schloss ...

Was werden wir tun? Nun ja, wir werden all das tun, was man als verliebter Schwärmer so den lieben langen Tag macht. Wir werden im Büroalltag jeden zweiten Arbeitsauftrag versemmeln, weil wir in Gedanken sowieso ganz woanders sind – stopp, falsche Baustelle: Wir werden natürlich unsere Kunden lieben, Vertrauen zurückgewinnen und intensivieren, durch ständig neue Produkte gar nicht erst so etwas wie Neugierde auf die Angebote der Konkurrenz aufkommen lassen und, und, und ...

Wir werden unserer Liebsten jeden Wunsch von den Augen ablesen.

Liste B 9.6.1 Die Liebe – Aktionen - Aufmerksamkeit

„Wir werden unserer Liebsten jeden Wunsch von den Augen ablesen."

Wir →befürworten →eingehende Forschung und Entwicklung zur →systematischen

Abstimmung
Erweiterung
Harmonisierung
Optimierung
Verbesserung
Weiterentwicklung

unserer →nachhaltigen

Ausrichtung	an
Fokussierung	auf
Orientierung	

den →Bedürfnissen unserer →Kunden.

Varianten:
Forschung und Entwicklung sind die →entscheidende →Basis für unsere →systematische Ausrichtung auf die →Bedürfnisse unserer →Kunden.

Gehen Sie in die Vollen:
Wer sich für seine →Kunden einsetzen will, muss ihre Erwartungen (→Bedürfnisse) kennen. Und er muss wissen, wie ihnen am besten entsprochen werden kann. Wie sie übertroffen werden können. Darum investieren wir in Forschung und Entwicklung. Wir wollen keine Antwort schuldig bleiben. Wir finden, das ist das Mindeste, was wir tun können.

Und wenn wir wissen, was unsere Liebste erfreut, dann bekommt sie es natürlich auch von uns. Wir basteln es ihr sozusagen in einer stillen Stunde in unseren Werkshallen. Sie liebt Waschmittel? Sie erhält es von uns in sämtlichen Duftnoten und wir produzieren ihr gleich auch noch zahllose Weichspüler, Feinwaschmittel und – es soll ja auch richtig sauber sein – Fleckentferner dazu!

Wir werden unsere Liebste mit Geschenken nur so überhäufen. Sie soll staunen, welch schöne Produkte wir uns immer wieder für sie einfallen lassen.

Liste B 9.6.2 Die Liebe – Aktionen – jede Menge Geschenke

„Wir werden unsere Liebste mit Geschenken nur so überhäufen."

Wir	stehen	für	(eine(n))	breite(n)	Abwechslung	des	Angebots.
				bunte(n)	Auswahl	unseres	
				facettenreiche(n)	Breite		
				reiche(n)	Buntheit		
				schillernde(n)	Mannigfaltigkeit		
				vielfältige(n)	Reichtum		
					Vielfalt		
					Vielgestaltigkeit		

„Sie soll staunen, welch schöne Produkte wir uns immer wieder für sie einfallen lassen."

Wir →befriedigen nicht einfach →Bedürfnisse. Wir überraschen Menschen.

Varianten:
Wir bringen Vielfalt ins Leben.
Wir lassen uns etwas einfallen.

Gehen Sie in die Vollen:
Wer seine →Kunden verwöhnen will, muss sich etwas für sie einfallen lassen. Da sind wir genau die Richtigen. Wir haben Ideen. Viele Ideen. Überraschende Ideen. Schließlich geht es um die →Zufriedenheit unserer →Kunden. Und genau die inspiriert uns. So bieten wir ihnen nicht nur →überlegene →Qualität, sondern auch überraschende/→außerordentliche Vielfalt. Damit sie sich für uns begeistern, so wie wir uns für sie begeistern.

Können Sie sich noch an das letzte Geschenk für Ihre Liebste erinnern? Nun gut, zwanzig, dreißig Jahre sind ein langer Zeitraum, aber Sie werden es ihr vermutlich nicht einfach in die Hand gedrückt haben mit der Bemerkung: „Hier, ein Geschenk." Nein, Leser, so einer sind Sie natürlich nicht, oder? Kommen Sie, jetzt fällt es Ihnen wieder ein: Sie haben dazu natürlich einen selbst verfassten Vierzeiler zum Besten gegeben und auch wir werden dem Objekt unserer Begierde ein vielfältiges Leistungsspektrum aus dem Reich der Minne zur Verfügung stellen:[8]

Wir singen unserer Angebeteten Liebeslieder und schreiben ihr Gedichte. Sie wird hingerissen sein von so viel Wohlklang.

Liste B 9.6.3 Die Liebe – Aktionen – Minnesang

„Wir singen unserer Angebeteten Liebeslieder und schreiben ihr Gedichte."

Wir	kommunizieren mit	(die/	Menschen.
	reden mit	den)	
	sprechen zu		
	wenden uns an		

„Sie wird hingerissen sein von so viel Wohlklang."

Der/	Ansprache	(für)
Die/	Austausch	(mit)
Das	Dialog	
Unser(e)	Gespräch	
	Kommunikation	

den/der/unseren(-r) →Kunden soll

aufrichtig	aufklären	und	gleichzeitig	abwechslungsreich sein.
ehrlich	informieren		zugleich	inspirieren.
objektiv				Spaß machen.
sachlich				unterhalten.
				Vergnügen bereiten.

[8] Haben Sie je daran gedacht, dass Werbung ein Eintrag ins Poesiealbum Ihrer Liebsten ist? Und könnte das einer von Ihnen mal dezent dem ZAW (Zentralverband der deutschen Werbewirt-

Varianten:
Information und Inspiration sind die →Basis unserer Kommunikation.

Gehen Sie in die Vollen:
„Tue Gutes und rede darüber." →Erfolg ist immer auch Resultat gelungener Kommunikation. Wir sprechen Menschen an. Damit sie mehr über uns und unser →überlegenes Angebot (→Produkte) erfahren. Wer sich ein Bild von unseren Leistungen machen will, muss einfach nur darauf achten, wie wir auf Menschen zugehen: Genauso angenehm und überzeugend sind auch unsere →Produkte.

Und wieder hat der Wohlklang unserer sonoren Stimme Adressaten für uns eingenommen: Ein ganzes Publikum auf einmal, das nach Ihrem Vortrag hingerissen war von so viel Anmut, Charme und Eleganz. Einige müssen sich zusammenreißen, um nicht nach vorne auf die Bühne zu stürmen und ein Autogramm, wenn nicht mehr von Ihnen zu verlangen. Und Sie, ganz Kavalier, hätten es zweifellos gegeben ...

schaft) stecken? Herr *Nickel* hört so was doch bestimmt gerne. Ich meine, ich muss ja hier sitzen bleiben und weiterschreiben ...

10 Erkenne Dich selbst! – Unternehmensphilosophie für Sinnsucher

„Dies ist es!"
SHELDON B. KOPP[1]

Seien Sie willkommen im *Entdeckung*-Plot, der Heimstatt für Selbsterkenner jeglicher Provenienz. Sie gehören auch zu den Leuten bzw. Unternehmen, denen als Antwort auf die Frage „Wer bin ich eigentlich?" der Blick in den Personalausweis bzw. den entsprechenden Auszug des Handelsregisters zu kurz greift? Dann sind Sie hier richtig. Durchleuchten Sie mit mir die Tiefen und Untiefen unternehmerischer Existenz. Bitte, nach Ihnen:

[Präambel]
Entdeckung
Unternehmertum ist Entdeckung des tieferen Zwecks allen Daseins. Wenn man weiß, wer man ist und welches Schicksal man zu erfüllen hat, kann man besser mit den Kunden umgehen.

[Schauplatz]
Spiegel
Der Markt ist ein Spiegel. Schaust du hinein, siehst du dich selbst. Und dieser Markt scheint eine echt existenzielle Bedeutung zu haben.

[Held]
Entdecker
Gott sei Dank können wir das ergründen.
Wir besitzen schließlich die Fähigkeit zu innerer Einkehr und Introspektion. Wir wissen gut über uns Bescheid.
Wir belügen uns nicht. Nur Aufrichtigkeit im Umgang mit sich selbst führt zu echten Entwicklungen.
Wir streben nach Wahrhaftigkeit. All die kurzfristigen Moden interessieren uns doch gar nicht.
Und wir denken ganzheitlich. Wenn wir zu guter Letzt nur den einen oder anderen kleinkarierten Charakterdefekt entdecken würden, könnten wir das Ganze genauso gut bleiben lassen.

[1] KOPP, 1978, S. 193.

[Mission]
Sinn
Es ist unsere Aufgabe, die gesamte metaphysische Tragweite von Markt und Sein in den Griff zu kriegen. Nur dann haben wir die Chance, von den Kunden als in sich selbst ruhende Marktpartner begriffen zu werden. Oder sie sollen es bleiben lassen.

[Vision]
Authentische Kundenbeziehungen
Die Kunden und wir werden uns gegenseitig als gleichberechtigte, selbstbestimmte und unabhängige Marktteilnehmer ansehen, die dort zusammenarbeiten, wo es für beide Seiten zweckmäßig ist.

[Entwicklung]
Identität
Eine authentische Positionierung wird uns auch ideell reicher machen. Unsere Einsicht wird eine noch bessere Kundenbetreuung ermöglichen.

[Aktionen 1]
Meditation
Wir meditieren täglich. Nur so können wir den Dingen auf die Spur kommen.

[Aktionen 2]
Glaubwürdige Innovationen
Wir bieten Produkte und Leistungen an, die unserem Wesen entsprechen. Genau das macht ihre Stärke aus.

10.1 Präambel: Die eigene Identität erkennen

Ja, ja, wir haben es ja früher schon gesagt: Ein Unternehmen ist dazu da, um zu produzieren und Gewinn zu erwirtschaften. Das wissen wir längst. Und dennoch. Uns ist auch der gute alte Unterschied von Form und Inhalt, von Erscheinung und Wesen, von Pudel und Kern bekannt. Gewinn erwirtschaften, kann das denn schon alles gewesen sein? Für uns als alte Unternehmensphilosophen ist das doch viel zu vordergründig. Ist es nicht vielmehr so, dass wir unseren Weg durch den Markt dazu nutzen sollten, zu einer tieferen Erkenntnis unseres Daseinzwecks jenseits des schnöden Gewinns zu gelangen? Wer weiß, vielleicht spielen ja auch noch andere Werte eine Rolle, Rendite zum Beispiel. Jedenfalls, so viel scheint festzustehen, das Leben am Markt ist nicht einfach dazu da, gelebt zu werden. Das wäre ja nun entschieden zu einfach!

Unternehmertum ist Entdeckung des tieferen Zwecks allen Daseins.

Liste B 10.1.1 Die Entdeckung – Präambel – Basis-Statement

„Unternehmertum ist Entdeckung des tieferen Zwecks allen Daseins."

→Unternehmertum →besteht in

Ausweitung.	Entwicklung.	Mehrung.	Verwandlung.
Bedeutung.	Erfahrung.	Reifung.	Wachsen.
Begegnung.	Erkenntnis.	Rückkoppelung.	Wandel.
Beobachtung.	Evolution.	Transformation.	Weitsicht.
Bestimmung.	Feedback.	Transzendenz.	Werden.
Diskurs.	Fortschreiten.	Übergang.	Wissen.
Einsicht.	Identität.	Veränderung.	
Entdeckung.	Klarheit.	Verlauf.	
Entfaltung.	Konsequenz.	Verstehen.	

Varianten:
→Alles →wahre →Unternehmertum ist →grundsätzlich →nichts anderes als Verstehen.
(Weitere Tipps in Abschnitt C 2.1)

Geben Sie Vollgas:
Menschen streben nach Freiheit und Unabhängigkeit. Die Gewissheit, sein eigenes Handeln selbst zu bestimmen, besitzt einen →beträchtlichen Stellenwert. Wir suchen diese Sicherheit aber nicht nur bei uns selbst: Ebenso wichtig ist uns auch der Umgang mit anderen, die „ihren Platz gefunden" haben. Wir können von ihnen lernen und – wir können uns auf sie verlassen. Beziehungen, die wir als unbelastet erleben, finden zwischen authentischen Partnern statt. Diese Erwartung hegen wir gegenüber anderen Menschen. Wir stellen sie aber auch an die Dinge, die uns umgeben. →Kunden erwarten von Marken (→Produkten) Unabhängigkeit. Um sich auf sie verlassen zu können. Jedes →Produkt, jedes →Unternehmen muss seine eigene Identität begreifen, um erfolgreich zu sein. →Unternehmertum ist Verstehen.

„Unternehmertum ist Verstehen." Ihr Publikum starrt Sie wie gebannt an. Es versteht Sie zwar noch nicht ganz, aber man könnte eine Stecknadel fallen hören. Verstehen! Wow! Wie wird es weitergehen? So:

Wenn man weiß, wer man ist und welches Schicksal man zu erfüllen hat, kann man besser mit den Kunden umgehen.

Liste B 10.1.2 Die Entdeckung – Präambel – Ergänzungs-Statement

Wenn man weiß, wer man ist und welches Schicksal man zu erfüllen hat, kann man besser mit den Kunden umgehen.

Je →exakter

der/	Ausrichtung
die/	Orientierung
das	Position

	Profil
	Standort
	Standpunkt
	Stellung

eines →Unternehmens

ausfällt,	**umso**	**aussichtsreicher**
ausgeführt wird,		**besser**
entworfen wird,		**höher**
erfolgt,		
gelingt,		
gerät,		
glückt,		
realisiert wird,		
umgesetzt wird,		
verwirklicht wird,		

(→lukrativer) sind seine →Chancen (am Markt).

Varianten:
Die Ausrichtung eines →Unternehmens bestimmt seine(n) →Chancen/→Erfolg.

Geben Sie Vollgas:
Wir alle wissen es: Womit wir zu tun haben, das muss echt sein. Uns interessieren die unverfälschten Ansichten der Menschen, denen wir begegnen; jemanden, der unreflektiert Meinungen anderer wiederholt, lehnen wir ab. Genauso lehnen wir nachgeahmte →Produkte ab, Marken „ohne eigene Persönlichkeit". Sie sind nicht echt – sie geben uns nichts. →Allein →Unternehmen und →Produkte mit eigener, unverwechselbarer Identität sind in der Lage, →Kunden →nachhaltig zu überzeugen.

Leser, Leser, ein kühner Gedankengang fürwahr, den Sie da gerade so achtlos überfliegen. Sagen Sie das mal einem eingefleischten Zen-Buddhisten, dass am Ende jeglicher Selbstfindung eine eigenständige Markenpersönlichkeit steht. Nun ja, wer weiß, was Sie den Menschen bereits sonst noch so alles erzählt haben ... Aber ich will ja gar nicht lästern! Vielleicht ist Ihr Markt ja wirklich so, dass er einen zu Überlegungen dieser Art inspiriert. Mal sehen ...

10.2 Schauplatz: Ein Ort der Selbsterfahrung

Die Plots der *Veränderung* und der *Entdeckung* sind in einer Reihe von Punkten recht ähnlich. Der Hauptunterschied dürfte darin zu sehen sein, dass wir in der *Entdeckung* quasi eine komplette existenzielle Erfahrung machen, während es sich in der *Veränderung* lediglich um eine partielle handelt. Bildlich gesprochen: Während wir in der *Veränderung* vielleicht feststellen: „Hey, wir geben unseren Kunden ja mehr Rabatt als nötig!", konstatieren wir in der *Entdeckung*: „Ich ahnte es. Wir sind eine Puddingfirma." Wenn Sie so wollen: Die *Verwandlung* ist eher operativer, die *Entdeckung* eher strategischer Natur. Wir wiederholen noch einmal das Zitat aus der kurzen Beschreibung der Plots in Teil A: „Es geht nicht um die Suche nach dem Geheimnis irgendwelcher Inka-Gräber, sondern um die Erforschung der menschlichen Natur.“[2] Eine zweifellos wichtige Frage, die der Evolutionstheoretiker kurz und knapp beantworten würde mit „Nun ja, der Mensch kommt irgendwann auf die Bühne, aber die Ameisen bleiben vermutlich länger dort.“

Während wir bei der *Veränderung* den Markt als Nährboden für diese oder jene Einsicht bezeichnet haben, behaupten wir nun hier, dass man sich in seiner Gänze darin entdecken kann:

Der Markt ist ein Spiegel.

Liste B 10.2.1 Die Entdeckung – Schauplatz – Basis-Statement

„Der Markt ist ein Spiegel.“

Der Markt für *Informationsdienstleistungen, die tatsächlich informieren** **ist ein →außerordentlich**
**(Setzen Sie hier bitte Ihre bevorzugte Branchenbezeichnung ein.)*

analytisches	erkennendes	induktives	organisches
autoreferenzielles	eutrophes	intelligentes	originäres
dechiffrierendes	evolutionäres	lebendes	prägendes
deiktisches	formendes	lernfähiges	reflexives
denkendes	gestaltendes	nachhaltiges	veränderndes

→System.

Varianten:
Der Markt für (...) bietet eine Vielzahl von Ansatzpunkten für markante Positionierungen (→Auftritte).

Lassen Sie es krachen:
„Überall, wo man leben kann, kann man gut leben.“ Schon Marc Aurel wusste, dass Klarheit über sich selbst nicht von der Umwelt verhindert werden kann. Man kann seine Position in jedem beliebigen Bezugsrahmen bestimmen. So ist auch der Markt für (...) ein Netz von Transaktionen, Informationen und Beziehungen, das eine klare Profilierung begünstigt.

Wir müssen uns natürlich bei dem „autoreferenziellen System“[3] nicht lange um eine Erklärung bitten lassen, sondern geben sie unserem Publikum als kostenlose Zugabe:

---

[2] Tobias, 1999, S. 286.

[3] Man könnte ihn höchstwahrscheinlich sogar als autopoietisches System bezeichnen. (Vgl. Luhmann, 1988, S. 1 bis 356.) Allerdings: „Für Soziologen ist es schwierig zu erkennen, was Ökonomen meinen, wenn sie von ‚Märkten' sprechen.“ (Ebenda, S. 91.) Mensch, Luhmann, man kann es doch trotzdem mal versuchen, was?

Schaust du hinein, siehst du dich selbst.

Liste B 10.2.2 Die Entdeckung – Schauplatz – Ergänzungs-Statement

„Schaust du hinein, siehst du dich selbst."

Die/	Deuten	(in)	seine(r)	Eigengesetzlichkeiten
Das	Deutung			Funktionsweise
	Einsicht			Gesetzmäßigkeiten
	Erkennen			Impulse
	Identifikation			konstituierenden Prinzipien
	Kenntnis			Signale
	Verständnis			Zeichen
	Verstehen			

ist →entscheidend für →Auftritt und →Erfolg aller Akteure/Teilnehmer/→Unternehmen.

Varianten:
Die →exakte Deutung seiner →spezifischen Eigengesetzlichkeiten ...

Lassen Sie es krachen:
Sein Reichtum an Signalen und Botschaften, die seine Akteure täglich empfangen, reflektiert in vielfältiger Weise genau die Zeichen und Impulse, die sie selbst aussenden. Wer sie richtig deutet, erhöht seine →Chancen auf →nachhaltigen →Erfolg.

Das ist so weit sicher nicht verkehrt, in jedem Fall aber schon mal philosophisch formuliert. Da wir aber in diesem philosophischsten aller hier vorgestellten Plots trotzdem davon ausgehen müssen, dass sich in unserem Publikum mehrheitlich Agnostiker befinden, sollten wir zusehen, dass wir nach Möglichkeit noch ein paar dramatische Elemente einbauen. Diese finden Sie möglicherweise in der Beschreibung der Unternehmensumwelt in Abschnitt C 2.2.

Wir wissen nun also, in welcher Umgebung wir uns bewegen. Wir werden diese Umgebung nutzen, um langfristige strategische Erkenntnisse zu gewinnen, und entsprechend wichtig muss der Auslöser sein.[4] Weil am Markt natürlich alles wichtig ist, egal, ob ein Ereignis vom Wettbewerb oder von uns ausgeht, schlagen wir doch gleich pauschal vor:

Und dieser Markt scheint eine echt existenzielle Bedeutung zu haben.

Liste B 10.2.3 Die Entdeckung – Schauplatz – Lebensgrundlage

„Und dieser Markt scheint eine echt existenzielle Bedeutung zu haben."

---

4 Wie sagt doch gleich unser Mentor: „Vermeiden Sie Triviales. Niemand interessiert sich für Ihren Helden, wenn der ganze Zirkus wegen eines kleinen häuslichen Problems veranstaltet wird." (Tobias, 1999, S. 283.)

Die/Eine →exakte Richtung der Marktentwicklung ist

kaum	**(zu)**	**angebbar.**
schwer		**auszumachen.**
schwerlich		**erkennbar.**
		erkennen.
		identifizieren.
		orten.
		prognostizieren.
		vorherzusagen.

Gleichwohl entscheidet sie über unsere eigene Entwicklung.

Varianten:
Die Marktentwicklung ist unbestimmt. Sie ist dennoch die →entscheidende →Basis für unsere eigene Entwicklung.

Lassen Sie es krachen:
Prognosen über die zukünftige Entwicklung des Marktes sind mit den üblichen Mängeln behaftet. Umso wichtiger ist eine Positionierung (→Auftritt), die dauerhaft (→nachhaltig) in den verschiedensten Szenarien eine authentische Rolle/Identität unseres →Unternehmens und unserer →Produkte vermittelt.

„So bin ich nun mal“, sprach der Skorpion, als er den Frosch stach, der ihn freundlicherweise über den Fluss brachte. Das ist doch immerhin eine Einsicht, oder? Und, Held, Hand aufs Herz: Sind Sie für Erkenntnisse hochgradig existenziellen Kalibers gerüstet?

10.3 Held: Ein vorbehaltloser Grübler, Kreismeister im Sinn-Suchen

Mal ganz unter uns Verächtern der Spaßgesellschaft: Es geht doch nichts über eine richtig schwermütig-melancholische Selbstfindung, oder? Wir sollten unseren Hang zur notorischen Depression nur nicht allzu offen für unsere Leser heraushängen lassen, das könnte zumindest den einen oder anderen Geldgeber verschrecken. Also, positiv gewendet, was zeichnet uns aus?

Unser *katalytisches Ereignis* – die Einsicht in die ungewisse Position unseres Marktes im Kreislauf des ewigen Werdens und Vergehens – sagt unmissverständlich, dass wir bis dato keinerlei Plan haben, was eigentlich Sache ist. Da müssen wir mindestens schon mal klarstellen, dass wir analytisch auf Zack sind und diesen Missstand beheben können:

Gott sei Dank können wir das ergründen.

Liste B 10.3.1 Die Entdeckung – Held – zentrales Statement Entdecker

„Gott sei Dank können wir das ergründen."

Wir	sind	ein	analytisches
			erfahrenes
			intelligentes
			tiefer blickendes
			umsichtiges
			weit blickendes

→Unternehmen.

Varianten:
Wir blicken tiefer/weiter.
Wir gehen den Dingen auf den Grund.

Hauen Sie auf die Pauke:
Die Entwicklung von Märkten folgt den Wertvorstellungen und Überzeugungen der →Kunden. Die Kenntnis dieser Werte ist →entscheidend für einen klaren und →überlegenen →Auftritt. Wir verharren nicht an der Oberfläche. Wir verstehen unsere →Kunden, weil wir uns grundsätzlich mit ihnen befassen. Wir verstehen die Erwartungen hinter den Erwartungen (→Bedürfnissen). Und beziehen dazu eigene Positionen. Und das wissen sie zu schätzen.

Um unser Hiersein und Sosein in seiner vollen Komplexität und Wucht zu begreifen, brauchen wir nicht zu knapp die *Fähigkeit zur Introspektion*, gepaart mit einer schonungslosen *Aufrichtigkeit gegen uns selbst*. Bei diesen Eigenschaften können wir auf die Grundausstattung der *Verwandlung* zurückgreifen. Wir stellen wieder fest:

Wir besitzen schließlich die Fähigkeit zu innerer Einkehr und Introspektion. Wir wissen gut über uns Bescheid.

sowie

Wir belügen uns nicht. Nur Aufrichtigkeit im Umgang mit sich selbst führt zu echten Entwicklungen.

und verweisen auf Kapitel 8:

Liste B 10.3.2 Die Entdeckung – Held – innere Einkehr
Vgl. Liste B 8.3.2

Liste B 10.3.3 Die Entdeckung – Held – Aufrichtigkeit
Vgl. Liste B 8.3.3

Es ist uns als Held der *Entdeckung* natürlich wichtig, echte geistige Tiefe zu erlangen.[5]

Wir streben nach Wahrhaftigkeit. All die kurzfristigen Moden interessieren uns doch gar nicht.

Liste B 10.3.4 Die Entdeckung – Held – Wahrhaftigkeit

„Wir streben nach Wahrhaftigkeit."

Wir →befürworten eine

aufrichtige
authentische
ehrliche
geradlinige
vertiefte
vertrauensvolle
wahrhaftige

→Beziehung zu unseren →Kunden.

„All die kurzfristigen Moden interessieren uns doch gar nicht."

Ephemere	Moden	behindern
Flüchtige	Trends	bremsen
Kurzfristige		sind (...) abträglich
Kurzlebige		sind mit (...) unvereinbar
Transitorische		verhindern
Vergängliche		
Vorübergehende		
Zeitweilige		

einen(-m) →nachhaltigen →Auftritt.

Varianten:
Ehrlichkeit zählt.
Moden kommen und gehen. Wir setzen auf Kontinuität und Authentizität.

Hauen Sie auf die Pauke:
Glaubwürdigkeit bedingt Kontinuität/Stabilität. Die Bedeutung, die wir für unsere →Kunden erlangt haben, ist Ergebnis unserer langfristigen Zuverlässigkeit. Wir beugen uns nicht flüchtigen Trends. Wir entwickeln uns mit unseren →Kunden weiter. →Auf diese Weise garantieren wir Sicherheit und →Zufriedenheit.

Wir wollen in diesem Plot eindeutig Klarheit vor guten nachbarschaftlichen Be-

[5] An dieser Stelle erhebt der Kollege SIMON heftigen Einspruch: „Es kann keine gültige Management-Universalstrategie geben." (SIMON, 2002, S. 561.) Sorry, rein vom Erkenntnistheoretischen her: Wenn man sowieso schon gar nichts mehr sagen kann, dann nicht einmal das. Abgesehen davon, unser Entdecker hat's auch nicht so mit dem Universalen. Er will das für ihn persönlich Gültige erkennen.

Bitte schicken Sie Ihre Informationen an meine Privatadresse:

Name/Vorname

Straße

Land/PLZ/Ort

Telefon/Telefax

email

oder an meine Firmenadresse:

Firma

Name/Vorname

Abteilung/Position

Straße

Land/PLZ/Ort

Telefon/Telefax

email

Bitte freimachen, falls Marke zur Hand

Antwort

REDLINE WIRTSCHAFT
z. Hd. Ursula Weber
Lurgiallee 6-8

D-60439 Frankfurt

ziehungen. Ich habe hier zwar auch ein „vertrauensvolles" Verhältnis zugelassen, aber nötigenfalls ist dem echten *Entdecker* wichtiger, zu sich selbst gefunden zu haben, als dass irgendwer Vertrauen zu ihm hat.[6] Kann natürlich sein, Leser, dass am Ende herauskommt, dass Sie Ihr bisheriges Leben aufgeben und Erdbeeren in der Wüste pflanzen wollen. Keine Angst, ich werde Sie davor bewahren!

Bleibt noch zu erwähnen, dass wir keine Partiallösungen wollen, sondern an echten umfassenden Erkenntnissen interessiert sind:

Und wir denken ganzheitlich. Wenn wir zu guter Letzt nur den einen oder anderen kleinkarierten Charakterdefekt entdecken würden, könnten wir das Ganze genauso gut bleiben lassen.

Liste B 10.3.5 Die Entdeckung – Held – Ganzheitlichkeit

„Und wir denken ganzheitlich."

Wir →befürworten/→bieten an

allgemeine
ganzheitliche
integrale
integrierte
interdisziplinäre
synergische
systemische
totale
umfassende
universale
vernetzte

Lösungen/→Produkte.

„Wenn wir zu guter Letzt nur den einen oder anderen kleinkarierten Charakterdefekt entdecken würden, könnten wir das Ganze genauso gut bleiben lassen."

→Allein (ein(e)) umfassende(r)

Ansatz
Aspekte
Ausgangspunkt
Betrachtung
Blickwinkel
Denkweise
Ideen
Konzepte
Modelle
Perspektive
Sichtweise

→befriedigt umfassende →Bedürfnisse.

[6] Er hat damit neben der „Ich bin o. k. – du bist o. k."-Variante in der Transaktionsanalyse eine weitere, etwas selbstgenügsame Perspektive eingeführt: „Ich bin o. k. – du bist mir egal."

Varianten:
Wir denken ganzheitlich.
Das Ganze ist mehr als die Summe seiner Teile.
Wir schaffen Synergieeffekte.
Wir bleiben nicht an der Oberfläche.

Hauen Sie auf die Pauke:
Die →Bedürfnisse unserer →Kunden beruhen auf umfassenden Werten und Einstellungen. Wer sie →befriedigen will, muss tiefer blicken. Wir bleiben nicht an der Oberfläche. Unsere →Produkte sind Ergebnis einer integralen Betrachtungsweise, die Zusammengehöriges nicht trennt. Wir bieten nicht lediglich Einzellösungen. Unser Angebot (→Produkte) ist harmonisch aufeinander abgestimmt. Unsere →Kunden wissen das, wenn sie sagen: „So macht es Sinn."

Damit verfügen wir über alles Nötige, um auf die Selbsterkundungstour zu ziehen. Klären wir also unsere Zuhörer über unsere Ziele auf!

10.4 Mission: Sein und Sinn

Wir wollen wissen, wer wir sind.[7] Also nicht mehr und nicht weniger als das wahre Wesen unserer Unternehmung erkennen, um aus diesem kritischen Erkenntnisprozess geläutert hervorzugehen.[8] Um sodann die Dinge nicht nur *richtig* zu tun, sondern auch die *richtigen* Dinge zu tun. Einfach so weitermachen vermutlich – wozu soll ein Unternehmen sonst schon da sein als zu dem, was es schon immer tat: Geld zu machen. Okay, vielleicht zu diesem Zweck: Jetzt aber mal so *richtig* Geld zu machen. Aber das ist dann ja schon Bestandteil unserer Vision ...

Lassen Sie es uns mal so formulieren:

Es ist unsere Aufgabe, die gesamte metaphysische Tragweite von Markt und Sein in den Griff zu kriegen. Nur dann haben wir die Chance, von den Kunden als in sich selbst ruhende Marktpartner begriffen zu werden. Oder sie sollen es bleiben lassen.

Liste B 10.4 Die Entdeckung – Mission - Identität
„Es ist unsere Aufgabe, die gesamte metaphysische Tragweite von Markt und Sein in den Griff zu kriegen."

---

[7] Die Antwort wurde bereits in den Siebzigern von der Gruppe *Kansas* gegeben: „All we are is dust in the wind." Dieser Lösungsansatz ist allerdings nicht unumstritten. Zumindest aus einer mehr naturwissenschaftlichen Perspektive heraus ist er kaum haltbar.

[8] Zumindest in dieser Hinsicht vorbildlich ist die Firma Opel, die ja schon vor Jahr und Tag erklärt hatte: „Wir haben verstanden." Jetzt setzen sie noch eins drauf: „Frisches Denken für bessere Autos." Kann in Zukunft eigentlich nur noch getoppt werden von: „Frisches Denken für frische Luft."

Es ist unser →vorrangiges →Ziel, unseren →Kunden eine stabile, relevante und →exakte Positionierung zu bieten.

Nur dann haben wir die Chance, von den Kunden als in sich selbst ruhenden Marktpartner begriffen zu werden. Oder sie sollen es bleiben lassen.

Wir wollen in der →relevanten Kernzielgruppe der *makrobiotisch orientierten Entscheider in mittleren und großen Unternehmen** **als das**
**(Hier setzen Sie bitte ggf. Ihre Kernzielgruppe ein.)*

einsichtige
umsichtige
vorausschauende
weitblickende

→Unternehmen →beurteilt werden, das für

Autonomie	und	Aufrichtigkeit
Selbstbewusstsein		Authentizität
Selbstsicherheit		Ehrlichkeit
Selbstwert		Integrität
Unabhängigkeit		Seriosität

steht. (→befürworten/→bewirken)

Varianten:
Wir bieten eine →exakte Positionierung der Seriosität.

Drehen Sie auf:
Menschen suchen Orientierung. Fernab aller Trends brauchen sie stabile Bezugspunkte, die ihnen Sicherheit und Halt geben. Das ist unser Auftrag. Wir geben unseren →Kunden das verlässliche Gefühl, der umsichtige Partner zu sein, der für Authentizität und Seriosität steht.

Dann wird zweifelsohne irgendwie so etwas wie der Eintritt ins Nirvana, mindestens aber das Erklimmen einer höheren Bewusstseinsstufe ermöglicht. Wir haben auch schon eine ziemlich klare Vorstellung davon. Der eine oder andere Agnostiker protestiert zwar an dieser Stelle energisch, aber er wird gleich sehen, dass wir wie alle anderen Erlösungs- und Erleuchtungsmethoden auch nichts weiter tun, als die Gegenwart ein bisschen aufpoliert in die Zukunft zu projizieren.

10.5 Vision: Authentische Beziehungen zwischen autonomen Partnern

Der *Rivale* sucht seinen Gegner auf und sagt drohend: „Du wirst mich schon noch kennen lernen!“ Der *Entdecker* braucht nur einen Spiegel und sein Tonfall ist alles andere als drohend, wenn er sagt: „Ich werde mich schon noch kennen lernen.“ Schmerzhaft mag der Prozess der Selbstfindung sein, ohne Zweifel, aber lohnend ist er allemal: Ja, jetzt sehe ich es ganz klar, der Sinn unserer Existenz ist die langfristige Renditemaximierung und ich will mich meinem wahren Wesen nicht länger verschließen. So können die Kunden und wir einander dann begegnen, wenn sie oder wir es brauchen.

Die Kunden und wir werden uns gegenseitig als gleichberechtigte, selbstbestimmte und unabhängige Marktteilnehmer ansehen, die dort zusammenarbeiten, wo es für beide Seiten zweckmäßig ist.

Liste B 10.5 Die Entdeckung – Vision - Authentizität

„Die Kunden und wir werden uns gegenseitig als gleichberechtigte, selbstbestimmte und unabhängige Marktteilnehmer ansehen, die dort zusammenarbeiten, wo es für beide Seiten zweckmäßig ist."

Ein(e) klare(-r,-s)

Ausrichtung
Positionierung
Profil
Profilierung
Standort
Standpunkt

ist die →entscheidende →Basis für eine neue

Ära
Dimension
Phase

→nachhaltiger →Beziehungen zu unseren →Kunden. Gemeinsam mit ihnen wollen wir in

beiderseitiger(-m)	dauerhafter(-m)	Achtung
gegenseitiger(-m)	enger(-m)	Anerkennung
wechselseitiger(-m)	intensiver(-m)	Aufmerksamkeit
	offener(-m)	Loyalität
	vertrauensvoller(-m)	Respekt

unsere Vision verwirklichen:

Firma.*	Stärke	durch Wissen.
	Vorsprung	
	Wir kennen uns aus.	
	Der ruhende Pol.	
**(Setzen Sie hier bitte Ihren Firmennamen ein.)*		

Machen Sie Dampf:

Wir haben einen faszinierenden Weg vor uns und wir wollen ihn gemeinsam mit unseren →Kunden beschreiten. Wir haben eine klare Vision: Wir sind der verlässliche Begleiter unserer →Kun-

den, an den sie sich wenden können. Immer. Aber vor allem dann, wenn sie die unbestechliche Aufrichtigkeit und Ehrlichkeit eines zuverlässigen und unabhängigen Partners suchen. *Firma**. **Unverfälscht.**

Die friedliche Koexistenz unabhängiger Partner – wäre das nichts für Sie? Wann immer der Marktanteil abschmiert, können Sie einfach sagen: „Pah! Darauf kommt es doch gar nicht an!" Ich sehe schon, schwerer Tobak. Aber die geistige Freiheit ...

10.6 Entwicklung – Erkenntnis pur

Wie bei der *Verwandlung*, so gilt auch hier: Sie kommen persönlich ein ganzes Stück weiter. Jahrelang krebsen Sie auf Ihrem Markt so rum und auf einmal, nach einem intensiven Prozess des Nachdenkens, kommen Sie endlich darauf, wer Sie sind und wofür das alles gut ist.

„Hey!", sagen Sie überwältigt zu sich selbst, gehen dann hinaus zu Ihren Mitarbeitern und kurze Zeit später liegen alle lachend und weinend einander in den Armen. Kein Zweifel, Sie haben sich weiterentwickelt. Dafür gibt es Bonuspunkte! Die holen Sie sich bitte in Liste B 8.6 ab. Statt des „ständigen Lernens" des dortigen Verwandlers setzen Sie einfach Ihre „authentische Positionierung" oder Vergleichbares ein.

Während Sie umblättern, schaue ich Ihnen respektvoll hinterher: Schon wieder einer mehr auf der Welt, der sich und seine wahre Natur kennt. Alle Achtung ...

10.7 Aktionen: Meditation für Fortgeschrittene

Wir müssen an dieser Stelle allerdings festhalten, dass eine veritable Entdeckung sicherlich kein Zuckerschlecken ist. Um in die Tiefen und Untiefen des Seins vorzudringen, müssen Sie morgens auf jeden Fall schon mal früh raus, um sich für zwei, drei Stündchen ein wenig in sich selbst zu versenken. Woher soll die Erkenntnis denn sonst kommen? Wir geben zu Protokoll:

Wir meditieren täglich. Nur so können wir den Dingen auf die Spur kommen.

Liste B 10.7.1 Die Entdeckung – Meditation

„Wir meditieren täglich."

Wir beschreiten →überlegene Wege in Forschung und Entwicklung. Ihre →entscheidende →Basis →besteht in unserer eigenen Tradition und Identität.

„Nur so können wir den Dingen auf die Spur kommen."

→Allein eine unseren Wurzeln entsprechende Forschung →bewirkt einen →überlegenen →Auftritt.

Varianten:
Forschung und Entwicklung orientieren sich bei uns nicht nur an den →Bedürfnissen unserer →Kunden, sondern auch an unserer eigenen Tradition. Nur so gelangen wir zu →überlegenen und überzeugenden Leistungen (→Produkten).
Wir bleiben unseren →Kunden treu, indem wir uns treu bleiben.

Gehen Sie in die Vollen:
Wer authentische Partnerschaften anstrebt, muss seine Partner kennen. Und sich selbst. Wir betreiben (→befürworten) Forschung und Entwicklung, indem wir uns mit den Ansprüchen (→Bedürfnissen) unserer →Kunden auseinander setzen. Und indem wir uns mit unserer eigenen Tradition auseinander setzen. Nur so entstehen Leistungen (→Produkte) von →überlegener →Qualität.

Nicht schlecht, Herr Specht. Selbsterkenntnis kann durchaus zu mehr Authentizität führen. Und wer in Übereinstimmung mit seiner wahren Natur handelt, überzeugt doch alle, ist es nicht so? Nun, das hängt sicherlich genau von dieser wahren Natur ab, aber man kann es ja mal so behaupten.

Wir bieten Produkte und Leistungen an, die unserem Wesen entsprechen. Genau das macht ihre Stärke aus.

Liste B 10.7.2 Die Entdeckung – glaubwürdige Innovationen

„Wir bieten Produkte und Leistungen an, die unserem Wesen entsprechen."

Wir →befürworten

authentische	Innovationen.
echte	Neuerungen.
glaubhafte	Produkte.
glaubwürdige	
verbürgte	
vertrauenswürdige	
zuverlässige	

„Genau das macht ihre Stärke aus."

Wir treffen die Erwartungen (→Bedürfnisse) unserer →Kunden dann, wenn wir unsere eigenen Erwartungen treffen.

Varianten:
Unsere →Kunden sind mit uns zufrieden, wenn wir es sind.

Die →Zufriedenheit unserer →Kunden ist unsere →Zufriedenheit (mit unseren →Produkten).

Gehen Sie in die Vollen:
Wir betreiben (→befürworten) die →systematische Entwicklung →überlegener Innovationen. Die starke Identität unserer Marken (→Produkte) spricht dabei für sich: Unsere Kunden schätzen das unabhängige Angebot eines Partners, der sich selbst treu bleibt.

Tun wir noch irgendetwas für die Mitarbeiter? Vielleicht tun Sie das – dann erkundigen Sie sich bitte in Abschnitt C 2.7. Ich neige eher dazu zu behaupten, dass der Held dieses Plots eine solche geistige Unabhängigkeit verfolgt, dass auch das Personal eine nachrangige Bedeutung hat. Wie gesagt, Sie können ja noch etwas hinzufügen, aber ich glaube, die sitzen sowieso alle zufrieden in ihren Büros und meditieren – man sucht sich seine Leute ja so aus, dass sie in die Unternehmenskultur passen, nicht wahr?

Damit haben wir Ihre Unternehmensphilosophie als *Entdecker* vervollständigt. Und damit haben Sie's Ihrem Publikum auch tüchtig gegeben: „Boah!“, entfährt es jemandem in der letzten Reihe. Ihr Auftritt wirkt so monolithisch wie, sagen wir mal, der eines frühen *Clint Eastwood*. Sie wissen, wer Sie sind, Sie scheren sich zunächst einmal auch nicht um die Meinung anderer, weil Ihnen klar ist: Sie werden genügend Bewunderer haben. Man kennt das: Leute, die einem ständig hinterherlaufen und darauf hoffen, dass durch bloße Berührung etwas von Ihrem majestätischen Glanz auf sie übergeht. Natürlich traut sich die Menge nicht dazu, denn Ihr Auftritt flößt ihnen viel zu viel Ehrfurcht ein – genau deshalb müssen sie natürlich auch ständig hinter Ihnen herlaufen. So wie sich jetzt, da Sie nach Ihrem Vortrag den Saal verlassen, einige bereits erkundigen, wann man denn die nächste Vorstellung mit Ihnen besuchen kann ...

11 Im Frühtau zu Berge – Unternehmensphilosophie für Gipfelstürmer

„Bewundernswert, adj. – mein Wert
im Gegensatz zu deinem Wert."
AMBROSE BIERCE[1]

Seien wir doch mal ehrlich: All das Gerede um einen bloß zufrieden stellenden Gewinn ist doch purer Kokolores, oder? Wenn man das schon hört: Sicherung der Überlebensfähigkeit! Schon mal je gehört, dass Bayern München einen soliden Platz im Mittelfeld, vielleicht noch auf den UEFA-Cup-Plätzen anstrebt? Nein? Wir auch nicht. Sobald man auf dem Markt ist, ist auch klar, wohin man gehört: an die Spitze. Alles andere ist pure Verzettelung und Zeitverschwendung.

[Präambel]
Aufstieg
Unternehmertum ist Streben nach der Spitze. Von oben hat man den besten Ausblick und die anderen haben's einfach nicht auf dem Kasten.

[Schauplatz]
Leiter
Der Markt ist eine Leiter. Man muss nur hinaufklettern. Ganz oben ist sowieso frei oder wieder mal irgend so ein Weichei.

[Held]
Aufsteiger
Wir sind echte Bergsteigertypen.
Wir sind willensstark. Wir wissen, was wir wollen, und wir werden es auch bekommen.
Wir sind charismatisch. Wenn andere uns zusehen, können sie nicht anders als jubeln.
Wir sind nämlich einzigartig. So was wie uns findet man kein zweites Mal.
Wir sind kräftig. Wir sind Klettern gewohnt.
Wir sind ausdauernd. Wir haben Kondition und machen nicht auf halbem Wege schlapp.

[1] BIERCE, 1994, S. 19.

[Mission]
Ab nach oben!
Wir wollen an die Spitze. Alle sollen sehen, dass wir sowieso dahin gehören.

[Vision]
Oben
Wir werden oben sein und alle werden das auch gut und richtig so finden.

[Aktionen 1]
Spitzenprodukte
Wir werden einfach die Produkte anbieten, denen keiner widerstehen kann. Die werden alle Augen machen.

[Aktionen 2]
Geile Positionierung
Wir werden unsere Produkte so überlegen darstellen, wie sie dann tatsächlich auch wahrgenommen werden.

11.1 Präambel: Nach oben!

Wir kennen die Unterscheidung zwischen operativem und strategischem Management. All die heiße Luft von wegen „Die Dinge richtig tun" und „Die richtigen Dinge tun". Was für ein Unfug. Es gibt sowieso nur ein richtiges Ding: den Thron einnehmen. Wenn wir das schon hören: evolutionäres Management! Lass die anderen nur ehrfurchtsvoll vom „Survival of the Fittest" reden. Wenn du „the Fittest" bist, kommt das „Survival" schon ganz von selbst.

Unternehmertum ist Streben nach der Spitze.

Liste B 11.1.1 Der Aufstieg – Präambel – Basis-Statement

„Unternehmertum ist Streben nach der Spitze."

→Unternehmertum →besteht in

Aufstieg.	**Erfolg.**	**Sieg.**	**Überwindung.**
Behauptung.	**Führung.**	**Spitzenleistung.**	**Vorrang.**
Durchbruch.	**Leistung.**	**Stärke.**	**Zielstrebigkeit.**
Durchsetzung.	**Meisterschaft.**	**Triumph.**	
Effektivität.	**Prävalenz.**	**Überlegenheit.**	

Varianten:
→Alles →wahre →Unternehmertum ist →grundsätzlich →nichts anderes als <u>Triumph</u>.
(Weitere Tipps in Abschnitt C 2.1)

Geben Sie Vollgas:
„Der Mensch ist die Krone der Schöpfung." Es ist kein Zufall, dass eine weit verbreitete Meinung über die Stellung des Menschen in seiner Umwelt den unbeirrbaren Willen andeutet, innerhalb einer Ordnung die Spitzenposition einzunehmen. Das Streben nach Vorrang liegt im →Wesen des Menschen. Und es liegt im →Wesen der Organisationen, die er gründet, um die verschiedensten Ziele zu erreichen: →Unternehmertum ist Triumph.

Ich erklär's noch einmal, damit das allen Anwesenden auch wirklich klar ist – nicht dass nachher wieder einer fragt: „Worum ging's heute eigentlich?"

Von oben hat man den besten Ausblick und die anderen haben's einfach nicht auf dem Kasten.

Liste B 11.1.2 Der Aufstieg – Präambel – Basis-Statement

„Von oben hat man den besten Ausblick ...

→Allein

Bestleistungen
Glanzleistungen
Höchstleistungen
Meisterleistungen
Spitzenklasse
Spitzenleistungen
Topleistungen
Topperformance

(→außerordentliche Leistungen) →bewirken(-t) →nachhaltigen →Erfolg und

„... und die anderen haben's einfach nicht auf dem Kasten."

demonstriert
belegt
beweist
untermauert
zeigt

→nachhaltige

Dominanz.
Erstklassigkeit.
Erstrangigkeit.
Prävalenz.
Souveränität.
Stärke.
Überlegenheit.
Vorrang.

Varianten:
→Wahrer →Erfolg zeigt sich allein in <u>Spitzenleistungen</u>/<u>Erstklassigkeit</u>.

Geben Sie Vollgas:
Es kann nur immer der Erste gewinnen. →Erfolg bemisst sich allein daran, ob man gewonnen hat oder nicht. →Unternehmertum ist damit seiner Natur (→Wesen) nach →systematisches Streben nach Höchstleistungen und Erstrangigkeit.

Klar, wo's langgeht? So und nicht anders verhält es sich, mein Freund. Die goldene Regel lautet: „Seien Sie Erster! Es ist besser, Erster zu sein, als besser zu sein."[2] Erfolg ist binär codiert: Erfolg – oder kein Erfolg. Aber ich sehe schon, das werden die Sozialpädagogik-Studenten im Publikum nie begreifen ...

11.2 Schauplatz: Fahrstuhl nach oben

Wir wollen hoch hinaus. Das Ziel ist 100 Prozent von irgendwas. Um dahin zu gelangen, muss man seine Umwelt benutzen. Wir hören an dieser Stelle schon wieder diejenigen Kollegen aufjaulen, die als Wahlpflichtfach Betriebssoziologie oder Ähnliches hatten: „Und wo bleiben da so wichtige Dinge wie zum Beispiel Personalentwicklung?", hören wir jemanden aus der letzten Reihe – wo sonst? – zaghaft fragen. Und wir antworten ihm: „In der Personalabteilung natürlich." Aber keine Sorge, ihr harmoniesüchtigen Zauderer, wir meinen das ganz wertfrei. Wir benutzen tagtäglich unsere Umwelt, um unsere Ziele zu erreichen. Wir benutzen unsere Freunde, um uns ein Gefühl der Akzeptanz zu verschaffen. Der Kerl von eben erhebt sich nun und fragt kühn: „Haben Sie überhaupt Freunde?", und wir schauen ihm lange tief in die Augen, bis er sich voller Entsetzen über seinen unangemessenen Ausbruch wieder in seinen Stuhl gequetscht hat, um dann ganz ruhig zu antworten: „Du hast Recht, Junge. Wir haben Gefolgschaft."

In jedem Fall steht fest: Wenn wir nach oben wollen, müssen wir einfach nur die Stufen erklimmen, und wenn wir am Markt nach oben wollen, müssen wir eben den Markt dazu nutzen. Deswegen sagen wir:

Der Markt ist eine Leiter.

Liste B 11.2.1 Der Aufstieg – Schauplatz – Basis-Statement

„Der Markt ist eine Leiter."

[2] Dies ist das erste der „22 unumstößlichen Gebote im Marketing" von Ries/Trout, 1993, S. 14. Vergessen Sie bitte die Regel 8 für diejenigen Waschlappen, die es mal wieder nicht auf die Reihe kriegen: „Seien Sie Zweiter (wenn Sie nicht Erster sein können)!" (Ebenda, S. 59.) Wenn Sie es nicht können, warum machen Sie es dann überhaupt? Und weiß hier jemand, ob das Buch je an der Spitze der Bestseller-Listen stand?

Der Markt für *süddeutsche Wurstspezialitäten** **ist ein →außerordentlich**
(Setzen Sie hier bitte Ihre bevorzugte Branchenbezeichnung ein.)

auslesendes	effizientes	zielgerichtetes	Auswahl-
dezisives	erfolgorientiertes	zielstrebiges	Belohnungs-
effektives	ergebnisorientiertes		

→System.

Varianten:
Der Markt belohnt den Besten.

Lassen Sie es krachen:
Märkte sind Auswahlverfahren. →Kunden treffen ihre Entscheidung über das beste verfügbare Angebot (→Produkt) und belohnen →auf diese Weise →Unternehmen. Der Markt für (...) bildet da keine Ausnahme. Er ist ein effizientes →System zur Ermittlung des →Erfolgs.

Die entscheidenden Dinge im Leben sind immer so einfach, Baby. Vorausgesetzt, man lässt nicht die Jungs aus dem Middle Management darüber diskutieren. Für den Fall, dass einem hier im Raum nicht klar sein sollte, was eine Leiter ist, sagen wir es mal so:

Man muss nur hinaufklettern.

Liste B 11.2.2 Der Aufstieg – Schauplatz – Ergänzungs-Statement

„Man muss nur hinaufklettern."

Dem	Aktiven	bietet	er	eine	Vielzahl	(an)
	Entschlossenen	eröffnet			Vielfalt	(von)
	Entschlusskräftigen	gewährt			Fülle	
	Leistungsfähigen	gibt		ungeahnte		
	Tatkräftigen	stellt (...) bereit		ungezählte		
	Tätigen			unzählige		
				zahllose		

→Chancen, seine Dominanz zu belegen (*Liste B 11.1.2*).

Varianten:
Dem Aktiven gehört der Markt.

Lassen Sie es krachen:
Der Markt ist vielfältig und entwickelt sich ständig weiter. Entsprechend zahlreich sind die →Chancen, ihn für sich zu erschließen. Man muss es nur wollen. Und in Angriff nehmen.

Falls irgendjemand in Ihrer engeren oder weiteren Unternehmensumwelt meint, sich Ihnen unbedingt in den Weg stellen zu müssen: Schlagen Sie doch mal in Abschnitt C 2.2 nach. Wir wollen auch die Statisten nicht unerwähnt lassen.

Ansonsten aber steht der Markt zur Eroberung bereit – worauf warten wir noch? Es gibt zwei grundsätzliche Möglichkeiten: Entweder wir marschieren ohne Auslöser einfach drauf los und erklimmen den Gipfel aus keinem anderen Grund als dem, dass wir eine starke Persönlichkeit sind und überall und immer schon besetzte oder unbesetzte Spitzenpositionen wie selbstverständlich eingenommen haben. Oder aber wir nehmen ein *katalytisches Ereignis* zum Anlass, das uns erst auf diese Idee bringt. Grundsätzlich gibt es die folgenden Möglichkeiten:

- Der derzeitige Marktführer ist eine veritable Pfeife. Es geht darum, die Massen mitzureißen, und alles, was ihm dazu einfällt, ist der bedauernswerte Claim, sagen wir mal Kaugummis mit Zitronengeschmack zu verkaufen. Der Bursche hat es nicht verdient, oben zu stehen.[3]
- Es gibt keinen echten Marktführer. Alle verkaufen sie dasselbe Zeugs und in Ermangelung cleverer Ideen oder der geeigneten Persönlichkeit versteht es keiner, sich vernünftig zu profilieren. Nun, das können ja sowieso nur wir.

Wie auch immer. Als echte Aufsteiger werden wir einfach nur registrieren, dass die derzeitige Marktspitze nicht wirklich besetzt ist. Aus tiefster Seele überzeugt erklären wir also:

Ganz oben ist sowieso frei oder wieder mal irgend so ein Weichei.

Liste 11.2.3 Der Aufstieg – Schauplatz – höchstens ein korruptes Weichei an der Spitze

„Ganz oben ist sowieso frei oder wieder mal irgend so ein Weichei."

Der Wettbewerb verfügt über keine klar (→exakt) definierten Positionierungen (→Auftritte). →Wahre Erstklassigkeit wurde noch nicht bewiesen. Es ist daher an der Zeit, den Markt (neu) zu

definieren.
formen.
gestalten.
ordnen.
prägen.
reformieren.
revolutionieren.
umzugestalten.

Varianten:
Der Markt wartet auf Höchstleistungen.

[3] Grundsätzlich gäbe es *theoretisch* noch die Möglichkeit, dass an der Spitze unseres Marktes derzeit ein durchaus fähiges und kompetentes Unternehmen steht. Aber ich frage Sie: Gibt es das ernsthaft neben uns? Und brauchen wir dazu *theoretische Grundsatz*debatten? Danke.

Lassen Sie es krachen:
Die Positionierungen (→Auftritte) der Wettbewerber sind allenfalls schwach ausgeprägt und erfüllen die →Bedürfnisse der →Kunden nicht. Der Markt verlangt nach Marken/→Unternehmen, die eindeutige Akzente setzen. Der Markt verlangt nach uns.

Drücken wir dem staunenden Publikum noch eben schnell unsere Visitenkarte in die Hand. Sie sollen ruhig wissen, wer wir sind.

11.3 Held: Bedingungsloser Senkrechtstarter

Wer sollte die Leiter emporklettern, wenn nicht *wir*? Wir sehen uns um: Weit und breit nichts zu sehen. Ach so, Sie meinen die paar armseligen Würstchen, die ihren Plunder wie sauer Bier anbieten? Ach die. Die wissen doch gar nicht mal, wo die Leiter steht. Die fahren lieber Dienstwagen.

Auch dieser Plot gehört – wie z. B. der *Rache*- oder *Rivalität*-Plot – zu denjenigen, die sehr pointiert einige Eigenschaften nahe legen. Sie sind äußerst spitz positioniert, mein Lieber.

Wir sind echte Bergsteigertypen.

Liste B 11.3.1 Der Aufstieg – Held – zentrales Statement Senkrechtstarter

„Wir sind echte Bergsteigertypen."

Wir sind ein

ambitioniertes
aufstrebendes
ehrgeiziges
entschlossenes
erfolgsorientiertes
leistungsstarkes
souveränes

(→überlegenes) →Unternehmen.

Varianten:
Wir wollen hoch hinaus.
Wir haben uns viel vorgenommen.

Hauen Sie auf die Pauke:
Menschen streben nach Spitzenpositionen. Spitzenpositionen, die sie selbst einnehmen oder auf denen sie andere bewundern können. Wir sind bereit.

Wer ist dieser Kerl, der da ganz nach oben will? Mit wem haben wir es bei diesem Helden des *Aufstiegs* zu tun? „Diese Figur muss *willensstark, charismatisch und einzig-*

artig sein."[4] Danke, setzen. Für die Willensstärke können wir direkt auf die Entschlossenheit des *Rivalen* verweisen:

Wir sind willensstark. Wir wissen, was wir wollen, und wir werden es auch bekommen.

Liste B 11.3.2 Der Aufstieg – Held – Willensstärke

„Wir sind willensstark. Wir wissen, was wir wollen, und wir werden es auch bekommen."
(Dieses Statement entnehmen Sie bitte der Liste B 6.3.2.)

Wir machen das, Leser, wir machen das! Und die Leute werden uns in Scharen nachrennen, weil unser Charisma sie förmlich mitreißt:

Wir sind charismatisch. Wenn andere uns zusehen, können sie nicht anders als jubeln.

Liste B 11.3.3 Der Aufstieg – Held – Charisma

„Wir sind charismatisch."

Wir	beflügeln
	begeistern
	erobern (...) im Sturm
	inspirieren
	reißen (...) mit

unsere →Kunden.

„Wenn andere uns zusehen, können sie nicht anders als jubeln."

Unsere →Produkte stehen für →außerordentliche →Akzeptanz/→Zufriedenheit.

Varianten:
Wir begeistern mit →überlegenen(-r) →Produkten/→Qualität.

Hauen Sie auf die Pauke:
Wer ganz nach oben will, muss überzeugen können. Unsere →überlegenen →Produkte sprechen da eine ganz eigene Sprache. Unsere →Kunden wissen, dass sie von uns stets Spitzenleistungen erwarten können. Denn nur die bekommen sie von uns. Und die begeistern sie.

Ist doch völlig egal, ob wir ein homogenes Standardprodukt haben. Wir faszinieren die Leute eben. Wenn es sein muss – mit Frischkäse. Die Menschheit wird uns zu Füßen liegen. Und warum ist das so? Ich will es Ihnen sagen: Das kommt alles von unserer ganz außergewöhnlichen Einzigartigkeit:

[4] Tobias, 1999, S. 311 – Hervorhebungen von mir.

Wir sind nämlich einzigartig. So was wie uns findet man kein zweites Mal.

Liste B 11.3.4 Der Aufstieg – Held – Einzigartigkeit

„Wir sind nämlich einzigartig."

Wir	sind	außergewöhnlich.
		beispiellos.
		einmalig.
		einzigartig.
		ohnegleichen.
		unique.
		unverwechselbar.

„So was wie uns findet man kein zweites Mal."

Unsere →Produkte stehen für außergewöhnliche(-n,-s)/→außerordentliche(-n,-s)

Charakter.
Markenpersönlichkeit.
Persönlichkeit.
Positionierung.
Profil.
Qualität.
Stil.

Varianten:
Der Charakter unserer →Produkte ist einzigartig.
Wir bieten →attraktive →Produkte von unverwechselbarer Persönlichkeit. (→anbieten)

Hauen Sie auf die Pauke:
Das Geheimnis unseres →Erfolgs liegt in der Einzigartigkeit unserer →Produkte. Das eigenständige Profil unserer Marken (→Produkte) hebt sie aus der Masse hervor und macht sie unverwechselbar. Unsere →Kunden spüren das. Und haben Anteil an dieser Einzigartigkeit. Wann immer sie wollen.

Rauche, und du wirst Cowboy sein. So funktioniert das. Ohne Wenn und Aber. Wer nicht will, bitte, es muss auch echte Verlierer geben.

Eine weitere wichtige Eigenschaft, über die wir verfügen sollten, ist die *Kraft*. Wo ein Wille ist, ist sicher oftmals auch ein Weg, aber wir sollten ihn auch beschreiten können. Es macht keinen Sinn, der Bank zu sagen, dass wir nach oben wollen, aber nicht klettern können. Auch bei diesem Statement können wir wieder getrost auf das des Rivalen zurückgreifen:

Wir sind kräftig. Wir sind Klettern gewohnt.

Liste B 11.3.5 Der Aufstieg – Held – Kraft

„Wir sind kräftig. Wir sind Klettern gewohnt."
(Dieses Statement entnehmen Sie bitte der Liste B 6.3.3.)

Eine wichtige Eigenschaft, die die Kraft ergänzt, ist unsere *Ausdauer*. Kräftig – schön und gut, aber wir sollten auch etwas länger durchhalten können und nicht nach den ersten fünf Minuten unseres Durchmarsches bereits zusammenbrechen. Wir informieren also die geneigte Leserschaft:

Wir sind ausdauernd. Wir haben Kondition und machen nicht auf halbem Wege schlapp.

Liste B 11.3.6 Der Aufstieg - Held - Ausdauer

„Wir sind ausdauernd."
(Diesen ersten Teil des Statements entnehmen Sie bitte der Liste B 5.3.6.)

„Wir haben Kondition und machen nicht auf halbem Wege schlapp."

→Systematische/→Überlegene

Bestleistungen
Glanzleistungen
Höchstleistungen
Meisterleistungen
Spitzenklasse
Spitzenleistungen
Topleistungen
Topperformance

sind unser ständiger(-s)

Ansporn.
Antrieb.
Motiv.

Varianten:
Überlegene Bestleistungen motivieren uns, unsere →Ziele ausdauernd zu verfolgen.
Überlegene Bestleistungen bestätigen uns in unseren →Zielen.

Hauen Sie auf die Pauke:
→Wahrer →Erfolg ist von Dauer/→nachhaltig. Nur so befreit er sich vom Ruch des Zufälligen. Wir haben genügend Ideen und Beharrlichkeit, um unseren Anspruch auf Erstrangigkeit mit ständigen Spitzenleistungen kontinuierlich zu untermauern. Damit geben wir unseren →Kunden Sicherheit.

Wenn wir erklimmen schwindelnde Höhen ♫ ... ach, Leser, wenn Sie mich hier am Schreibtisch in meiner kleinen Autorenklause sitzen sehen könnten – ins fröhliche Pfeifen bin ich geraten, während wir Sie beschrieben haben! Könnte ich doch nur mit Ihnen hoch hinausziehen, aber wer sollte dann Ihre Mission zu Papier bringen? Weiß ich doch nur zu genau, dass Sie diese Art von Aufgaben gerne anderen überlassen ...

11.4 Mission: Top of the World

Liebe Leser! Kann es sein, dass wir beim *Aufstieg*-Plot ein kleines Motivationsproblem oder vielmehr: ein Problem der *Vermittlung* unserer Mission haben? „Ha", höre ich den einen oder anderen empört ausrufen, „das sagt er uns erst jetzt!? Nachdem wir uns bis hierhin durchgearbeitet haben? Unverschämtheit!" Aber meine Herrschaften, gemach, gemach! Immer mit der Ruhe, ich wollte Sie bewusst erst jetzt auf dieses Problem hinweisen, damit Sie nicht schon vorher einen anderen Plot wählen, obwohl Ihnen dieser hier eigentlich am nächsten liegt. Also, es geht um Folgendes: Dieser Plot hier ist einer derjenigen, der natürlich wie geschaffen ist für jemanden wie Sie, der am Markt Erfolg haben will. Ich meine nicht nur einfach einen zufrieden stellenden vierten oder dritten Platz in der Hitliste der Top-Ten-Speiseeisanbieter in Deutschland – ich meine: Erfolg. Echten und uneingeschränkten Erfolg (lesen Sie diesen Satz bitte leise mit und lassen Sie sich jedes einzelne Wort auf der Zunge zergehen). Sie wollen oben sein, ganz, ganz oben.[5]

Und genau darin könnte doch ein klitzekleines Problem der Vermittlung liegen. Wer hat schon was davon, wenn Sie oben stehen? Die anderen jedenfalls nicht, denn da stehen Sie dann ja. Wie bitte? Darin liege ja der Reiz, höre ich Sie einwenden? Andere hätten meine Skrupel ja auch nicht?[6] Okay. Ich dachte ja nur. Jetzt haben Sie mich aber abgewatscht. So wie man früher schon immer zu hören bekam: „Du sollst nicht denken. Du sollst das einfach nur machen." Gut, ich mache ja schon. Erzählen wir was von echter Führung: Endlich mal wieder einer, der das Geldverdienen nicht nur von der Pike auf gelernt, sondern auch verdient hat.

---

[5] Zu dieser komplexen Thematik lesen Sie bitte das Lebenswerk von Frau *Prof. Dr. Gertrud Höhler*, die sich mit der Figur des Siegers eingehend auseinander gesetzt hat. Ich glaube, die Quintessenz lautet, dass es ziemlich cool ist, ein Sieger zu sein.

[6] Richtig knackig wie ein Salat ohne Dressing hier die Firma Kraft Foods, die dem geneigten Surfer Folgendes zu bedenken gibt: „Wir sind für unsere Mitbewerber unangefochtener Kategorieführer, dies bedeutet Führen und Prägen der Kategorien aus einer Position der Stärke."

Wir wollen an die Spitze. Alle sollen sehen, dass wir sowieso dahin gehören.

Liste B 11.4.1 Der Aufstieg – Mission – Top of the World

„Wir wollen an die Spitze."

Es ist unser →vorrangiges →Ziel, (eine →nachhaltige)

Spitzenposition	(zu)	einzunehmen.
Spitzenstellung		erlangen.
Top-Position		erobern.
		gewinnen.

der/	absolute	Leader	zu	bleiben.
die	klare	Marktführer		sein.
	uneingeschränkte	Nummer eins		werden.
		Spitzenreiter		
		Trendsetter		
		Vorreiter		

„Alle sollen sehen, dass wir sowieso dahin gehören."

Die →relevante Kernzielgruppe der *zumindest gelegentlichen ntv-Zuschauer, die beim Fernsehen keiner weiteren Nebenbeschäftigung nachgehen**
**(Hier setzen Sie bitte ggf. Ihre Kernzielgruppe ein.)*

soll/wird uns(er →Unternehmen) sowohl →hinsichtlich ihrer/unserer →Produkte als auch →hinsichtlich der

Darbietung
Positionierung
Präsentation
Vermarktung

ihrer/unserer →Produkte als die klare und

alleinige
ausschließliche
beliebteste
bevorzugte
exklusive
hauptsächliche
primäre
relevante
verlässliche
vorrangige

Nummer eins →beurteilen.

Varianten:
Wir wollen eine <u>uneingeschränkte</u> <u>Spitzenposition</u> einnehmen. Wir wollen am Markt/für unsere Zielgruppen (→Kunden) die Nummer eins sein. Mit unseren →Produkten. Mit deren <u>Vermarktung</u>.

Drehen Sie auf:
Es kann immer nur einer der Erste sein. Führung des Marktes bedeutet →überlegene →Qualität des Angebots. Wir beanspruchen sie für uns. Wir sind die Nummer eins.

Leser, etwas kleinlaut verziehe ich mich in den Abschnitt unserer Vision (darf ich mich noch zu Ihrer Gefolgschaft zählen?). Ich werde nie wieder Zweifel haben. Skrupel gar oder so was in der Richtung. Nie, nie, nie.

11.5 Vision: Gipfelparty

Wir werden ganz oben stehen. Jeder bekommt genau das, was er braucht. Also das, was wir produzieren. Und wir bekommen auch, was wir brauchen. Also das, was die anderen verdienen. Macht euch keine Sorgen, wir regeln das schon, okay?

Wir werden oben sein und alle werden das auch gut und richtig finden.

Liste B 11.5 Der Aufstieg – Vision – gaaaanz oben

„Wir werden oben sein und alle werden das auch gut und richtig finden."

Die →überlegene

Dominanz
Erstklassigkeit
Erstrangigkeit
Prävalenz
Souveränität
Stärke
Überlegenheit
Vorrang

unserer →Produkte wird ihre →Akzeptanz →nachhaltig sicherstellen (→bewirken) und die →Zufriedenheit unserer →Kunden →nachhaltig/→systematisch →verstärken. Gemeinsam mit ihnen wollen wir unsere Vision verwirklichen:

*Firma**.	**Es gibt nichts Besseres.**
	Die Nummer eins.
	Keine Frage.
Wenn *Kategorie** **, dann** *Firma** **.**	
**(Setzen Sie hier bitte Ihren Firmennamen bzw. Ihre Kategorie ein.)*	

Machen Sie Dampf:
Marktführerschaft ist Verpflichtung und Herausforderung. Sie bedarf täglich des neuen Beweises ihrer Berechtigung. Wir werden unsere <u>Erstklassigkeit</u> dauerhaft unter Beweis stellen. Wir haben eine Vision: Die Mehrheit der Menschen/→Kunden entscheidet sich für uns. Weil wir die Besten sind. Und weil sie Anteil daran haben. Dafür stehen wir ein. *Firma**. **Es gibt nichts Besseres.**

Yipppiehh!!! In Abwandlung eines bekannten und bereits zitierten Dichterwortes werden wir stets und ständig nach der Devise „Du gibst dein Bestes oder du lässt es“ verfahren und dauerhaft an der Spitze des Eisbergs, nein, sorry, einer großen Bewegung stehen, die die Menschheit mit Salatsoßen aller Art versorgt. Was müssen wir dafür tun? Sie erfahren es sofort.

11.6 Aktionen: Dick auftrumpfen

Was tun? Da fragst du noch, Mann? Wir werden die Leiter hinaufsteigen und am Ende sind wir oben, Mann, das werden wir tun! Unser *Aufstieg* wird ein veritabler Durchmarsch sein und alle werden schauen und staunen und denken: „Was für ein Teufelskerl!“

Wir werden auf jeder Stufe der Leiter, Widerstände hin oder her, Gegner überrunden und Kunden mitreißen. Das alles natürlich aufgrund unseres überragenden Angebots, was sonst. Hier, Mann, lies dies:

> **Wir werden einfach die Produkte anbieten, denen keiner widerstehen kann. Die werden alle Augen machen.**

Liste B 11.6.1 Der Aufstieg – Aktionen – Spitzenprodukte

„Wir werden einfach die Produkte anbieten, denen keiner widerstehen kann."

Wir stehen für →Produkte von →außerordentlicher →Qualität.

„Die werden alle Augen machen."

Unser →überlegenes Angebot (→Produkte) versetzt →Kunden in aller Welt immer wieder (→stets) in Begeisterung.

Varianten:
Wir lassen keine Wünsche offen.
Wir stellen alles in den Schatten.
Wir sind die *Kategorie**.

**(Setzen Sie hier bitte Ihre Kategorie ein.)*

Gehen Sie in die Vollen:
Unsere Vision ist unser Auftrag. Wir werden auch in Zukunft mit →Produkten überzeugen, die ihresgleichen suchen. Mit Kreativität und Intelligenz. Und der Erfahrung der Nummer eins.

Und auch das kommt nicht von irgendwoher, Mann. Ein echter Kerl wie du und ich weiß, dass ein Schokoriegel ein Schokoriegel ist und bleibt. Aber wir haben's halt auf dem Kasten, Mann, und wir wissen, wie man so ein kleines Zähne zerstörendes Kalorienbömbchen trotzdem als die Erlösung hinstellen kann. Oder einen

Aktienfonds als Goldesel. Wir verkaufen Ideen, Mann, und die machen die Produkte, kapiert?

Wir werden unsere Produkte so überlegen darstellen, wie sie dann tatsächlich auch wahrgenommen werden.

Liste B 11.6.2 Der Aufstieg – Aktionen – geile Positionierung

„Wir werden unsere Produkte so überlegen darstellen, wie sie dann tatsächlich auch wahrgenommen werden."

→Überlegene →Produkte verlangen →überlegene Kommunikation. Wir →befürworten den

aktive(n)	**Austausch**
initiative(n)	**Dialog**
proaktive(n)	**Kommunikation**
	Kontakt

mit unseren →Kunden.

Varianten:
Wir gehen auf unsere →Kunden zu/informieren unsere Kunden.

Gehen Sie in die Vollen:
Die Erstklassigkeit eines Angebots bedarf der Unterstützung durch professionelle (→sachgemäße) Kommunikation. →Kunden suchen Informationen. Und sie wünschen eine angemessene Positionierung der führenden Marke (→Produkt). Ihrer Marke. Wir setzen auf (→befürworten) den aktiven Dialog mit unseren →Kunden. Für →nachhaltiges Vertrauen in die →überlegene Stärke unserer →Produkte.

Natürlich darf sich die Kundschaft im Schatten der Nummer eins sonnen! Werbung ist eine Art Massenrundbrief als Antwort auf die viele Fan-Post, die wir Tag für Tag erhalten. Wir lassen euch nicht allein ...

Wollen wir noch etwas für unsere Mitarbeiter tun? Aufsteiger, ich empfehle Ihnen, Ihre Mannschaft ähnlich zu fordern, wie es der Rivale in Liste B 6.6.3 tut. Wir wollen Erster sein, da sollen sich unsere Leute auch mal gehörig ins Zeug legen. Zu verschenken haben wir nun wirklich nichts, aber auch hier winkt wieder das erhabene Gefühl, an einer großen Sache mitwirken zu dürfen.

Damit haben wir's! Kurz und bündig unsere Story erklärt: Leben ist Aufsteigen, wir wollen oben sein, wir werden oben sein. Hat noch jemand Fragen?

Im Publikum schauen sich alle erschrocken an: Traust du dich? Nein, sag du. Aber irgendwie hat man dem auch gar nichts mehr hinzuzufügen. Er hat ja Recht, der Bursche!

Teil C

Toolbox

Ich begrüße Sie im dritten Teil dieses Werkes, in dem ich Ihnen noch einige allgemein anwendbare Begriffe, Regeln und Formulierungen an die Hand gebe. Dieser Teil gliedert sich in zwei Kapitel: Im ersten finden sich Begriffe, die Sie oft verwenden werden oder mit denen Sie schöne, einfache und klare Aussagen zu mystisch aufgeplustert-wichtigtuerischen Phrasen verwandeln können. So etwas kommt immer gut! Das zweite Kapitel beschäftigt sich konkret mit den einzelnen Elementen unserer Plots und bringt einige Ergänzungen, die für alle unsere Plots gelten können.

Also, auf geht's!

1. Die Satzluftpumpe

Sie wissen, was eine „Erwartung" ist? Gut. Ich hatte das nicht anders erwartet. Sie werden zum Beispiel sagen: „Ich habe die Erwartung, dass die Kunden im nächsten Jahr wieder mehr kaufen werden. Ich habe sogar die Erwartung, dass sie es bei mir tun werden." Wie schön für Sie – ich freue mich!

Nun haben vermutlich Soziologen – oder wer auch immer sonst – wahrscheinlich in den späten Siebzigern die „Erwartungshaltung" eingeführt. Besagt die etwas anderes als die „Erwartung"? Nein, natürlich nicht. Aber sie schindet Redezeit und ist dazu angetan, möglicherweise Ihr Prestige ein bisschen aufzupeppen.

Wir werden hier zwar nicht einzelne Wörter künstlich aufblähen.[1] Aber womit Sie schlichte und ergreifende Sätze etwas aufblasen können, das sollte hier nicht ganz unerwähnt bleiben. Nehmen wir etwa diesen hier: „Management ist Detektivarbeit." Damit hätte man eigentlich alles gesagt, was man sagen wollte, und jeder wird es auch so verstehen, wie es gemeint war. Aber schauen Sie mal hier:

		Management	ist			Detektivarbeit.
Alles		Management	ist			Detektivarbeit.
Alles	moderne	Management	ist			Detektivarbeit.
Alles	moderne	Management	ist	im Kern		Detektivarbeit.
Alles	moderne	Management	ist	im Kern	harte	Detektivarbeit.

Und so weiter, und so weiter. In keiner Zeile wird ein wirklich neuer Sinn hinzugefügt, der nicht ohnehin schon im ersten Satz enthalten war. Um nicht zu sagen, im Kern enthalten war. Wenn nicht sogar im Kern substanziell enthalten war. Okay, okay, ich höre ja schon auf, aber Sie wissen, worauf ich hinauswill? Und Sie ahnen auch, dass Meetings ohne Effizienzverlust zwei Stunden kürzer dauern könnten, vorausgesetzt, dass die Leute auch dann noch wissen, was sie sagen wollen, wenn man ihnen zu plappern verbietet?

Nun ja, wir wollen hier jedenfalls einige schöne Füllwörter und immer wieder gebrauchte Begriffe bereitstellen, mit denen Sie Ihre Unternehmensphilosophie schmücken können.[2]

---

[1] Einige dieser Wortblähungen sind uns in Teil B immer wieder mal begegnet: Ob wir zum Beispiel von „Konsum" oder „Konsummustern" reden, ist eigentlich völlig wurscht.

[2] Die folgenden Listen sind natürlich nicht als echte Synonyme zu verstehen. Sonst würde mir die DUDEN-Redaktion das Zeug um die Ohren hauen, Leser! Die Zusammenstellung erhebt auch keinen Anspruch auf Vollständigkeit. Dafür gibt es eigene Bücher, etwa DUDEN 1997. Hier geht es eher darum, einige Begriffe zu dokumentieren, die irgendwie in alle möglichen Zusammenhänge passen könnten und Sie damit hoffentlich gut aussehen lassen.

Liste C 1.1 „Akzeptanz"

Begeisterung	Glaubwürdigkeit	Sympathie	Zustimmung
Beliebtheit	Likeability	Überzeugungskraft	
Erfolg	Popularität	Vertrauen	
Gefallen	Präferenz	Vertrauenswürdigkeit	

Liste C 1.2 „alle"

jeder	jedweder	sämtliche
jeder Einzelne	jeglicher	

Liste C 1.3 „allein (nur)"

alleinig	bloß	exklusiv
ausschließlich	einzig	lediglich
besonders	einzig und allein	vor allem

Liste C 1.4 „anbieten"

an die Hand geben	bieten	liefern	zur Verfügung stellen
bereithalten	darreichen	offerieren	
bereitstellen	entwickeln	verfügbar machen	

Liste C 1.5 „attraktiv"

anregend	fesselnd	nützlich	zweckmäßig
ansprechend	interessant	relevant	
bedeutend	packend	spannend	
begeisternd	mitreißend	überzeugend	

→außerordentlich, →entscheidend, →lukrativ

Liste C 1.6 „auf diese Weise"

also	danach	in diesem Sinne
daher	entsprechend	in diesem Verständnis
dadurch	ergo	so
damit	folglich	somit

Liste C 1.7 „Auftritt"

Agieren	Identität	Positionierung	Unternehmungen
Aktivitäten	Image	Profil	Verfahren
Arbeit	Leistung	Rolle	Verhalten
Arbeitsweise	Marktauftritt	Selbstverständnis	Vorgehen
Auftreten	Maßnahmen	Strategie	Vorgehensweise
Erscheinungsbild	Performance	Taktik	Weg
Firmenpolitik	Politik	Tätigkeit	Wirken
Handeln	Position	Tun	

Liste C 1.8 „außerordentlich"

ausgeprägt	einmalig	hervorragend	ungemein
außerordentlich	eminent	hochgradig	ungewöhnlich
äußerst	enorm	höchst	wirklich
beispiellos	extrem	maximal	
besonders	herausragend	überragend	

Liste C 1.9 „Basis"

Ausgangspunkt	Koordinaten	Quelle	Säulen
Bedingung	Motor	Rahmen	Schlüssel für/zu
Bezugspunkte	Mutter	Rahmendaten	Startpunkt
Eckwerte	Orientierung	Richtschnur	Voraussetzung
Fundament	Pfeiler	Richtwerte	
Grundlage	Prinzipien	Rückgrat	

Liste C 1.10 „Bedürfnisse"

Anforderungen	Erwartungen	Nöte	Vorstellungen
Ansprüche	Forderungen	Präferenzen	Wünsche
Bedarf	Hoffnungen	Sehnsüchte	
Belange	Motive	Sorgen	
Einstellungen	Nachfrage	Vorlieben	

Liste C 1.11 „befriedigen"

berücksichtigen	erfüllen	nachkommen	zufrieden stellen
entgegenkommen	gehorchen	stillen	
entsprechen	genügen	treffen	

Liste C 1.12 „befürworten"

bauen auf	eintreten für	leisten	sich engagieren
bejahen	forcieren	pflegen	sich stark machen für
betreiben	fördern	realisieren	unterstützen
durchführen	für etwas stehen	setzen auf	vorantreiben
	investieren in	sich einsetzen für	

Liste C 1.13 „bestehen in"

aussagen	gekennzeichnet sein durch
bedeuten	gekennzeichnet werden können durch
besagen	gleichbedeutend sein mit
beschrieben sein als	heißen
beschrieben werden können als	kennzeichnen
betreffen	lauten
bezeichnen	liegen in
charakterisiert sein als	repräsentieren
charakterisiert werden können als	sein

Liste C 1.14 „beträchtlich"

beachtlich	erheblich	markant	signifikant
bedeutsam	fühlbar	merklich	spürbar
deutlich	gewaltig	nicht unerheblich	
eindrucksvoll	immens	schneller als bisher	
	in bedeutsamem Maße/Umfang	sichtlich	

→außerordentlich, →nachhaltig

Liste C 1.15 „beurteilen"

akzeptieren	bewerten	einstufen	werten
ansehen	einschätzen	erkennen	würdigen
betrachten		schätzen	

Liste C 1.16 „bewirken"

anbieten	effektuieren	implizieren	stehen für
Anteil haben an	ermöglichen	ins Leben rufen	stiften
aufdecken	eröffnen	leisten	umsetzen
aufweisen	erschließen	liefern	unterstützen
aufzeigen	erzielen	möglich machen	verheißen
auslösen	fördern	öffnen	verschaffen
bedeuten	führen zu	prägen	versprechen
bedingen	garantieren	provozieren	verursachen
bereitstellen	geben	realisieren	verwirklichen
bergen	gewähren	repräsentieren	zeitigen
bestimmen	gewährleisten	schaffen	zu Tage fördern
bieten	gönnen	sein	zur Folge haben
darstellen	heraufbeschwören	sichern	zuteil werden lassen
die Voraussetzungen schaffen	herbeiführen	sicherstellen	
	hervorrufen	sorgen für	

Liste C 1.17 „Beziehungen"

Allianzen	Bindung	Partnerschaft	Verhältnis
Austausch	Kooperation	Umgang	Zusammenarbeit
	Kundenbeziehung	Verbindung	

Liste C 1.18 „Chancen"

Aussichten	Hoffnungen	Perspektiven
Gelegenheiten	Horizont	Potenziale
	Möglichkeiten	

Liste C 1.19 „eingehend"

akkurat	extensiv	intim	reiflich
ausführlich	genau	kenntnisreich	streng(st)
behutsam	gewissenhaft	minuziös	sorgfältig
breit	gründlich	peinlich genau	tief
detailgenau	intensiv	penibel	vertieft
detailliert		profund	

Liste C 1.20 „entscheidend"

ausschlaggebend	entscheidend	essenziell	unerlässlich
bedeutsam	klar	substanziell	unersetzlich
bestimmend	maßgebend	tragend	unverzichtbar
dezisiv	maßgeblich	unabdingbar	wesentlich
eindeutig		unentbehrlich	zentral

→systematisch, →vorrangig

Liste C 1.21 „Erfolg"

Durchsetzung	Gewinn	Rentabilität	Umsatz
Effektivität	Größe	Share	Vorrangstellung
Effizienz	Kraft	Sicherheit	Vorsprung
Entwicklung	Leistungsfähigkeit	Stabilität	Vorteil
Ergebnis	Marktanteil	Stärke	Wachstum
Erstrangigkeit	Perspektiven	Substanz	Wachstumschancen
Exzellenz	Prävalenz	Überlebensfähigkeit	Wettbewerbsvorteile
	Priorität	Überlegenheit	

Liste C 1.22 „exakt"

bestimmt	klar	punktgenau	vollständig
deutlich	konkret	richtig	zielgenau
eindeutig	markant	treffend	zielsicher
genau	pointiert	treffsicher	
gerade	präzise	unmissverständlich	
	prägnant	unzweideutig	

Liste C 1.23 „Gebot"

Aufforderung	Bestimmung	Pflicht	Verpflichtung
Aufgabe	Herausforderung	Selbstverpflichtung	
Auftrag	Maßgabe	Selbstverständlichkeit	

Liste C 1.24 „gleichzeitig"

allerdings	darüber hinaus	vor diesem Hintergrund
außerdem	jedoch	zudem
dabei	überdies	

Liste C 1.25 „grundsätzlich"

dem (ihrem/seinem) Wesen nach	im Allgemeinen	materiell	überwiegend
essenziell	im Grundsatz	mehrheitlich	weitgehend
grundlegend	im Kern	prinzipiell	
	im Prinzip	substanziell	

→überwiegend, → Wesen

Liste C 1.26 „hinsichtlich"

angesichts	in Anbetracht	vor dem Hintergrund
bezüglich	in Bezug auf	

Liste C 1.27 „Kunden"

Abnehmer	Märkte	Targets	Zielgruppen
Anwender	Nutzer	Teilmärkte	
Käufer	Populationen	User	
Klienten	Potenziale	Verbraucher	
Konsumenten	Segmente	Verwender	
-gruppen			

-potenziale			
-schichten			
-segmente			

Liste C 1.28 „lukrativ"

attraktiv	Erfolg versprechend	neu	rentabel
ausbaufähig	erfolgsträchtig	nützlich	verheißungsvoll
aussichtsreich	ertragreich	perspektivisch	viel versprechend
bislang unerreicht	Gewinn bringend	potenzialorientiert	zukunftsträchtig
einträglich	günstig	profitabel	
entwicklungsfähig	kaufkräftig		

Liste C 1.29 „nachhaltig"

aktiv	eindrücklich	nennenswert	strukturell
dauerhaft	erkennbar	organisch	systemisch
dauernd	klar	permanent	überragend
deutlich	kontinuierlich	signifikant	wirksam
effektiv	nachdrücklich	stabil	
effizient		strategisch	

Liste C 1.30 „nichts anderes als"

eigentlich	exakt	klar	präzise
eindeutig	genau	konkret	

Liste C 1.31 „Nutzung"

Ausführung	Durchsetzung	Umsetzung	Vollzug
Auswertung	Realisation	Verwertung	
Durchführung	Realisierung	Verwirklichung	

→Chancen

Liste C 1.32 „Produkte"

Angebote	Güter	Marken	Varianten
Artikel	Ideen	Palette	Waren
Dachmarken	Innovationen	Programm	
Dienstleistungen	Konzepte	Services	
Erzeugnisse	Leistungen	Sortiment	
Fabrikate	Lösungen	Spektrum	

Liste C 1.33 „Qualität"

Beschaffenheit	Güteklasse	Standards
Durchführung	Klasse	Verarbeitung
Format	Leistung	Wert
Güte	Niveau	Zustand

Liste C 1.34 „relevant"

bedeutend	führend	signifikant	wichtig
bedeutsam	interessierend	strategisch	zentral
entscheidend	maßgeblich	substantiell	

Liste C 1.35 „sachgemäß"

angemessen	kundig	professionell	sachkundig
entsprechend	kunstfertig	qualifiziert	sachverständig
fachgerecht	kunstgerecht	richtig	virtuos
fachmännisch	meisterhaft	routiniert	zielstrebig
flexibel	meisterlich	sachgerecht	
gekonnt	optimal		

Liste C 1.36 „schnell"

beschleunigt	rasch	zügig
dynamisch	umgehend	zusehends
schleunigst	zielstrebig	

Liste C 1.37 „spezifisch"

besonders	essenziell	originär	unverwechselbar
bezeichnend	genuin	persönlich	veritabel
charakteristisch	individuell	strategisch	wesentlich
eigen	kennzeichnend	unverkennbar	
eigentlich	komparativ		

Liste C 1.38 „stets"

aktuell	ewig	jederzeit	Tag für Tag
auf ewig	fortwährend	konstant	täglich
beständig	generell	kontinuierlich	unaufhörlich
bleibend	gleich bleibend	permanent	zu jeder Zeit
dauerhaft	immer	ständig	
dauernd	immer wieder		

Liste C 1.39 „System"

Bereich	Geflecht	Netzwerk	Sektor
Beziehungsgeflecht	Gefüge	Ort	Sphäre
Flechtwerk	Gewebe	Prozess	Struktur
Gebilde	Netz	Regelkreis	

Liste C 1.40 „systematisch"

absichtlich	im säkularen Trend	planvoll	umsichtig
absichtsvoll	jederzeitig	professionell	unvoreingenommen
anhaltend	klar	profund	visionär
beständig	konsequent	solide	vorausschauend
dauerhaft	kontinuierlich	ständig	weitsichtig
dauernd	langfristig	stetig	zieladäquat
durchdacht	methodisch	strategisch	zielgeleitet

eindeutig	nicht nur sporadisch	strikt	zielgerichtet
exakt	objektiv	strukturiert	zielorientiert
fortgesetzt	permanent	überlegt	zielstrebig
gezielt	planmäßig		

Liste C 1.41 „tendenziell"

allmählich	mit der Zeit	vermehrt	zunehmend
graduell	potenziell	verstärkt	zusehends
mehr und mehr	stärker		

Liste C 1.42 „überlegen"

bahnbrechend	hochwertig	Maßstäbe setzend	überragend
besser	ideal	neu	wegweisend
die Gattung neu definierend	individuell	optimal	zukunftsweisend
Dimensionen sprengend	innovativ	prävalent	zukunftsorientiert
dominant	konkurrenzlos	richtungweisend	
exzellent	kreativ	souverän	
favorisiert	Kategorien definierend	strategisch	
herausragend	maßgeschneidert	Trend setzend	

Liste C 1.43 „überwiegend"

durchgängig	im Großen und Ganzen	oft	zumeist
durchweg	mehr oder weniger	vermehrt	zunehmend
gemeinhin	mehr und mehr	vielfach	zusehends
generell	mehrheitlich	vorwiegend	
größtenteils	meist	weitgehend	
im Allgemeinen	meistens	weithin	

Liste C 1.44 „umfassend"

allgemein	ganzheitlich	universal
ausführlich	umfänglich	

Liste C 1.45 „Unternehmen"

Anbieter	Hersteller	Organisation
Erzeuger	Lieferant	Partner
Firma	Marke	Unternehmung

Liste C 1.46 „Unternehmertum"

am Markt agieren/handeln	Strategie
Betätigung am Markt	Teilnahme am Markt
Business	Teilnahme am Marktgeschehen
Führung	Unternehmenspolitik
Geschäft	Unternehmensstrategie
Geschäftstätigkeit	unternehmerischer Prozess
Management(-prozess)	unternehmerisches Handeln
Markenpolitik	Verkehrswirtschaft
Markt(-prozess)	Wirtschaft
Marktliche Präsenz	Wirtschaften
Marktpräsenz	
Marktwirtschaft	

→**Auftritt**

Liste C 1.47 „verstärken"

ausbauen	erhöhen	stabilisieren	vermehren
ausdehnen	erweitern	stärken	verschärfen
ausweiten	festigen	steigen	vertiefen
beflügeln	fördern	unterstützen	zunehmen
begünstigen	intensivieren	verbessern	

Liste C 1.48 „vorrangig"

anspruchsvollster	erklärt	oberster	vornehmster
ausgefallenster	erster	ständig	
dauernd	herausragend	strengster	
definitiv	höchster	unumstößlich	

→**nachhaltig**, →**systematisch**

Liste C 1.49 „wahr"

authentisch	primär	vorrangig	wirklich
echt	richtig	unbestritten	
genuin	tiefer	unverfälscht	
korrekt	verborgen	ursprünglich	
originär	veritabel	wahr	

→**eigentlich**, →**spezifisch**

Liste C 1.50 „Wesen"

Art	Eigenart	Kern	Ziel
Bedeutung	Essenz	Natur	Zweck
Bestimmung	Idee	Sinn	
Charakter	Identität	Substanz	

Liste C 1.51 „Ziele"

Absichten	Benchmarks	Sollwerte	Zielerreichungsniveaus
Anliegen	Leistungsvorgaben	Standards	Zielniveaus
Ansinnen	Mission	Visionen	Zielvorgaben
Anspruch	Niveaus	Vorgaben	
Aufgabe	Pläne	Vorstellungen	
Auftrag	Richtwerte	Wille	

Liste C 1.52 „Zufriedenheit"

Customer Satisfaction	Kundenbindung	Vertrauen
Erfolg	Kundenzufriedenheit	Zustimmung

→**Akzeptanz**

2. Plotübergreifende Formulierungen

Und? Leser, wie schaut's aus? Nach der Lektüre der Einzelplots noch den Überblick behalten? Wenn nein: kein Problem.[1] Genau dafür gibt es dieses Kapitel. Wir schauen uns an, welche allgemeinen Argumentationsmuster allen Plots zugrunde liegen, um dann weitere Formulierungstipps und Ergänzungen zu skizzieren, die für alle Unternehmensphilosophien gelten können.

2.1 Präambel

Die Präambel gibt in wenigen Sätzen die Grundwerte und den Inhalt unseres Plots wieder. Wenn Sie so wollen, eine Art metaphysischer Klappentext. Die in Teil B vorgeschlagenen Präambeln folgen mehr oder weniger explizit dem folgenden Gang der Argumentation:

Zunächst wird grundsätzlich und kategorisch gesagt, worum es im Leben eines Unternehmers oder einer Führungskraft geht. „Ist nicht alles Leben ein einziges ... ?" Doch, ist es, sicherlich. Für die einzelnen Plots lautete das dann in etwa so:

Liste C 2.1.1 –Basis-Statement

	Unternehmertum		*Inhalt des Plots*
1	**Unternehmertum**	**ist**	*Suche.*
2			*Abenteuer.*
3			*Einsatzbereitschaft.*
4			*Rache.*
5			*Detektivarbeit.*
6			*Rivalität.*
7			*Rivalität ungleich Starker.*
8			*Verwandeln.*
9			*Liebe.*
10			*Entdeckung.*
11			*Aufstieg.*

Diese sehr apodiktisch vorgetragene Behauptung wird dann illustriert, oder, wenn wir so wollen, sogar gerechtfertigt durch die Mission: Nur wenn wir danach suchen, erlangen wir Exzellenz, nur wenn wir wehrlose Verbraucher rächen, erlangen wir Autorität und stellen Marktgerechtigkeit wieder her! Und das – Exzellenz oder Marktgerechtigkeit – gilt es ja in jedem Fall zu erlangen, wenn wir den jeweiligen Plot gewählt haben.

[1] Verzeihung, aber das sagt man so, wenn sich ein Problem auftut. Die Ursache des Problems ist dann natürlich immer beim Referierenden oder Autor zu suchen, der in diesem Fall offenbar die Strukturen nicht verständlich rübergebracht hat. Wo kämen wir da hin, dem geschätzten Publikum mangelnde Aufmerksamkeit beim Lesen zu unterstellen!

Liste C 2.1.2 Zwischenziel

		Inhalt des Plots		*Mission/Zwischenziel*
1	**Nur wer**	*sucht,*	**erlangt**	*Exzellenz.*
2		*sich engagiert,*		*Erlebnis.*
3		*rettet,*		*Kontinuität.*
4		*rächt,*		*Autorität.*
5		*Rätsel löst,*		*Gewissheit.*
6		*kämpft,*		*Sieg.*
7		*lernt,*		*Optimierung.*
8		*liebt,*		*Genuss.*
9		*entdeckt,*		*Erkennen.*
10		*aufsteigt,*		*Spitzenposition.*

Und schließlich trägt die Erfüllung der Mission zum großen endgültigen Ziel bei, das natürlich in einer schier unvorstellbar hohen Kapitalrendite besteht, in der Vision später aber etwas kundenfreundlicher formuliert wird. Wie wir sahen, fällt dem einen oder anderen Held dabei sogar noch so etwas wie charakterliche Entwicklung zu, weil er im Laufe seiner Abenteuer hinzugelernt hat. Diesen dritten Satz können Sie dann getrost unter den Tisch fallen lassen, wenn Sie befürchten, Ihr Publikum zu langweilen, das über den eigentlichen Zweck privatwirtschaftlicher Produktion und Vermarktung bereits aufgeklärt ist.

Liste C 2.1.3 Finales Ziel und Bonuspunkte

		Mission/Zwischenziel	*finales Ziel/Vision*	*Bonus*
1	**Nur wer**	*Exzellenz erreicht,*	**hat Erfolg**	*entwickelt sich weiter.*
2		*erlebt,*		
3		*Kontinuität erzielt,*		
4		*Autorität hat,*		
5		*gewiss sein kann,*		*entwickelt sich weiter.*
6		*siegt,*		
7		*optimiert,*		*entwickelt sich weiter.*
8		*genießt,*		
9		*erkennt,*		*entwickelt sich weiter.*
10		*an der Spitze ist,*		

So kann also eine Präambel aussehen, muss sie aber nicht. Ich persönlich bevorzuge auch Einleitungen wie „Die Geschichte des Managements ist die Geschichte seiner Irrtümer." Wenn Sie gleich mit Pleiten, Pech und Pannen in die Vollen gehen, haben Sie das Publikum zumindest aus unterhaltungstechnischer Sicht schnell auf Ihrer Seite. Aber, Leser, ich habe eine Verantwortung für Sie. Sie nehmen das, was ich hier schreibe, für sozusagen diejenige bare Münze, mit der Sie das Buch hoffentlich bezahlt haben, und deswegen bleiben wir natürlich auch hier seriös.

Mit diesen drei zentralen Sätzen – die wir in Teil B nicht immer konsequent durchgezogen haben – können Sie nun bestens spielen. Am Beispiel des *Suche*-Plots schauen wir uns einige Möglichkeiten mal an:

Liste C 2.1.4 Variationen Basis-Statement

		Alles	*Unternehmertum*	**ist**	*Suche.*	
			Unternehmertum	**verlangt nach**	*Suche.*	
			Unternehmertum,	**dein Name ist**	*Suche.*	
		Jeder	*Unternehmer*	**ist**	*Suchender.*	
Die Funktion alles			*Unternehmertums*	**ist**	*Suche.*	
Schon *XYZ** **wusste:**		**Alles**	*Unternehmertum*	**ist**	*Suche.*	
	Suche,	**und du bist**	*Unternehmer.*			
Wer nicht	*sucht,*	**ist nicht**	*Unternehmer.*			
		Ist nicht alles	*Unternehmertum*		*Suche?*	
			Unternehmertum	**und**	*Suche*	**sind eins.**
Alles ist	*Suche.*	**Auch**	*Unternehmertum*	**heißt**	*Suche.*	

**(Setzen Sie hier ein, wer auch immer Ihnen lieb und teuer ist: die Urväter der modernen Managementtheorie, Goethe, die alten Griechen, Ihre erste Ehefrau etc.)*

Ähnliche Varianten bieten sich dann ganz analog für das zweite Statement an, also:

Liste C 2.1.5 Variationen Zwischenziel

Nur wer	*sucht,*	**erlangt**	*Exzellenz.*		
Wer nicht	*sucht,*	**erlangt keine**	*Exzellenz.*		
Denn wer	*sucht,*	**erlangt**	*Exzellenz.*		
Ziel der	*Suche*	**ist**	*Exzellenz.*		
Ohne	*Suche*	**keine**	*Exzellenz.*		
			Exzellenz	**ist das Ziel dieser**	*Suche.*
			Exzellenz	**braucht**	*Suche.*
			Exzellenz	**erlangt nur, wer danach**	*sucht.*
		Ist es nicht	*Exzellenz,*	**die er**	*sucht?*

Falls Sie eine Schwäche für bildhafte Sprache haben, können Sie hier natürlich auch Vergleiche ziehen, die Ihres Erachtens passen, frei nach dem Motto: „So wie der A den B sucht, so sucht auch der Unternehmer nach Vervollkommnung", wobei A und B hier Vogel und Wurm, Heilige Drei Könige und Knäblein in der Krippe oder was auch immer sonst sein können, das Ihnen passend erscheint. Bedenken Sie immer: Hier werden Sie noch mal nach Ihren Überzeugungen gefragt, hier können Sie sie rauslassen. Diese Möglichkeit wird Ihnen nicht allzu oft im Leben zuteil, darauf wette ich.

Für den dritten Zentralsatz eröffnen sich dann ganz entsprechende Formulierungsmöglichkeiten, weswegen wir das ganze Spiel nicht noch einmal wiederholen.

Sie können an dieser Stelle dann noch eine Brücke zum nächsten Kapitel Ihrer Philosophie schlagen, indem Sie argumentieren: „Wenn Unternehmertum in all dem besteht, was ich gerade erklärt habe, dann ist sämtliches Marktgeschehen natürlich bestens für Typen wie uns geeignet." Allgemein hätte dieses Argument die folgende Form:

Liste C 2.1.6 Überleitung

	Notwendigkeit	Held
1	**Der Markt braucht**	*Sucher.*
2		*Abenteurer.*
3		*Retter.*
4		*Rächer.*
5		*Detektive.*
6		*Rivalen.*
7		*Underdogs.*
8		*sich Wandelnde.*
9		*Liebende.*
10		*Entdecker.*
11		*Aufsteiger.*

Für „Sucher", „Abenteurer" usw. können Sie sich dann reichlich aus den Lieblingseigenschaften Ihrer Heldenbeschreibungen bedienen.

Wir finden ein solches Argument zum Beispiel beim Abenteurer (vgl. Liste B 2.1.2). Das ist natürlich eine kleine vorweggenommene Legitimation zwischen den Zeilen: Wenn der Markt uns *braucht* – was hinlänglich dadurch bewiesen ist, dass wir es behaupten –, was könnte dann verkehrt sein an unserem heldenhaften Tun und Treiben?

2.2 Schauplatz

Als Nächstes haben wir, Sie erinnern sich, den Schauplatz beschrieben. Angefangen haben wir mit einem sehr allgemeinen, abstrakten Statement der Form „Der Markt ist ein so und so geartetes System."

Wir haben das dann ganz allgemein dadurch bewiesen, indem wir es noch einmal mit einem anderen Wort behauptet haben.[2] Bei der *Suche* ging das ungefähr so: „Der Markt ist ein *Labyrinth*. Er ist nämlich *Knotenpunkt* für ... ", und kaum jemandem fällt auf, dass wir nicht nur zweimal dasselbe sagen, sondern noch eine Erklärung oder einen Beleg vorgaukeln. Der Dramatisierung halber können wir noch hinzufügen: „Er entwickelt sich" – sagen wir mal – „uneinheitlich",

[2] Dies ist allgemein ein sehr beliebtes Argumentationsmuster, das überall Anwendung findet. Sie können beispielsweise sagen: „Das Gesundheitssystem ist marode. Es ist nämlich am Ende." Machen Sie's nicht allzu auffällig und alle werden beifällig nicken.

somit haben wir zwar das „uneinheitlich“ lediglich aus der Beschreibung des Systems übernommen, aber durch die behauptete „Entwicklung“ eine Verschärfung der Situation angedeutet: O je, auf dem Instantpudding-Markt entwickelt sich aber alles reichlich düster in diesem Jahrhundert, oder?

Sie können natürlich auch andere Argumente wählen, zum Beispiel Ihre Philosophie an dieser Stelle mit konkreten Fakten aus Ihrem Bereich auffüllen: „Der Food-Markt wird immer schlimmer. Gestern wollten die Verbraucher asiatisch anmutende Tütensuppen, heute holen sie sich alle nasenlang einen Döner vom Stand um die Ecke, wer weiß, was morgen sein wird ...”

Eine weitere ergänzende Beschreibung Ihres Marktes können Sie wählen, indem Sie auf die Phase des Lebenszyklus Bezug nehmen, in der sich Ihr Markt gerade befindet. Zugegeben, es weiß zwar kein Mensch, in welcher Phase der Entwicklung man sich gerade befindet, einfach weil man die Zukunft nicht kennt. Es hört sich aber trotzdem schick und fachmännisch an, wenn Sie etwa behaupten: „In dieser Phase des Marktlebenszyklus erschweren enorm hohe Investitionskosten als Markteintrittsbarrieren den Zugang weiterer Wettbewerber.“ Das ist vermutlich ohnehin immer so, dass man erst mal etwas Geld vorstrecken muss, klingt aber gefällig.

Wir geben im Folgenden noch einige weitere Beschreibungsmöglichkeiten bezüglich einzelner Marktteilnehmer und der weiteren Unternehmensumwelt, mit der Sie die Schilderung Ihres Schauplatzes ein wenig würzen und dramatischer gestalten können. Wir erinnern uns, Inhalt und Schauplatz des einen oder anderen Plots erschienen leider nicht per se bedrohlich genug, um die Figur des Helden stark zu kontrastieren. Umso nötiger ist es, doch noch einmal zu schauen, ob man nicht auf diese oder jene bedenkliche Tendenz hinweisen kann. Und, wie gesagt, es geht nur um unseren Absatzmarkt – wenn Sie Probleme mit Ihren Lieferanten haben, sollte das an dieser Stelle trotzdem keine Erwähnung finden. „Wie?“, ruft Ihr Publikum womöglich noch aus, „nicht mal gescheit einkaufen kann der?“ Oder „die“, denn es sind ja nicht immer nur Männer, die nicht gescheit einkaufen können. Wir werden übrigens auch den Bereich der Distribution dezent übergehen. Wir sind die Helden, nicht irgendwelche subalternen Absatzmittler. Das Publikum liebt unseren Kampf gegen gleichrangige Antagonisten. Es will aber nichts davon hören, dass wir Schwierigkeiten haben, bei Schlecker gelistet zu werden. Das wäre so, als würde der Abenteurer erzählen, dass die Verfolgung des Bösewichts schon deswegen so schwierig war, weil er bei einem Zwischenstopp nicht wusste, wie der Tankdeckel an seinem Batmobil zu öffnen war ...

2.2.1 Wettbewerb

Hart ist aller Wettbewerb. Wer wüsste das besser als Sie. Um das noch einmal zu betonen, können wir die generelle Wettbewerbsatmosphäre bemühen:

Liste C 2.2.1.1 Wettbewerb allgemein

Der/	Wettbewerb		wird	aggressiver.
Die/	Wettbewerbs-	atmosphäre		dichter.
Das		dichte		direkter.
		dynamik		dramatischer.
		entwicklung		frontal.
		intensität		härter.
		klima		hitziger.
		umfeld		intensiver.
				kompetitiver.
				offensiver.
				provokativer.
				rauer.
				rücksichtsloser.
				schärfer.
				spitzer.
				streitbarer.
				unerbittlicher.
				unmittelbarer.

→beträchtlich, →systematisch, →tendenziell

Wenn die harte Konkurrenz nicht lediglich eine amorphe Masse bleiben soll, können wir auf konkrete Aktionen Bezug nehmen. Zum einen können unsere Gegenspieler einfach mehr tun. Bis gestern schliefen sie noch, aber seit heute Morgen hauen sie so richtig auf den Putz und veranstalten einen Event nach dem anderen:

Liste C 2.2.1.2 Wettbewerb: Mehr Aktivitäten

Der/	bedeutendste(n)	Gegenspieler	dehnt(-en) (...) aus	ihre/	Aktionen.
Die/	namhafte(n)	Gegner	erhöht(-en)	seine	Aktivitäten.
	strategische(n)	Konkurrenten	eskaliert(-en)		Anstrengungen.
	wichtigste(n)	Konkurrenz	forciert(-en)		Bemühungen.
		Kontrahenten	intensiviert(-en)		Handlungen.
		Mitanbieter	kurbelt(-n) (...) an		Maßnahmen.
		Mitbewerber	mehrt(-en)		Strategien.
		Rivalen	mobilisiert(-en)		Taktik.
		Wettbewerb	steigert(-n)		Tätigkeit.
		Wettbewerber	treibt(-en) (...) voran		Unternehmungen.
			vermehrt(-en)		
			verstärkt(-en)		
			vertieft(-en)		
			vervielfacht(-en)		
			weitet(-n) (...) aus		

→Auftritt, →beträchtlich, →systematisch, →tendenziell, →Unternehmen

Es kann natürlich auch sein, dass einfach nur neue Konkurrenten auf den Markt kommen. Da wird's ja bekanntlich auch schon enger:

Liste C 2.2.1.3 Wettbewerb: Mehr Mitspieler

Der/	ansteigende	Anteil	an	Gegenspielern (s. o.)
Die	anwachsende	Anzahl	der	
Eine	gestiegene	Vielfalt		
	größere	Zahl		
	höhere			
	steigende			
	vermehrte			
	vergrößerte			
	vervielfachte			
	wachsende			
	zunehmende			

erhöht	die	Komplexität		des Marktes.
		Unübersichtlichkeit		
mindert	die	Berechenbarkeit		des Marktes.
verringert		Transparenz		
		Übersichtlichkeit		
irritiert		Kunden.		
verunsichert				
beeinträchtigt		Aktionen.		
behindert		Planungen.		
erschwert		Prognosen.		
vereitelt		Strategien.		
		Taktiken.		
reißt (...) nieder		alte(s)	Gewohnheiten.	
stellt (...) in Frage		bekannte(s)	Konzepte.	
verändert		bisherige(s)	Muster.	
vernichtet		erprobte(s)	Patterns.	
zerschlägt		gewachsene(s)	Strukturen.	
zerstört		gewohnte(s)	Verhalten.	
zertrümmert		überkommene(s)		
		vertraute(s)		

→nachhaltig, →tendenziell

Wird der härtere Wettbewerb durch *mehr* oder *aggressivere* Werbung bzw. Kommunikation allgemein verursacht, können wir beispielsweise fachmännisch feststellen, dass die Positionierungen kompetitiver und die Markenprofile pointierter werden:

Liste C 2.2.1.4 Wettbewerb: Härtere Gangart in der Kommunikation

Die	Auftritte	(der Gegenspieler, s. o.)	werden
	Inszenierungen		wird
	Kommunikation		
	Markenauftritte		
	Markenprofile		
	Positionierungen		
	Profilierungen		

aggressiver (*vgl. Liste C 2.2.1.1*).

Es kann natürlich auch sein, dass es an den Produkten liegt. Entweder genügt Ihnen schon allein die Tatsache, dass der Wettbewerb *überhaupt* Alternativen zu Ihrem edlen Angebot vorlegt – welch Affront! –, was wir zum Beispiel wie folgt festhalten können:

Liste C 2.2.1.5 Wettbewerb: Produkte allgemein

Die →Produkte werden/das Angebot wird

diffuser.
erklärungsbedürftiger.
komplexer.
intransparenter.
unübersichtlicher.
verwirrender.
verwässerter.
vielfältiger.

Die →Produkte

erschweren	(die)	habitualisierte Kaufentscheidungen.		
		Wahl.		
		bewährte	Entscheidungs-	muster.
		erprobte	Kauf-	verhalten.
		gewohnte	Nutzungs-	
irritieren			Kunden.	
lassen (...) allein				
stellen (...) vor neue Entscheidungen				
verunsichern				
verwirren				

Oder aber, es gibt tatsächlich immer mehr Produkte – von besseren nun aber mal wirklich ganz zu schweigen –, was sich vielleicht so anhören kann:

Liste C 2.2.1.6 Wettbewerb: Mehr Produkte

Die steigende Anzahl an →Produkten ...

Differenzierungen	**der Produkte**
Diversifizierungen	
Modifikationen	
Variationen	
Varietäten	
Variantenfülle	
Variantenreichtum	
Variantenschwemme	

erhöht die Komplexität des Marktes usw. (*Vgl.* Liste C 2.2.1.3)

Sollte der Wettbewerb sein schändliches Angebot auch noch günstiger anbieten können oder verfügt er über ein besseres Vertriebsnetz als wir, lassen wir das aus den bereits genannten Gründen lieber unerwähnt.

2.2.2 Kunden

Kommen wir nun zum Kunden, einem bekannten Buchtitel zufolge das Einzige, was stört. So natürlich auch hier. Sofern die werte Kundschaft nicht ohnehin schon zentraler Bestandteil Ihres Plots ist, indem nämlich ihr Verhalten als *katalytisches Ereignis* überhaupt erst Ihre ganze Mühsal auslöst, kann sie zur weiteren illustrierenden Beschreibung Ihres Marktplatzes herangezogen werden.

Sie können, wenn Sie wollen, an dieser Stelle etwas weiter ausholen und das launische Benehmen Ihrer Abnehmer erklären, etwa nach dem Motto: „Das heutige Leben ist viel abwechlungsreicher als noch vor dreitausend Jahren, da ist es kein Wunder, dass auch unsere Kunden heutzutage ziemlich erlebnisorientiert sind und uns scharenweise davonlaufen." Derlei historische Exkurse überlasse ich gerne Ihnen.

Wenden wir uns zunächst einmal dem ideellen Gesamtkunden zu, dem „Kunden als solchen". Was können wir über ihn sagen, wenn er zur Dramatisierung des Geschehens taugen soll? Zum Beispiel dieses:

Liste C 2.2.2.1 Kunden allgemein

→Kunden werden

anspruchsvoller.		
illoyaler.		
kritischer.		
prätentiöser.		
spontaner.		
wählerischer.		
wechselhafter.		
weniger treu.		
aufgeschlossener	für	Alternativen.
anfälliger	gegenüber	
offener		

Woran machen wir das fest? Was sind unsere Indizien? Nun, schlagender Beweis ist natürlich immer das Verhalten der werten Klientel: Die kaufen einfach nicht mehr ausschließlich bei uns, diese Rüpel!

Liste C 2.2.2.2 Kundenverhalten

Kauf-	gewohnheiten	wird/	affektgesteuert.
Konsum-	muster	werden	atomisiert.
Nutzungs-	patterns		differenzierter.
Verhaltens-	strukturen		diffuser.
	verhalten		diskontinuierlicher.
			durchlässiger.
			dynamischer.
			ephemer.
			fraktalisiert.
			friktionalisiert.
			hybrid.
			impulsgesteuert.
			impulsiver.
			inkonsistent.
			instabiler.
			komplexer.
			mehrdimensionaler.
			multioptionaler.
			multipler.
			multivariater.
			singulär.
			spontaner.
			stochastischer.
			unberechenbarer.
			unvorhersehbarer.
			variabler.
			vielfältiger.

→beträchtlich, →systematisch, →tendenziell

Das kann natürlich daran liegen, dass sich Einstellungen, Entscheidungen und Bedürfnisse verändern. Liste C 2.2.2.2 können Sie natürlich direkt auch auf diese zentralen Begriffe übertragen.

2.2.3 Wirtschaft allgemein

Wenn Sie wollen, nehmen Sie auf die allgemeinen wirtschaftlichen Rahmenbedingungen Bezug. Die sind erstens sowieso immer an allem schuld und zweitens auch so was von notorisch schlecht, dass ihre Geldgeber schon mal eher geneigt sind zu glauben, dass es nicht ausschließlich an Ihnen lag, wenn Sie Ihre Ziele nicht erreichen. Aber hauen Sie nicht zu sehr auf den Putz. Wenn Sie behaupten, die Hände seien Ihnen komplett gebunden, wird man sich gerne nach jemandem umsehen, der sie noch frei hat …

Liste C 2.2.3.1 Wirtschaft allgemein

Die	Wirtschaft		fällt.	
	Wirtschafts-	aktivität	geht zurück.	
		dynamik	ist	alles andere als ermutigend.
		entwicklung		rezessiv.
		kraft		rückläufig.
		leistung		stagnierend.
			klingt ab.	
			lässt nach.	
			nimmt ab.	
			schrumpft.	
			schwindet.	
			sinkt.	
			stagniert.	
			vermindert sich.	
			verringert sich.	
			wächst zu schwach.	
			wird	schlechter/schwächer.
				sich nicht so bald erholen.

→beträchtlich, →nachhaltig, →systematisch, →tendenziell

Falls Sie befürchten, Ihr Publikum sei nicht hinreichend darüber informiert, was das mit Ihnen überhaupt zu tun, beziehen Sie's direkt auf die Einkommenssituation und sofort fällt bei allen wieder der Groschen: Ach ja, dann können die Leute ja weniger kaufen!

Liste C 2.2.3.2 Einkommen

Einkünfte	
Erwerbseinkommen	
Haushaltseinkommen	
Kauf-	bereitschaft
	kraft
	lust
	neigung
Nettoeinkommen	
Realeinkommen	
verfügbare Einkommen	

Lassen Sie diese dann wieder nach Herzenslust sinken und schrumpfen wie in Liste C 2.2.3.1!

Zu den allgemeinen wirtschaftlichen Rahmenbedingungen gehört natürlich auch die Globalisierung. Die ist immer sehr beliebt. Wenn diese für Sie ein Thema ist, weisen Sie darauf hin. Ich würde Sie allerdings nur in einem Nebensatz verwenden, etwa nach dem Motto: „Auch im Zuge der Globalisierung erhöht sich die Wettbewerbsintensität ...", und dann sind Sie wieder in Abschnitt C 2.2.1.

2.2.4 Politik/Recht

Ganz schlimm sind ja nun bekanntlich die Politiker. Bekommen nichts auf die Reihe, reglementieren und knechten die arglose Wirtschaft so sehr, dass sie dereinst zusammenbricht. Das ist schon seit Hunderten von Jahren so und muss nun nicht ausgerechnet in diesem Buch anders werden. Da bin ich ein Hasenfuß. Die Debatte lautet: „Mehr Markt!" Wenn Sie jetzt sagen: „Das ist doch gar keine Debatte!", antworte ich Ihnen einfach nur: „Stimmt."

Also, auf die Politik und einschränkende, weil hyperbürokratisierende Gesetze können Sie nach Herzenslust einschlagen. Aber machen Sie's nicht zu lang, es könnte nicht nur lang, sondern auch schnell langweilig werden.

Liste C 2.2.4.1 Allgemeine gesetzliche/politische Rahmenbedingungen

Der/	gesetzliche(n)	Daten	verkomplizieren		das Bild.
Die/	politische(n)	Eckdaten			die Lage.
Das	rechtliche(n)	Entwicklung			die Situation.
		Gesamtzusammenhang	verschärft(-en) sich.		
		Konnex	wird/werden		enger.
		Kontext			komplexer.
		Koordinaten			komplizierter.
		Lage			restriktiver.
		Perspektiven			rigider.
		Rahmenbedingungen			
		Rahmendaten	engt(-en) (...) ein	Freiheitsgrade.	
		Situation	erschwert(-en)	Handlungsspielräume.	
		Szenario	verengt(-en)	Planungen.	
		Szenerie	verringert(-n)		
		Umfeld			
		Umwelt			
		Zusammenhang			

Was die Politik sonst noch alles anrichten kann, lässt sich auch mithilfe einiger Formulierungen aus Liste C 2.2.1.3 beschreiben. Wenn Sie wollen, werden Sie für Ihren speziellen Bereich konkreter. Drohende Werbeverbote für Ihre Produkte? – sagen wir zum Beispiel: gesundheitsschädliche Tabakwaren? Geißeln Sie das, so gut Sie können! Bei solch restriktiven Regelungen ist es bald vorbei mit der Freiheit des Menschengeschlechts! Es ist schon schlimm genug, dass Sie keine Promotion-Teams in Grundschulen schicken dürfen![5] Aber, wie gesagt, sehen Sie zu, dass Sie's kurz und knackig hinkriegen. Sie wollen die Hindernisse ja überwinden, nicht beklagen.

2.2.5 Gesellschaft/öffentliche Meinung

Man kennt das ja: Da kümmert man sich darum, dass wenigstens hierzulande die Leute nicht darben müssen, und schon kommt so ein Schreiberling daher und behauptet, das wäre alles entstanden auf dem Rücken unschuldiger Kindersklaven in einem Winkel der Welt, von dem er selbst nicht mal weiß, wo er liegt. Und die breite Bevölkerung ist auch noch geneigt, billiger Propaganda Glauben zu schenken. Undankbare Bande, alle miteinander! Wir stellen fest: Keiner liebt uns.

Liste C 2.2.5.1 Öffentliche Meinung

Der/	Atmosphäre	wird/werden	ablehnender.	
Die/	Berichterstattung		anfälliger.	
Das	Bevölkerung		ängstlicher.	
	Einstellungen		anspruchsvoller.	
	Gesellschaft		argwöhnischer.	
	Medien		differenzierter.	
	öffentliche Klima		diffuser.	
	öffentliche Meinung		einseitiger.	
	Öffentlichkeit		feindseliger.	
	Presse		komplexer.	
	Publikum		kritischer.	
	Wertvorstellungen		leichtgläubiger.	
			misstrauischer.	
			negativer.	
			nicht mehr so	wohlwollend.
			schwieriger.	
			skeptischer.	
			unfairer.	
			unfreundlicher.	
			vielfältiger.	
			vorsichtiger.	
			zweifelnder.	

Aber nicht nur das. Es wäre ja noch egal, wenn die Leute feindselig sind, solange sie nur auf unsere Schokolade nicht verzichten können. Stattdessen ändern sie oftmals ihre realen Lebensumstände, was echte Verhaltenswirkungen nach sich ziehen kann. Eines Tages pflücken sie sich ihr Obst wieder selbst von den Bäumen!

[3] Nichts für ungut, Leser, ich bin selber Raucher ...

Liste C 2.2.5.2 Allgemeine gesellschaftliche Rahmenbedingungen

Althergebrachte	Beziehungen		ändern sich. .	
Gemeinschaftliche	Bindungen		brechen auf.	
Gesellschaftliche	Einheiten		diffundieren.	
Gewohnte	Entwicklungen		entwickeln sich.	
Soziale	Formen		formen sich neu.	
Traditionelle	Gebräuche		gestalten sich anders.	
	Gefüge		nehmen neue Formen an.	
	Gemeinschaften		verändern sich.	
	Gewohnheiten		wandeln sich.	
	Lebens-	arten	werden	abgelöst.
		bedingungen		anspruchsvoller.
		formen		aufgebrochen.
		gestaltung		aufgegeben.
		gewohnheiten		aufgelöst.
		muster		durchlässiger.
		stile		freier.
		weisen		gebrochen.
		welten		komplexer.
	Miteinander			offener.
	Muster			patchworkartiger.
	Normen			unstrukturierter.
	Strukturen			unübersichtlicher.
	Traditionen			vielfältiger.
	Verbände			vielschichtiger.
				zerschlagen.

2.2.6 Umwelt

Ach ja, die Umwelt gab es natürlich auch noch. Jene merkwürdige Einrichtung, die wir von unseren Nachfahren angeblich nur geliehen haben. Soweit ich mich erinnern kann, war sie aber trotzdem immer schon da; es ist also nicht so, dass ich sie zur Erstkommunion oder zur Vollendung der Volljährigkeit bekommen hätte. Da hatte ich übrigens auch noch keine Nachfahren. Ach, Leser, was geht Sie das überhaupt an!

Jedenfalls, Umwelt kann ein Thema sein. Wenn es sich um knebelnde gesetzliche Auflagen handelt, die den internationalen Wettbewerb nur mal wieder zu unseren Lasten verzerren, formulieren Sie das mithilfe des Abschnitts C 2.2.4. Sofern es sich um breite Schichten der Bevölkerung handelt oder zumindest um diejenigen, die sich Gehör verschaffen können und die das nicht ganz so schön finden, wenn wir unsere Abfälle auch schon mal so ins Wasser kippen, greifen Sie auf Abschnitt C 2.2.5 zurück.

Haben wir ein ureigenstes Interesse an Erdöl und dahinschwindenden Käfersorten, weil sie vielleicht teurer werden, *obwohl* wir sie doch zur Produktion brauchen, könnten die folgenden Formulierungen hilfreich sein:

Liste C 2.2.6 Allgemeine Umweltbedingungen

Die	knappen	Ressourcen	belasten die Bilanz.	
	natürlichen	Rohstoffe	erhöhen den Kostendruck.	
	nicht regenerierbaren	Zutaten	schwinden.	
			werden	knapper.
				teurer.

Die	Anspannung	der	ökologischen Situation		erfordert neue Technologien.
	Belastung		Umwelt		stellt ein zusätzliches Problem dar.
	Überspannung		Umwelt-	bedingungen	stellt vor neue Herausforderungen.
				kapazität	zwingt zu Investitionen.
				situation	

2.3 Held

Die Beschreibung unseres Helden erfolgte anhand einiger Eigenschaften, die der Held benötigte, um den Plot bestehen zu können. Die folgende Tabelle gibt einen Überblick, welcher Held über welche hervorstechenden Eigenschaften verfügt:

Liste C 2.3.1 Eigenschaften der Helden

	zielorientiert	aktiv	furchtlos	ambitioniert	offen	realistisch	effektiv	kundenorientiert	hilfsbereit	gerecht	unerbittlich	legal	clever	interessiert	hartnäckig
Sucher	x	x	x	x	x										
Abenteurer	x	x	x			x	x								
Retter			x					x	x						
Rächer		x								x	x	x			
Detektiv	x				x								x	x	x
Rivale															
Underdog			x							x					
Lernender															
Liebhaber															
Sinnsucher															
Aufsteiger															

	entschlossen/willensstark	stark/kräftig	stolz	listig	flink	introvertiert	aufrichtig	liebend	leidenschaftlich	wahrhaftig	ganzheitlich	charismatisch	einzigartig	ausdauernd
Sucher														
Abenteurer														
Retter														
Rächer														
Detektiv														
Rivale	x	x	x											
Underdog			x	x	x									
Lernender						x	x							
Liebhaber								x	x					
Sinnsucher						x	x			x	x			
Aufsteiger	x	x										x	x	x

Wenn Sie einen Plot gewählt haben, in dem wir dem Helden in Teil B eine Eigenschaft nicht zugeschrieben haben, die Sie aber gerne hätten, stibitzen Sie sich mithilfe dieses Wegweisers die betreffende Eigenschaft aus einem anderen Plot. Sollte die von Ihnen gewünschte Eigenschaft in der Tabelle nicht aufgeführt sein: Pech gehabt!

Halt, Leser! Nicht gleich das Buch enttäuscht in die Ecke pfeffern! Nicht gleich Ihren persönlichen *Rache*-Plot ausleben und sich schwer bewaffnet zum Verlag begeben, der in einem solchen Fall hoffentlich nicht meine Adresse rausrücken wird! War doch nur ein Scherz!

Sollte die von Ihnen gewünschte Eigenschaft nicht in der Tabelle aufgeführt sein, können Sie sich natürlich selbst eine basteln.

Wie geht das?

Nun, Sie schreiben zunächst einmal auf, wie die Eigenschaft lauten soll. Nehmen wir als Beispiel „Kundenorientierung“. Sie notieren: „Wir sind kundenorientiert.“ Wenn Sie eine Eigenschaft in Ihre Unternehmensphilosophie aufnehmen, sollten Sie erklären, warum Sie sie überhaupt erwähnen. Die einfachste Erklärung besteht natürlich in einer mehr oder weniger synonymen Argumentation. Sie können beispielsweise sagen: „Wir sind ein kundenorientiertes Unternehmen. Allein Kundenorientierung bedeutet echte Ausrichtung auf die Verbraucher.“ Kann man machen. Wird sogar gerne gemacht.[4] Je nachdem, wie geschickt wir hier formu-

[4] Viele Debatten laufen so ab, dass man einen bereits genannten Sachverhalt mit einem anderen Begriff gleicher Bedeutung belegt. Sagt der eine Bundestagsabgeordnete zum anderen: „Ich bin für mehr Steuern“, sagt der andere entrüstet: „Aber das bedeutet doch eine noch höhere Abgabenlast!“ Er hätte auch gleich sagen können: „Aber das heißt ja, dass Sie für mehr Steuern sind!“ In der Hitze des Gefechts laufen Debatten tatsächlich manchmal sogar *so* ab.

lieren, fällt das auch nicht – jedenfalls nicht sofort – auf. Ist dem kühlen Analytiker aber nicht immer eine intellektuell befriedigende Lösung.

Eine zweite Möglichkeit der Erklärung besteht darin, ganz allgemein zu definieren, was es heißt, wenn Sie – um beim obigen Beispiel zu bleiben – kundenorientiert sind. Sie können zum Beispiel sagen: „Wir sind kundenorientiert. Wir richten alle unsere Aktivitäten an den Erwartungen der Kunden aus." Das ist mehr als die erste synonyme Argumentation, weil hier jeder Kunde weiß: „Aha, wann immer die etwas tun, denken die an mich. Wie schön!"

Eine andere Erklärung, warum Sie diese spezielle Eigenschaft in Ihrer Philosophie überhaupt erwähnen, besteht darin, auf den Nutzen hinzuweisen, der dem Kunden aus dieser Eigenschaft entsteht. Sie können zum Beispiel behaupten: „Wir sind kundenorientiert. Das heißt für unsere Kunden: Service auf höchstem Niveau."[5] Für die nutzenorientierte Argumentation verweise ich Sie auf die Mission Ihres Helden. Dort steht geschrieben, was der Held will, weil er glaubt, damit den Kunden überzeugen zu können. Ein veritabler Sucher wird also zum Beispiel sagen: „Wir sind kundenorientiert. Denn nur so gibt's echte Exzellenz."

Eine indirekte Variante der Nutzenargumentation besteht darin, auf den eigenen Erfolg hinzuweisen, der sich nur durch die betreffende Eigenschaft einstellt. Sie werden vielleicht sagen: „Wir sind kundenorientiert. Nur so haben wir Erfolg." Das können Sie dann tun, wenn Sie der Überzeugung sind, Ihr Erfolg biete auch einen selbstverständlichen Nutzen für Ihre Leser, etwa Stabilität oder Sicherheit einer großen Marke. Schließlich können Sie bei der Beschreibung Ihrer Eigenschaft noch konkrete Belege anführen. Sie sagen dann etwa: „Wir sind kundenorientiert. Unser Geschäft hat immer bis zwei Uhr morgens auf." Aber passen Sie bei den Belegen auf. Je konkreter Sie werden, umso, na, sagen wir mal: unphilosophischer hört sich das dann an. Das haben Sie ja gerade schon gemerkt.

Sie hätten damit also folgendes Argumentationsmuster für eine von Ihnen selbst entwickelte Heldenbeschreibung:

---

[5] Eine Möglichkeit, indirekt einen bestimmten Nutzen anzusprechen, besteht in dem Hinweis darauf, dass die betreffende Eigenschaft voll und ganz unserem Naturell entspricht. Der Abenteurer würde etwa sagen: „Wir sind erlebnisorientiert. Wir sind nämlich Abenteurer." Das hört sich zunächst sehr tautologisch an, kann aber überzeugend wirken. Sie glauben Ihrem Metzger oder Ihrem Zahnarzt vermutlich nicht, wenn sie Ihnen sagen: „Wir sind sensibel." Ihr Vertrauen in Ihren Nachbarn erhöht sich aber, wenn er sagt: „Geben Sie mir den Brief, ich schaffe es noch vor der Leerung zum Briefkasten, ich bin nämlich 100-Meter-Läufer." Aber, wo gibt es heute noch Briefkästen, nachdem die Post alle abmontiert hat ...

Liste C 2.3.2 Allgemeine Form der Heldenbeschreibung

Statement	**Wir sind kundenorientiert.**
Definition	**Wir richten all unsere Aktivitäten an den Erwartungen unserer Kunden aus.**
Nutzen	**Dann haben sie wenigstens was davon.**
Erfolg	**Dann haben wir wenigstens was davon.**
Beleg	**Wir lernen neuerdings sogar die Telefonnummern unserer Kunden auswendig.**

Wir haben uns in Teil B nicht immer zwingend an dieses Argumentationsmuster gehalten. Das, Leser, war meine künstlerische Freiheit. Aber mehr oder weniger läuft es immer wieder auf dieses Schema hinaus.

2.4 Mission

Die Mission unseres Helden besteht aus mindestens zwei eng zusammengehörigen Teilzielen. Das erste betrifft das auslösende *katalytische Ereignis*: Am Ende unserer Beschreibung des Schauplatzes steht in jedem Plot ein Problem.[6] Dieses betrifft meistens abtrünnige Kunden oder Übergriffe des Wettbewerbs.[7] Der erste Bestandteil unserer Mission ist damit zwangsläufig festgelegt: Das Problem, das sich aus dem auslösenden Ereignis ergibt, muss beseitigt werden. Also Kunden zurückholen oder dem Wettbewerb eins auf die Finger hauen. Im Grunde sind diese beiden Möglichkeiten identisch, aber sie unterscheiden sich hinsichtlich der Schwerpunkte, die gesetzt werden: Der Liebhaber wird eher den geliebten Kunden umschmeicheln wollen, der Rächer wird den Wettbewerb in die Schranken verweisen.

Der zweite Bestandteil der Mission ist weniger reaktiv und betrifft die eigentliche Sendung des Helden: Als Unternehmer wollen wir allesamt natürlich nicht weniger als Glück und Erlösung unters Volk bringen. Da Glück aber eine ziemlich schwammige Kategorie ist, sind die Nuancierungen unserer Helden entsprechend unterschiedlich. Der Sucher will die leuchtende Fackel der Exzellenz in das Dunkel des Marktes tragen, der Abenteurer will sein Publikum mit Action und Erlebnis begeistern usw. Alle Helden haben eine bestimmte Vorstellung davon, wie sie das durch das *katalytische Ereignis* entstandene Problem wieder beseitigen können. Wir haben in allen Plots die Formulierungen dieses Teils der Mission so ge-

---

[6] Das heißt übrigens nicht, dass Ihre Philosophie hinfällig wird, wenn das Problem beseitigt ist. Der Charakter der Helden ist eher so, dass dieses Problem zur ständigen Aufgabe wird. Ein *Retter* wird immer glauben, dass die Kunden aus den Klauen des Wettbewerbs zu befreien sind.

[7] In den Plots *Verwandlung*, *Entdeckung* und *Aufstieg* ist der Held zwar eher unmittelbar an sich selbst als an der Außenwelt interessiert. Aber mit Hinblick auf unser Publikum, das unsere Philosophie ja lesen und uns nicht unserer Selbstbeweihräucherung überlassen soll, haben wir natürlich auch in diesen Plots einen Kunden- oder Wettbewerbsbezug angeführt.

wählt, dass sie marktforscherisch überprüfbar sind: „Unser Angebot soll als dasjenige höchster Exzellenz beurteilt werden." Daraus lässt sich direkt eine Reihe skalierter Statements ableiten. Auch wenn diese Formulierung wie ein *Ziel* klingt, ist damit die dahinter stehende *Sendung* gemeint: Wir sind gekommen, um höchste Exzellenz zu bringen – aber irgendjemand muss eines Tages ja auch mal checken, ob's geklappt hat, und wen fragt man dann wieder? Richtig, die Kunden: „Schönen guten Tag, hier Marktforschungsinstitut Sowieso: Glauben Sie eigentlich, dass Metzgerei Müller ein exzellentes Angebot hat?"

Die spezifischen Sendungen der Helden haben Sie ja vielleicht schon in Ihre Präambel eingebaut, als es darum ging, Sinn und Zweck des Plots – des Unternehmerdaseins – zu erläutern. Hier sind sie der Erinnerung halber noch einmal:

Liste C 2.4.1 – Missionen

1	*Exzellenz*
2	*Erlebnis*
3	*Kontinuität*
4	*Autorität*
5	*Gewissheit*
6	*Sieg*
7	*Sieg*
8	*Optimierung*
9	*Genuss*
10	*Erkennen*
11	*Spitzenposition*

Diese Missionen beziehen sich allesamt mehr oder weniger direkt auf das Produkt, das Sie Ihren Kunden anbieten.[8] Sie wollen an dieser Stelle noch etwas konkreter werden und nicht nur darauf hinweisen, dass Ihr Angebot höchst erlebnisorientiert ist, sondern auch noch betonen, dass das mit der äußerst ansprechenden Form- und Farbgebung zusammenhängt? Gerne. Ich verweise Sie auf Liste B 1.4.3. Der dortige *Sucher* nach dem Stein der Weisen fand eine Fülle von Details an seinem Objekt der Begierde attraktiv.

Wenn Sie hingegen einige weitere allgemeine Eigenschaften hervorheben möchten, die sich auf Ihr Produkt oder auch auf Ihre Firma beziehen können, werden Sie vielleicht bei den folgenden Einstellungsdimensionen nach BREUER[9] fündig:

---

[8] Das ist auch bei Zielen der Fall, die sich auf den ersten Blick nur auf den Helden beziehen: Die „Gewissheit" des Detektivs im *Rätsel* ist nichts anderes als ein „Angebot vom Spezialisten". Sie erinnern sich noch an die Always-Ultra-Werbung? „Die Leute, die diese Binde entwickelt haben, die haben sich wirklich etwas dabei gedacht", hieß es damals, und genau darum geht es.

[9] Zitiert nach: KOPPELMANN, 1999, S. 37.

- Prestigeorientierung
- Neuheitenorientierung
- Ästhetikorientierung
- Sicherheitsorientierung
- Leistungsorientierung
- Sensitivitätsorientierung
- Aufwandsorientierung
- Traditionsorientierung
- Ökologieorientierung

Im Folgenden finden Sie einige Begriffe, die mit diesen Kategorien zusammenhängen und die Sie vielleicht für Ihre Philosophie verwenden können.

Liste C 2.4.2 Einstellungsdimensionen: Prestige

Achtung	Exklusivität	Maßgeblichkeit	Ruf
Ansehen	Format	Name	Stand
Ausstrahlung	Geltung	Nimbus	Stellung
Autorität	Gewicht	Position	Stolz
Bedeutung	Größe	Profil	Wichtigkeit
Bekanntheit	Gültigkeit	Rang	Wirkung
Ehre	Höhe	Renommee	Würde
Einfluss	Image	Reputation	

Liste C 2.4.3 Einstellungsdimensionen: Neuheit

Aktualität	Fortschrittlichkeit	Progressivität	im Trend
Avantgarde	Innovation	Reife	stylish
Entwicklung	Innovationskraft	Zeitgemäßheit	trendy
Entwicklungsstufe	Modernität	auf der Höhe der Zeit	up to date
Fortentwicklung	Neuartigkeit	en vogue	

Liste C 2.4.4 Einstellungsdimensionen: Ästhetik

Anmut	Attraktivität	Formschönheit	Schönheit
Anmutung	Charme	Geschmack	Zauber
Anziehungskraft	Design	Kultiviertheit	
Appeal	Eleganz	Reiz	

Liste C 2.4.5 Einstellungsdimensionen: Sicherheit

Erfahrung	Schutz	Tradition	Vertrauen
Geborgenheit	Selbstbewusstsein	Umsicht	Weltgewandtheit
Gewandtheit	Selbstsicherheit	Urbanität	Weltläufigkeit
Know-how	Selbstvertrauen	Verlässlichkeit	
Kompetenz	Seriosität	Vernunft	

Liste C 2.4.6 Einstellungsdimensionen: Leistung

Können	Leistungsstärke	Power	Vermögen
Kraft	Leistungsvermögen	Qualifikation	
Leistungsfähigkeit	Performance	Stärke	

Liste C 2.4.7 Einstellungsdimensionen: Sensitivität

Attraktivität	Genuss	Lebenslust	Lust
Einfühlungsvermögen	Geschmack	Leidenschaft	Sinnenfreude
Erquickung	Gespür	Leidenschaftlichkeit	Sinnlichkeit

Liste 2.4.8 Einstellungsdimensionen: Aufwand

Effektivität	Effizienz	Preisgünstigkeit	Sparsamkeit
Efficiency	Ökonomie	Preiswürdigkeit	Wirtschaftlichkeit

Liste 2.4.9 Einstellungsdimensionen: Tradition

Abstammung	Geschichte	Provenienz
Art	Geschlecht	Überlieferung
Familie	Herkunft	Ursprung
Gattung	Historie	Vermächtnis

Liste 2.4.10 Einstellungsdimensionen: Ökologie

Umweltfreundlichkeit	energie-	sparend
Umweltschonung	material-	
Umweltverträglichkeit	ressourcen-	

Diese weiteren möglichen Ziele können Sie mühelos in Ihre Mission einbauen, zum Beispiel: „Wir wollen Angebote von höchster Exklusivität bereitstellen."

2.5 Vision

Die Visionen der Plots in Teil B folgen dem allgemeinen Muster:

Liste C 2.5.1 – Vision: allgemeine Form

Wenn wir	*das Problem gelöst haben,*
wird unser Verhältnis zum Kunden	*auf eine neue Grundlage gestellt sein.*
Gemeinsam realisieren wir die Vision:	*Mission* **für** *zu missionierende Kunden.*

Dem einen oder anderen Leser ist das vielleicht noch zu wenig bildhaft. Schließlich gilt: „Das Bildliche ist dabei wichtig, denn der Mensch ist ein Augentier."[10] Nun kenne ich keine Firma, die für ihre Vision echte Bilder benutzt, frei nach dem Motto: „Das Leben wird wie ein einziger Freibadaufenthalt sein und es gibt jederzeit Schokoladeneis frei für alle." Eine konsumentenrelevante Vision wäre vielleicht: „In den Supermärkten werden die Kassen abmontiert sein und der Konsum des Produkts ist wie ein Bad im Ozean, ohne dass ich dabei gleich wieder an den weißen Hai denken muss."

Vermutlich gibt es für unseren seriösen Bereich der Unternehmenskultur keine echten Bilder, die nicht gleich wieder „skurril oder absurd empfunden"[11] würden, oder aber, wenn sie das nicht sind, gleich wieder zu wenig bildhaft wirken. Schade eigentlich. Wir können aber trotzdem noch ein wenig Euphorie walten lassen, indem wir erzählen, dass wir die Kunden beglücken werden und umgekehrt. Wir werden Hand in Hand durchs Paradies gehen, süße Früchte pflücken und sie verzückt lächelnd einander darreichen.

Liste C 2.5.2 Visionen – Erweiterung

Wenn wir	*das Problem gelöst haben,*
wird unser Verhältnis zum Kunden	*auf eine neue Grundlage gestellt sein.*
Wir	*beglücken die Kunden*
und die Kunden	*beglücken uns.*
Gemeinsam realisieren wir die Vision:	*Mission* **für** *zu missionierende Kun*

Die Begriffe, die unser grenzenloses Entzücken ausdrücken sollen, sind beinahe für alle Plots verwendbar. Der goldene Kunde wird sicher eine andere Art von Entzücken an unseren exzellenten Produkten erleben, als das Publikum des Rivalen bei einem seiner Titelkämpfe. Die Assoziationen sind einfach verschieden, aber der Begriff bleibt. Schauen wir uns zunächst an, was wir alles beim Kunden bewirken können:

[10] Simon, 2002, S. 246. Etwas lax argumentiert, handelt es sich doch bei Visionen um „innere Bilder" (ebenda, S. 244), die alles andere als mit dem bloßen Auge erkennbar sind. Aber ich muss gerade meckern!

[11] Simon, 2002, S. 244.

Liste C 2.5.3 Vision: Was wir mit den Kunden machen

Firma ***-Mitarbeiter eint eine gemeinsame Vorstellung: Wir werden die/unsere →Kunden**

**(Hier setzen Sie bitte Ihren Firmennamen ein.)*

anregen.	**bezaubern.**	**hinreißen.**	**mitreißen.**
bannen.	**entzücken.**	**imponieren.**	**überraschen.**
beeindrucken.	**erfreuen.**	**in Begeisterung versetzen.**	**verblüffen.**
begeistern.	**erstaunen.**	**in Erstaunen versetzen.**	**verzaubern.**
beglücken.	**faszinieren.**	**inspirieren.**	**verzücken.**
berücken.	**fesseln.**	**mit Begeisterung erfüllen.**	

Natürlich bekommen wir im Paradies auch etwas dafür. Nur sollten wir nicht wirklich erklären, dass es uns gut gehen wird. So was lässt den einen oder anderen immer skeptisch werden: „Wie?, profitieren die etwa von mir?“ Stattdessen werden wir eher darauf abstellen, dass uns das Ganze bleibende Verpflichtung ist und zu stets neuen Höchstleistungen anspornt. Und so. Wissen unsere Kunden eigentlich, wie gut sie’s haben?

Liste C 2.5.4 Vision: Was die Kunden mit uns machen

Ihre Begeisterung wird uns

anregen.	**beflügeln.**	**bestärken.**	**inspirieren.**
anspornen.	**begeistern.**	**bestätigen.**	**motivieren.**
antreiben.	**beseelen.**	**in Schwung halten.**	**Quelle der Inspiration sein.**

2.6 Entwicklung

Hallo, Leser, ich wette, in diesem Abschnitt landen ziemlich früh all diejenigen unter Ihnen, die einen Plot gewählt haben, der nicht automatisch eine Entwicklung vorsieht. Das sieht Ihnen mal wieder ähnlich! Keine charakterliche Tiefe, aber trotzdem, nein, gerade deswegen den anderen in nichts nachstehen wollen! Ein allgemeines Statement für die Entwicklung finden Sie in Liste B 1.6: Der goldene Kunde bzw. jedes andere Ziel Ihres jeweiligen Plots wird unsere strategische Intelligenz erhöhen. Super, was ein Unternehmen so alles hat, was? Nun, wenn es lernende Unternehmen gibt, werden sie ja wohl hoffentlich auch mal gescheit. Die „strategische Intelligenz“ steht hier natürlich stellvertretend für alle anderen möglichen Begriffe, die so etwas schwammig Waberndes wie „Weisheit“ ausdrücken sollen. Was ist schon Weisheit! Der Duden weiß es natürlich mal wieder: „auf Lebenserfahrung, Reife [Gelehrsamkeit] und Distanz gegenüber den Dingen beruhende, einsichtsvolle Klugheit.“[12] Also alle Gedanken, auf die man so kommt, wenn man nur genügend Zeit zum Denken hatte.

Es kann ja nun sein, dass Ihnen das ein bisschen zu wenig ist. „Ach“, werden Sie vielleicht sagen, „mehr nicht?“

Nun, da haben wir doch noch etwas in petto. Wenn wir Entwicklung als „Entstehen neuer Fähigkeiten oder Optimierung bestehender Fähigkeiten“ begreifen, haben Sie genügend Möglichkeiten, noch etwas konkreter zu werden.

Suchen Sie sich also aus Abschnitt C 2.3 eine zusätzliche Eigenschaft aus oder formulieren Sie selbst eine neu, die Sie nach Bestehen Ihres Abenteuers erlangen werden. Aber bitte so, dass es Ihrer Heldenmentalität und Ihrem Abenteuer entspricht. Der *Sucher* wird, wenn er den goldenen Kunden gefunden hat, sicherlich nicht deswegen auf einmal Klavier spielen können – so sehr ich es ihm auch gönnen würde. Aber vielleicht erhält er ein wenig von der Cleverness des *Detektivs* oder der Entschlossenheit des *Aufsteigers*. Das könnte doch passen. Und wählen Sie bitte Eigenschaften, die wenigstens ein bisschen charakterliche Tiefe oder Esprit beinhalten. Sagen Sie nicht: „Wir werden tierisch Kohle machen.“ Das klingt neureich, wissen Sie ...

Oder nehmen Sie eine Ihrer bestehenden Eigenschaften und erklären etwa: „Das Auffinden des goldenen Kunden wird unsere Zielstrebigkeit noch verstärken“, und schmücken Sie diese Verstärkung dann wieder mit den Elementen aus, die diese Eigenschaft ausmachen: Sie werden noch mehr Ziele haben, noch anspruchsvollere vielleicht sogar, und das alles natürlich nur, damit Ihre Kunden noch glücklicher werden.

2.7 Aktionen

Die *Aktivitäten*, die wir zur Erreichung unserer Ziele ergreifen wollen, lassen sich in der Regel mit einer einfachen Wendung beschreiben, zum Beispiel „Wir forcieren Innovation.“ Da ein Teil unserer Maßnahmen nach innen gerichtet ist, sollten wir nicht versäumen, zumindest in einem solchen Fall den Nutzen dieser Maßnahmen kurz zu erläutern, den die Kunden daraus ziehen werden. In unserem Innovationsbeispiel gibt es eh keine Schwierigkeiten, weil wir eine direkte Außenwirkung haben. Wir können zum Beispiel behaupten: „Das schafft Vielfalt“, weil wir der Überzeugung sind, dass Kunden so etwas freut. Darauf läuft es immer hinaus – sonst wäre es ja kein Nutzen. Wenn wir also Mitarbeiter hegen und pflegen, dann gilt das Argument: „Die bedienen Sie dann freundlicher am Telefon. Sie hören regelrecht ihr Lächeln.“

[12] DUDEN, 1996, S. 1725.

Und falls es sich nicht um Maßnahmen handelt, die wir erst in Zukunft ergreifen wollen, können wir natürlich einen aktuellen Beleg anführen. In unserem Innovationsbeispiel erläutern wir vielleicht: „Allein unter unserer äußerst strapazierfähigen Dachmarke „PiPaPo" führen wir mehr als 85 Varianten, die alle nichts miteinander zu tun haben." Aber auch hier gilt wie bereits bei der Beschreibung des Helden: Vorsicht mit konkreten Beispielen! Das hat den Ruch des Irdischen und kann uns schnell aus unseren philosophischen Sphären holen. Und die Richtung, in die geholt wird, heißt: herunter. Also aufgepasst!

Die allgemeine Struktur kann also folgendermaßen aussehen:

Liste C 2.7.1 Aktionen allgemein

Tätigkeit	**Wir machen**	*Aktivität.*
Erläuterung	**Das bringt nämlich**	*Nutzen.*
Beweis	**Wir hätten da zum Beispiel**	*Beleg.*

Diese allgemeine Form haben wir in Teil B auch mehr oder weniger eingehalten. Wir haben nur auf Beispiele für Belege verzichtet. Im Folgenden finden Sie einige Möglichkeiten, die andeuten, wie man im Einzelfall konkret werden kann.

Auf welche Bereiche erstrecken sich unsere Tätigkeiten? Die klassischen strategischen Aktionsfelder sind:[13]

- Produktprogramm
- Zielmärkte
- Marketing
- Umsatz
- Vertrieb
- Fertigung
- Personal
- Einkauf
- Forschung und Entwicklung
- Finanzierung und Finanzkontrolle

Von diesen Bereichen klammere ich für unsere Philosophie *Vertrieb* und *Finanzierung* aus. Meine Begründung lautet: Mit diesen Tätigkeiten ist in der Regel kein direkter Kundennutzen erzielbar.[14] Die Bereiche *Fertigung* und *Einkauf* können dann angesprochen werden, wenn sie ein Qualitätsargument sind.[15] Sie werden uns

---

[13] Porter, 1992, S. 17.

[14] Außer Sie verkaufen Staubsauger an der Haustür oder pumpen Ihre Kunden an, weil die Bank schon nichts mehr rausrückt.

[15] Wir erinnern uns hier zum Beispiel gerne an die Weine, Kaffeesorten und sonstigen Erzeug-

also eher als Beleg wieder begegnen denn als eigenständige Tätigkeit. Der Umsatz in obiger Liste ist etwas zwiespältig: Je größer der Umsatz, umso größer auch die Befürchtung mancher Konsumenten, Ihr Unternehmen sei ein Moloch. Andererseits verleiht Größe, gemessen zum Beispiel am Umsatz, auch Ansehen und Vertrauen. Insofern haben wir das gegebenenfalls schon bei der Heldenbeschreibung angesprochen. Falls unsere Philosophie jedoch auch unseren Kapitalgebern in die Hände fällt, sollten wir vielleicht ein Statement des Inhalts parat halten, dass wir natürlich mit unseren geliehenen Pfunden gut wuchern werden – allerdings so formuliert, dass die Verbraucher in unserem Publikum nicht gleich eine Herzattacke erleiden.

Als weiteres Element einer Unternehmensphilosophie fügen wir zu den obigen strategischen Bereichen noch das gesellschaftliche Engagement hinzu. Als verantwortungsbewusstes Unternehmen sind wir natürlich immer auch so etwas wie der Sankt Martin unseres Marktes.

Legen wir also gleich mal los:

Liste C 2.7.2 Produktprogramm: Qualität

Aktivität:

Wir	stehen für	die	auserlesene
			ausgesuchte
			ausgewählte
			edle
			feine
			erlesene
			exquisite
			handverlesene
			hochwertige
			kostbare
			solide
			sorgfältige
			wertvolle

→Qualität unserer →Produkte. (→außerordentlich, →befürworten)

Nutzen:

→Allein →Qualität bewirkt die →nachhaltige →Akzeptanz unserer →Produkte/→Zufriedenheit der →Kunden.

nisse, die „aus besten Anbaugebieten“ kommen. Der Einkauf ist für eine Firma wie REWE natürlich ein schlagendes Argument: „Wir kaufen gut ein, damit Sie gut einkaufen.“ Wobei das bei mir persönlich vergebliche Liebesmüh‘ ist, weil ich streng nach dem Grundsatz verfahre: „Ich kaufe dort gut ein, wohin ich nicht erst einen Kilometer latschen muss.“

Beweis:

Unsere	ausführlichen	Kontrollen	in	Einkauf	und	Fertigung
	detaillierten					Produktion
	eingehenden					
	genauen					
	gewissenhaften					
	gründlichen					
	minuziösen					
	peinlich genauen					
	peniblen					
	sorgfältigen					
	strengen					
	strengsten					

setzen	Maßstäbe	für	den/	gesamte(n)	Branche.
	Signale	in	die/		*Kategorie**.
sind	beispiellos		der		Markt.
	beispielhaft				
	beispielgebend				
	maßgeblich				
	mustergültig				
	programmatisch				
	richtungweisend				
	unerreicht				
	vorbildlich				
	wegweisend				

Wir waren die/gehörten zu den Ersten, die ausführliche Kontrollen (...) einführten.
In Qualitätszirkeln erarbeiten wir →systematische und →nachhaltige Optimierungen →aller Prozesse.
Unere Bereiche *Hauspost** **und** *Parkplatzüberwachung** **sind seit** *Jahr** **zertifiziert.**
Wir kassieren für unsere *Hausmacher-Leberwurst** **Jahr für Jahr einen Pokal von der** *CMA**.

**(Bitte Zutreffendes einsetzen.)*

Liste C 2.7.3 Produktprogramm: Breite

Aktivität:

Wir	stehen	für	Abwechslung		des	Angebots.	
			Auswahl		unseres	Sortiments.	
			Breite				
			Buntheit				
			Fülle				
			Mannigfaltigkeit				
			Reichhaltigkeit				
			Reichtum				
			Variation				
			Vielfalt				
			Vielgestaltigkeit				
			ein(e)	breite(s)	Bandbreite	an	Produkten.
				große(s)	Palette		
					Spektrum		

Nutzen:

Der/	Haus	*XYZ**	trägt	in	bewährter
Die/	Marke			mit	erprobter
Das	Name				gewohnter

→Qualität den

unterschiedlichsten
verschiedensten
vielfältigsten

→Bedürfnissen Rechnung.

Die sorgfältige/→sachgemäße Abstimmung der →Produkte untereinander →bewirkt ein umfassendes und →systematisches Angebot an die/unsere →Kunden.

Beweis:

Unser Programm umfasst derzeit *mehr als 2 000** **→Produkte von der** *Schokolade** **bis hin zur** *Zahncreme** **im Bereich** *zahnmedizinische Prophylaxe**.

*(Bitte Zutreffendes einsetzen.)

Liste C 2.7.4 Produktprogramm: Tiefe

Aktivität:

wie Liste 2.7.3

Nutzen:

Ein(e)	außerordentliche(s)	Bandbreite	an	Varianten
		Fülle		Variationen
		Spektrum		Variationsmöglichkeiten
		Vielfalt		Varietäten

→bewirkt höchste Individualität und bietet für jede(n) Geschmack/→Bedürfnisse etwas.

Beweis:

wie Liste 2.7.3

Liste C 2.7.5 Produktprogramm: Innovation

Aktivität:

Wir	stehen	für	Erneuerung.
			Fortschritt.
			Innovation.
			Modernität.
			Progressivität.

Wir gelten als Vorreiter der *Tiefkühltorte** **.**
**(Bitte Zutreffendes einsetzen.)*

Nutzen:

Mit *Marken-/Firmenname* **erhalten unsere →Kunden →Produkte, die →stets**

auf	dem	höchsten	Stand der Technik	sind.
		neuesten		
auf der Höhe der Zeit.				
en vogue.				
im Trend.				
modern.				
up to date.				
zeitgemäß.				

Beweis:

wie Liste 2.7.3 oder:
*Allein im letzten Jahr** **haben wir** *50** **neue →Produkte in den Bereichen** *Hundefutter** **und** *Ärmelschoner** **erfolgreich am Markt positionieren können.**
**(Bitte Zutreffendes einsetzen.)*

Liste C 2.7.6 Zielmärkte: Marktdurchdringung/Produktentwicklung

Aktivität:

Wir	bauen (...) aus
	bekräftigen
	bestätigen
	festigen
	intensivieren
	stabilisieren
	stärken
	vertiefen

die →Beziehungen zu unseren Partnern/→Kunden.

Nutzen:

Mit

akzeptierten
anerkannten
bewährten
erprobten
gewohnten
verlässlichen
zuverlässigen

→Produkten

und	fortschrittlichen	Innovationen
wie auch mit	innovativen	Neuerungen
wie mit	interessanten	Optimierungen
	neuen	Weiterentwicklungen
	zeitgemäßen	Verbesserungen

vertiefen/→verstärken wir →nachhaltig die/das

Loyalität
Treue
Vertrauen

unserer →Kunden.

Beweis:

*In den letzten drei Jahren** **konnten wir** *die Reichweite** **unserer Traditionsmarken um** *75 %** **steigern.**
*Im letzten Jahr** **haben wir mit unseren neuen** *Messern** **und** *Gabeln** *mehr als der Hälfte** **unserer bisherigen Stammverwender im Segment** *Daheim-Frühstücker** **eine willkommene Ergänzung zum traditionellen** *Teller** **bieten können. Seitdem** *müssen knappe 3 Millionen Haushalte nicht mehr mit den Fingern essen**.
*(Bitte Zutreffendes einsetzen).

Liste C 2.7.7 Zielmärkte: Markterschließung/Diversifikation

Aktivität:

Wir	entwickeln
	erobern
	erschließen
	gewinnen

neue Zielgruppen/→Kunden mit bewährten →Produkten und fortschrittlichen Neuerungen.

Nutzen:

→Auf diese Weise profitieren neue →Kunden von Anfang an von unserem(-r) eingehenden

Erfahrung.
Expertise.
Know-how.

Beweis:

*Seit der Jahrtausendwende** **haben wir im neuen Segment der** *soeben volljährig Gewordenen** **mit unserer neuen Sparte** *mäßig verzinste Festgeldanlagen** **auf Anhieb eine** *Penetration** **von** *32%** **erzielt.**
**(Bitte Zutreffendes einsetzen).*

Liste C 2.7.8 Marketing: Kommunikation

Aktivität:

Wir	befürworten	den/	aktive(n)	und	aufrichtige(n)	Austausch
	pflegen	die/	initiative(n)		ehrliche(n)	Dialog
	setzen auf	das	proaktive(n)		offene(n)	Gespräch
	treten für (...) ein	ein(e,-n)			umfassende(n)	Kommunikation
					vertrauensvolle(n)	

mit der Öffentlichkeit.

Nutzen:

Aufklärung
Information

→bewirkt Vertrauen.

Beweis:

*Letztes Jahr** **haben wir in** *Cannes** **den Preis für** *den teuersten Werbespot der Welt** **gewonnen.**
**(Bitte Zutreffendes einsetzen.)*

Liste C 2.7.9 Umsatz

Aktivität:

Wir →befürworten →nachhaltiges Wachstum.

Nutzen:

→Allein durch unser Wachstum (→Erfolg) festigen wir das Vertrauen unserer Kapitalgeber und schaffen (→bewirken) Sicherheit für unsere Mitarbeiter.

Beweis:

*In den letzten zehn Jahren** **konnten wir** *die Gesamtkapitalrendite** **jährlich um** *einen satten zweistelligen Betrag** **steigern.**
(Bitte Zutreffendes einsetzen.)

Liste C 2.7.10 Personal

Aktivität:

Wir →befürworten die

individuelle	und	fachliche	Ausbildung	unserer(-s)	Mitarbeiter.
kreative		professionelle	Bildung		Personals.
persönliche			Entfaltung		
			Entwicklung		
			Förderung		
			Qualifikation		
			Weiterbildung		
			Weiterentwicklung		

Nutzen:

Persönliche und fachliche Kompetenz →verstärken die

Arbeitszufriedenheit	und damit den/die/das	Einsatz.	
Identifikation		Engagement.	
Zufriedenheit		Leistung(s-)	(bereitschaft).
			(fähigkeit).
			(willen).
		Motivation.	

Beweis:

Auf	internationalen Fachkongressen			aktualisieren
	internen und externen		Schulungen	bereichern
			Seminaren	ergänzen
Durch	systematische(s)	Job Enrichment		erweitern
		Job Rotation		halten (...) auf dem Laufenden
				intensivieren
				komplettieren
				perfektionieren
				pflegen
				verbessern
				vertiefen
				vervollständigen

*jährlich bis zu 30 leitende Angestellte an gut 75 Arbeitstagen** **ihre beruflichen Fähigkeiten.**

Wir	gewähren	individuelle Freiräume	durch	(klare)	*Befugnisse**
	räumen (...) ein	Eigenverantwortung			*flexible Arbeitszeiten**
	ermöglichen	Initiative			*Kompetenzen**
		Kreativität			*Stellenbeschreibungen**
		Selbstentfaltung			

Wir	beteiligen	unser(e)	Mitarbeiter	durch	*betriebliches Vorschlagswesen**.
			Personal		*erfolgsabhängige Prämien**.
					*Feedback-Runden mit Vorgesetzten**.
					*Teilnahme an Qualitätszirkeln**.
					*Teamarbeit**.

Wir	fördern	die/	Arbeits-	atmosphäre
	verbessern	das		klima

durch *Aktenschränke in warmen Holztönen** **.**
*(Bitte Zutreffendes einsetzen.)

Liste C 2.7.11 Forschung und Entwicklung

Aktivität:

Wir →befürworten →systematische Forschung und Entwicklung.

Nutzen:

→Auf diese Weise treffen wir →stets die →Bedürfnisse unserer →Kunden.

Beweis:

*Allein im letzten Jahr** **betrug unser Forschungsbudget** *x Euro** **.**
*Im vergangenen Jahr** **haben wir** *23* neue Zahncreme-Varianten* **erfolgreich am Markt positioniert.**
*(Bitte Zutreffendes einsetzen.)

Liste C 2.7.12 Gesellschaftliches Engagement

Aktivität:

Wir sind uns unserer	gesellschaftlichen	Aufgaben	bewusst.
	sozialen	Rolle	
		Verantwortung	
		Verpflichtung	

Nutzen:

Engagement →verstärkt Vertrauen.

Beweis:

Wir *unterstützen einen Kindergarten in der Nachbarschaft bei deren jährlicher Tombola*.*
**(Bitte Zutreffendes einsetzen.)*

Nachwort

Hallo, Leser!

Jetzt haben wir so viele Seiten miteinander verbracht – wollen wir nicht „du" zueinander sagen? Okay, ich mach's!

Und ich lese auch schon die eine oder andere Frage in deinen Augen: Hat der das alles *ernst* gemeint? Die Antwort lautet: na klar. Auch Spaß kann eine sehr ernste Angelegenheit sein (sag mal einem Komiker: „Das war aber nicht komisch!", und warte ab, was passiert ...). Es ist einem in diesem schönen nichtoperationalen Sinne sowieso immer alles ernst, und ob ich's nun ernst meine oder mir mit dem Spaß ernst ist, das ist doch egal. Hauptsache du sagst: „War doch lustig!" oder „Das war doch mal ein echt kreativer Input!"

Damit wären wir beim nächsten Punkt: Hat's denn nun geholfen? Ich sehe vor meinem geistigen Auge ein Millionenpublikum, und von denen stehen zwei auf und sagen: „Ich mach's jetzt genauso!" Wie das so ist, die Mehrheit fängt mit den Füßen an zu scharren und schaut verlegen zur Decke. Und da ist dann eine Gruppe von circa fünf bis sieben Leuten, deren Sprecher sich jetzt erhebt und empört ausruft: „Aber so kann man das doch nicht machen!"

Doch, sage ich, kann man. *Ich* hab's ja so gemacht, das ist doch der schlagende Beweis. „Aber *ich* würde das ganz anders machen!", erwidert der Mensch.

Tja, dann hat's doch was gebracht. Wenn du, Leser, vorher nicht wusstest, was du deinem Chef übers Wochenende zu Papier bringen sollst und jetzt auf jeden Fall schon mal ein klares Bild hast, wie du es besser machen würdest, dann ist das doch ein Erfolg.

Ein kurzes Wort vielleicht noch zur Langfristigkeit der Unternehmensphilosophie. Die sollte eigentlich die nächsten zehn, zwanzig Jahre gültig sein. So oft verändern wir ja nicht unsere Einstellungen. Und da soll so ein Plot für eine Geschichte, die ich in zwei Tagen fertig gelesen habe, oder für einen Film, der gerade mal neunzig Minuten dauert, das richtige Grundgerüst sein?

Ja.

Wenn du, Leser, nur ein stabiles Bild von dir selbst hast, wirst du auch länger als für neunzig Minuten Abenteurer sein und du wirst es merken, wenn deine Zielgruppen an der einen oder anderen Ecke mal wieder abbröckeln und du raus auf den Abenteuerspielplatz musst. Da kann deine Philosophie ewig gelten.

So, Leser, bevor wir uns jetzt bis zum nächsten Mal verabschieden (du wirst dieses Buch sicher häufiger durchblättern, nicht wahr?), muss ich aber noch zwei Danksagungen los werden. Und die betreffen Frau Artmann und Herrn Diessl von **redline wirtschaft**: Ohne Sie gäbe es natürlich nicht dieses Buch. Dafür bin ich

Ihnen schon mal ziemlich dankbar, aber das ist ja nur der funktionale Aspekt. Der emotionale lautet: Bei Ihnen habe ich mich bestens aufgehoben gefühlt. Hinter vorgehaltener Hand flüstere ich meinen Lesern zu: Hey, wenn du Sachen schreibst, die auch nur einigermaßen ins Verlagsprogramm passen – schick sie an **redline**, es sind ausgesprochen nette und verständige Leute dort! Mit deinen guten Manuskripten soll der Verlag wachsen, blühen und gedeihen bis in alle Ewigkeit! Gemeinsam mit seinen Lesern soll er in gegenseitigem Respekt die Vision verwirklichen: **redline**. Außergewöhnliche Bücher für außergewöhnliche Leser.

Literaturverzeichnis

Hallo! Da sind wir ja schon wieder! Na, schon alles durchgelesen? Und jetzt keine Ahnung, was anfangen mit der restlichen Lebenszeit? Versuch's doch mal mit der Lektüre der folgenden Titel! Was? Kennst du schon? Ts, ts, ts. Leser, du bist ein alter Angeber. Überprüf doch mal, ob ich wenigstens richtig zitiert habe. Oder lies einfach auf die in den folgenden Werken verwiesene Literatur.

Okay, okay. War nur ein Vorschlag.

Ach, noch eins. Ich habe nicht in jedem Fall die neueste Auflage zitiert, obwohl sich das eigentlich so gehört. Aber, Leser, du wirst verstehen: Ich laufe nicht alle nasenlang los und besorge mir den neuesten Marketing-Wälzer, nur weil Meffert für das kommende Sommersemester nochmal hat nachdrucken lassen. Wie? Bibliotheken? Was, Leser, weißt du eigentlich über mich und meine Faulheit?

Die Zitate sind alle redlich aus den angegebenen Schmökern übernommen. Lediglich die Rechtschreibung habe ich an zwei oder drei Stellen angepasst. Ein echter HAYEK muss auch ein „dass" ohne scharfes „ß" verkraften können.

Hie und da wurde im Text auf die eine oder andere Firmen-Homepage hingewiesen. Diese sind im folgenden Verzeichnis natürlich nicht aufgeführt. Alle Zitate aus dem Web waren jedenfalls im Mai 2003 noch so dort zu lesen. Sollten zum Erscheinungstermin dieses Buches oder später die angegebenen Zitate nicht mehr auffindbar sein, hat die betreffende Firma offenbar ihren Internet-Auftritt überarbeitet. Gar nicht schlecht wäre es, wenn das aufgrund dieses Werkes passiert ist. Dann war es doch zu was gut!

H. C. ARTMANN, ein lilienweißer brief aus lincolnshire, Frankfurt a. M. 1978.

HELLMUTH BENESCH, dtv-Atlas Psychologie, 5. Auflage, München 1997.

INGO BIEBERSTEIN, Dienstleistungs-Marketing, 3. Auflage, Ludwigshafen 2001.

AMBROSE BIERCE, Des Teufels Wörterbuch, 6. Auflage, Zürich 1994.

KLAUS BIRKIGT, MARINUS M. STADLER, HANS JOACHIM FUNCK (Hrsg.), Corporate Identity, 11. Auflage, München 2002.

DIETER BOHLEN, Nichts als die Wahrheit, München 2003.

ANDREAS BUCHHOLZ/WOLFRAM WÖRDEMANN, Was Siegermarken anders machen, Düsseldorf München 1998.

ALBERT CAMUS, Tagebücher 1935 – 1951, Reinbek 1983.

FRITJOF CAPRA, Wendezeit, München 1991.

DUDEN, Duden – Deutsches Universalwörterbuch, 3. Auflage, Mannheim u. a. 1996.

DUDEN, Die sinn- und sachverwandten Wörter, 2. Auflage, Mannheim u. a. 1997.

PAUL FEYERABEND, Erkenntnis für freie Menschen, 2. Auflage, Frankfurt a. M. 1979.

BOB FIFER, Was zählt, ist der Gewinn, Frankfurt a. M. 1995.

WILLIAM K. FRANKENA, Analytische Ethik, 4. Auflage, München 1986.

ELISABETH FRENZEL, Motive der Weltliteratur, 5. Auflage, Stuttgart 1999.

MILTON FRIEDMAN, Kapitalismus und Freiheit, Frankfurt a. M., Berlin 1984.

HANSWILHELM HAEFS, Handbuch des nutzlosen Wissens, 6. Auflage, München 1991.

THOMAS A. HARRIS, Ich bin o. k. – Du bist o. k., Reinbek 1990.

F. A. v. HAYEK, Die Verfassung der Freiheit, 3. Auflage, Freiburg 1991.

ECKHARD HENSCHEID u. a., Dummdeutsch, Frankfurt a. M. 1985.

KARIN HILLEBRAND, Artikel „Guerilla-Marketing“, in: MEFFERT (1997).

ULRICH D. HOLZBAUR, Management, Ludwigshafen 2000.

FRANZ KAFKA, Gesammelte Werke Bd. 6, Frankfurt a. M. 1976.

KLAUS KINSKI, Ich bin so wild nach deinem Erdbeermund, 7. Auflage, 1975.

SHELDON B. KOPP, Triffst Du Buddha unterwegs ..., Frankfurt a. M. 1978.

UDO KOPPELMANN, Marketing, 6. Auflage, Düsseldorf 1999.

UDO KOPPELMANN, Produktmarketing, 4. Auflage, Berlin, Heidelberg, New York u. a. 1993.

DONALD G. KRAUSE, Die Kunst des Krieges für Führungskräfte, München 2002.

PETER KUNZMANN, FRANZ-PETER BURKARD, FRANZ WIEDMANN, 7. Auflage, dtv-Atlas Philosophie, München 1998.

GEORG CHRISTOPH LICHTENBERG, Aphorismen, Herrsching (o.J.).

KONRAD LORENZ, Das Wirkungsgefüge der Natur und das Schicksal des Menschen, 4. Auflage, München 1983[4].

NIKLAS LUHMANN, Die Wirtschaft der Gesellschaft, Frankfurt a. M. 1988.

PAUL C. MARTIN, Der Kapitalismus, Frankfurt a. M./Berlin 1990.

HERIBERT MEFFERT (Hrsg.), Lexikon der aktuellen Marketing-Begriffe, Frankfurt a. M. 1997.

HERIBERT MEFFERT, Marketing, 8. Auflage, Wiesbaden 1998.

ALEXANDER SUTHERLAND NEILL, Die grüne Wolke, Reinbek 1992.

WERNER PEPELS, Lexikon des Marketing, München 1996.

MICHAEL E. PORTER, Wettbewerbsstrategie, 7. Auflage, Frankfurt a. M. 1992.

AL RIES/JACK TROUT, Die 22 unumstößlichen Gebote im Marketing, Düsseldorf u. a. 1993.

LOTHAR SCHMIDT-ATZERT, Lehrbuch der Emotionspsychologie, Stuttgart Berlin Köln 1996.

LINDA SEGER, Von der Figur zum Charakter, Berlin 1999.

WALTER SIMON, Moderne Managementkonzepte von A – Z, Offenbach 2002.

ADAM SMITH, Der Wohlstand der Nationen, München 1978.

STENDHAL, Über die Liebe, Zürich 1981.

RONALD B. TOBIAS, 20 Masterplots, Frankfurt a. M. 1999.

CHRISTOPHER VOGLER, Die Odyssee des Drehbuchschreibers, 3. Auflage, Frankfurt a. M. 1999.